EU QUE AMAVA TANTO O CINEMA

MARCELO FRANÇA MENDES

EU QUE AMAVA TANTO O CINEMA

Uma viagem pessoal pela aventura
do Cineclube Estação Botafogo

Cobogó

*Para os meus filhos, Theo, Valentina e Rodrigo,
órgãos meus autônomos e separados de mim,
mas que, no entanto, são os responsáveis
por fabricar o ar que eu respiro.*

Em memória de David Ferreira Mendes, meu pai.

Sumário

O trailer do filme — 9

O curta antes do filme — 15

PARTE I: Uma rápida pré-história pessoal — 23

PARTE II: Os melhores anos — 47

PARTE III: Ao infinito e além — 91

PARTE IV: Um pra lá, outros pra cá — 135

PARTE V: A vida continua — 157

PARTE VI: Lá vem o Estação descendo a ladeira — 213

PARTE VII: A hora da virada — 253

PARTE VIII: Do lado de fora — 277

A cena depois dos créditos — 317

Agradecimentos — 331

O trailer do filme

Nos anos 1980, ficar em casa era algo que não existia, assim como computadores pessoais, telefone celular, internet, canais de televisão pagos e o forno de micro-ondas. A rua era o lugar para se estar o máximo de tempo possível, de preferência em grupo e em locais onde as condições de segurança e higiene estivessem bem longe das toleráveis. Buracos insalubres viravam boates da moda e peças de teatro alternativo em lugares improvisados lotavam. As redes sociais aconteciam assim, olhos nos olhos e com o som da voz do interlocutor entrando pelas orelhas do ouvinte sem o auxílio de fones e microfones.

Darks conviviam com hippies, novos ou veteranos, a terceira onda do feminismo crescia para dar na praia no início dos anos 90 e o movimento LGBTQIA+, na época chamado simplesmente de "movimento gay", buscava formas de se expressar e ganhar espaço, assim como o Movimento Negro, que ainda lutava contra absurdos como o *apartheid* na África do Sul e a escravidão na Mauritânia. Apesar de bem definidos, esses grupos se misturavam, especialmente de dia nas praias e, à noite, nos pés-sujos das esquinas. O legal era falar com o diferente e não com o igual.

Os anos 80 queriam ser os anos 60 de alguma forma, ao menos no Brasil. Quase tudo que remetia àquela década essencial nos fascinava e, talvez porque aqui a barra tenha sido mais pesada, a sensação era de que ainda restavam coisas a fazer. Corríamos para ver sessões de cinema à meia-noite de filmes como *Woodstock* e *Rock é rock mesmo*, para ao menos sentir um cheiro desses anos que admirávamos sob tantos aspectos, mas dos quais queríamos distância em muitos outros. A euforia nos contagiava paralelamente e em proporção inversa à agonia da ditadura militar.

A década começa com o show de Frank Sinatra no Maracanã e a turnê de *The Wall*, a última do Led Zeppelin. Ainda em plena ditadura, um grupo de esquerda funda o Partido dos Trabalhadores e acontece a histórica greve dos metalúrgicos do ABC paulista. Mas a ditadura não quer largar o osso. Prendem o líder da greve, Luiz Inácio da Silva, o Lula, e bombas explodem na Ordem dos Advogados do Brasil, no Rio, na Câmara dos Deputados e no jornal *Tribuna da Imprensa*. Ao mesmo tempo, exemplares da revista *Playboy* são apreendidos nas bancas por conterem "conteúdo inadequado", enquanto milhares de pessoas vão para a cidade de Casimiro de Abreu aguardar a chegada de ETs de Júpiter e o papa João Paulo II passa 12 dias no Brasil.

Os dias continuavam agitados. John Lennon, o presidente norte-americano Ronald Reagan e o papa João Paulo II são baleados. O ex-Beatle morre com balas no coração disparadas por um fã com quem tinha tirado uma foto horas antes, mas o papa e o presidente escapam.

No Brasil, a ditadura esperneia, duas bombas explodem no Riocentro durante um show em comemoração ao Dia do Trabalhador, matando um sargento e ferindo um capitão, os próprios terroristas que tentavam causar uma explosão e culpar a esquerda pela morte de milhares de pessoas. As coisas andam em avanços e retrocessos. Embora aconteçam as primeiras eleições diretas para prefeitos e governadores, 91 membros do Partido

Comunista Brasileiro são presos por participarem do congresso do Partido Comunista Brasileiro.

Aos trancos e barrancos e com uma inflação de 215% ao ano, chegamos à campanha das Diretas Já, em 1984. Mais de 1 milhão de pessoas se espremem na Candelária, no Rio, e em outras capitais. Apesar da grande mobilização popular, a campanha não atinge o objetivo de conseguir eleições diretas para presidente, o que não ocorria desde 1960. Mesmo com a decepção, a pressão pela redemocratização continuava. Parecia que tínhamos saído para as ruas e nunca mais voltaríamos, era o momento de jogar coisas velhas fora, de se expressar com liberdade e inventar ou reinventar coisas que não existiam ou tinham deixado de existir. Sem refletir muito sobre tudo isso, queríamos simplesmente fazê-las, inventá-las, sem preocupação com o futuro.

Na música, os primeiros cinco anos da década foram essenciais. O AC/DC lança *Back to Black*, até hoje o álbum mais vendido da história, Michael Jackson explode com *Thriller* e Madonna grava o primeiro single. Surgem as bandas Guns N' Roses, Metallica, A-ha, The Smiths, Red Hot Chili Peppers. Na TV, nasce a MTV, canal exclusivo de videoclipes. No Brasil, acontece uma explosão de novas bandas, o que passa a ser chamado Rock Brasil, com o aparecimento em sequência do Roupa Nova e do Camisa de Vênus, em 1980, Ultraje a Rigor e Blitz, em 81, e Barão Vermelho, Capital Inicial, Kid Abelha, Legião Urbana e Titãs, em 82, ao mesmo tempo que Perfeito Fortuna e uma trupe de artistas inauguram o Circo Voador no Arpoador, que depois é transferido para a Lapa, local de nascimento de um zilhão de músicos e bandas desde então.

No cinema norte-americano, as hoje chamadas franquias davam os primeiros passos, com *Guerra nas estrelas*, *Os caçadores da arca perdida, Superman, Mad Max, Alien — O oitavo passageiro,* entre outras. Já no Brasil, Glauber Rocha morria, Héctor Babenco lançava *Pixote, a lei do mais fraco* e Nelson Pereira do Santos, *Memórias do cárcere.*

Blade Runner — O caçador de androides e *O fundo do coração* inauguram o "neon realismo". O negócio não era ser moderno, mas pós-moderno, como os brasileiros *Cidade oculta* e *Anjos da noite.* Mas o número de cinemas começa a cair drasticamente. Por todo o Brasil e da noite para o dia, cinemas viram supermercados ou igrejas e os filmes autorais passam a ter dificuldades em achar espaços para exibição. Enquanto nos anos 1960 era fácil ver Fellini, Truffaut, Bergman em cinemas comuns, em meados dos anos 80 nem a Cinemateca do MAM estava aberta. Um sopro de esperança para o cinema chega em 1984 com o 1º FestRio, Festival Internacional de Cinema, TV e Vídeo do Rio de Janeiro, evento gigante, considerado festival classe A, como Cannes. E assim o nacional *Cabra marcado para morrer* se consagra, recebendo o Tucano de Ouro. O FestRio apresenta ao mundo nomes como Almodóvar, Jarmusch, Percy Adlon, Stephen Frears e Spike Lee.

O *Casseta Popular,* jornal hilariante formado por estudantes de jornalismo e engenharia da UFRJ, se juntava a *O Planeta Diário,* tabloide criado por caras mais experientes oriundos do Pasquim, para formar o *Casseta e Planeta,* enquanto o Teatro Besteirol, com Guilherme Karam, Hamilton Vaz Pereira, Miguel Falabella, Vicente Pereira, Felipe Pinheiro, Pedro Cardoso, e autores como Alcione Araújo, Flávio Marinho e Mauro Rasi explodiam e faziam um público cada vez maior gargalhar. O Rio de Janeiro parecia o lugar perfeito para se estar.

Nas artes, a exposição Como Vai Você, Geração 80, no Parque Lage, reúne 123 artistas, como Daniel Senise, Beatriz Milhazes e

Luiz Zerbini, em 1984. O início de 1985 trazia o nosso "Woodstock", o Rock in Rio, cinco vezes maior que o original, aterrissava num pântano na Barra da Tijuca com muitos dos nossos ídolos estrangeiros misturados com o Rock Brasil de Cazuza e cia. Ninguém se importava de ficar com os pés enfiados na lama para ver e ouvi-los, afinal, nos anos 1960 também tinha sido assim. O país voltava a ter um presidente civil e a liberdade de pensar, falar, escrever que não tínhamos havia 21 anos.

Nesse ambiente em ebulição, cinco jovens se reuniam todos os sábados no Cineclube Macunaíma, na ABI, para ver filmes que não conseguiam ver em outro lugar. O sociólogo Adhemar Oliveira, de 29 anos, nascido no interior de São Paulo e de família nômade, dona de parque de diversões; o economista Nelson Krumholz, carioca, o ancião da turma, 15 dias mais velho que Adhemar, ex-funcionário da Embrafilme; a jornalista recém-formada Ilda Santiago, de 22 anos e que queria ser cantora; Adriana Rattes, um ano mais nova que Ilda, bailarina e estudante de ciências sociais; e eu, Marcelo França Mendes, o caçula, estudante de cinema que acabava de completar 20 anos, todos loucos para inventar coisas. Em junho de 1985 esse grupo, funcionando como se fosse uma banda de rock, fundou o Cineclube Coper Botafogo, que em novembro do mesmo ano viraria o Estação Botafogo. No começo, apenas um cinema despretensioso. Mas pouco tempo depois o Estação iria se transformar em rede de cinemas, distribuidora de filmes, editora e outras tantas coisas.

Adhemar era como o vocalista do grupo, o mais experiente e o único que já tinha programado um cinema, o pioneiro Cineclube Bixiga, em São Paulo. E se Adhemar era um Cazuza entre nós, seu melhor amigo Nelson era o Frejat, enquanto as meninas faziam o coro que frequentemente dialogava com o protagonista, como na

Blitz — Ilda era Fernanda Abreu e Adriana era Marcia Bulcão, e vice-versa. Eu era o João Barone, do Paralamas, ou Charles Gavin, dos Titãs, o baterista. Como programador da sala e quem escolhia os filmes, no início junto com Adhemar e depois sozinho, cabia a mim marcar o ritmo das nossas ações e acompanhar os solos dos meus amigos. E ficava distante da plateia, o que sempre preferi. Do fundo do palco eu podia observar tudo que acontecia.

O ambiente dos anos 1980 no Rio e no mundo, as nossas origens e a forma com a qual nos organizamos fizeram com que a iniciativa de abrir um cinema sem dinheiro, apenas com a vontade, se transformasse ao longo dos anos em algo talvez único na história, que transformou ou enriqueceu culturalmente a vida de muita gente. Ao longo de seus mais de 30 anos de existência, passaram pelo Estação Botafogo, ou pelos cinemas do nosso circuito, mais de 20 milhões de pessoas. Não é pouco, para uma banda de malucos amadores e amantes de cinema.

O curta antes do filme

Gosto de ver tudo organizado em colunas, explicado por interseções e resumido em cores discretas. Foram décadas analisando planilhas e tomando as decisões em função do que elas me revelavam. Faço questão de layouts bonitos, com tabelas com formatação precisa, bordas de células corretamente preenchidas e dentro de um padrão. Acredito que uma forma visualmente agradável facilita a compreensão, assim como agiliza a entrega da informação. Penso também que se absorve muito mais conhecimento criando do que apenas lendo, por isso era normal refazer as planilhas importantes que me enviavam. Era o que eu fazia, espancava os números enquanto era torturado pelos resultados, e foi nesse momento que Yamba me telefonou.

Quando o conheci, no fim de 2010, Yamba Lanna era um jovem e talentoso advogado especialista em recuperações judiciais e estava para se tornar sócio do prestigiado escritório Kalache, Chame & Costa Braga. Com o nome inspirado em uma tribo da Austrália e filho do mitológico cineasta Sílvio Lanna, era a pessoa ideal para cuidar dos interesses do Estação, uma vez que unia o conhecimento jurídico com a paixão pela "causa" cinema. A partir daí, ele e o venerável professor Manuel da Costa Braga passaram a ser os advogados do Estação e por isso eu recebia telefonemas de ambos com certa regularidade. É sempre uma expectativa quando um advogado te telefona durante o horário de trabalho, pois nunca o fazem para simplesmente perguntar como está a vida ou como estão as crianças. Em horário comercial, a chamada de um advogado causa sempre apreensão.

Era fevereiro de 2014, por volta das duas da tarde.

O Estação estava envolvido em inúmeros processos judiciais, por erros meus, nossos, de terceiros, má-fé de alguns e até por falta de sorte. Muitos processos eram complexos e, infelizmente, tudo levava a crer que seríamos derrotados nos mais graves. Tais processos — recuperação judicial, Ecad, despejos e cobranças por todos os lados — estavam prestes a estourar e eu tentava enxergar as saídas, o que parecia impossível segundo minhas queridas, porém momentaneamente hostis, planilhas. Atendi ao telefone após quatro segundos e durante esse tempo toda minha vida passou pela minha frente, como nos filmes e como passou a acontecer comigo desde que entramos em recuperação judicial. Não é agradável viver com uma espada no pescoço todos os dias. Me sentia como o guerreiro capturado pelos tupinambás que vive como um membro normal da tribo até o dia da sua execução. Assim como ele, acordava todos os dias sem saber se aquele seria o dia final, mas, no meu caso, eu sabia que essa notícia viria através de um telefonema dos nossos advogados.

Após tantos anos, desenvolvi uma enorme habilidade em condensar minha vida nesses quatro segundos: medos, realizações, amores, paixões e saudades. Foi nesse estado de espírito que ouvi o telefone tocar e em seguida a voz do meu amigo com nome de tribo de índios que, como os tupinambás, não eram da Índia. E a voz do Yamba me disse que a assembleia de credores, que decidiria pela falência ou não do Estação, talvez fosse marcada para o dia 3 de abril.

Não sei bem se foi um riso o som que emiti ao ouvir aquele comentário, um misto de informação e consulta. Na verdade, estava mais para uma comunicação, já que meu poder de influência era limitadíssimo. Mas se o som não foi de riso, a ideia foi essa, um riso irônico por tudo poder acabar ou recomeçar no dia do meu aniversário. "Melhor dia 3 que dia 4", falei mecanicamente. Preferia saber se era um empresário falido no meu aniversário que passar o dia na expectativa. Preferia ir ao fundo do poço e usar as pernas para pular que continuar caindo sem saber onde iria parar. E se passássemos pela assembleia, melhor presente não haveria.

Sem a menor pretensão, escrevi sobre esse telefonema em um post no Facebook. Falei sobre a ironia de que, após quatro anos de espera, tudo iria se resolver no dia do meu aniversário. O resultado foi uma avalanche de carinho e uma explosão de incentivos e oportunidades. Muitos começaram a perguntar o que poderiam fazer para ajudar a salvar o Estação, não sabiam o que ocorrera nos últimos anos e ficaram chocados com a possibilidade de seus cinemas do coração desaparecerem em poucos meses.

Confesso que até aquele momento não tinha muita ideia da importância do Estação na vida das pessoas. A minha relação com o público sempre foi complexa, uma vez que, no dia a dia, para cada elogio sempre são recebidas duzentas críticas. Em geral as pessoas não se lembram de elogiar, mas se empenham em protestar quando se sentem prejudicadas. Boa parte da minha vida foi lidar com a infelicidade de alguém, por diversos motivos, desde um espectador revoltado com um serviço mal prestado a um diretor frustrado com o público de seu filme; do distribuidor que reclama por mais tempo de exibição de seu filme ao gerente de banco que exige menos tempo para o pagamento de dívidas, além de outras incontáveis queixas de todos os tipos. Não importa se as questões eram justas ou não, o que quero dizer é que lidei com reclamações, genericamente falando, boa parte da minha vida profissional.

Lembro de um pobre gato que um dia vimos capengar para dentro do ainda Cineclube Coper Botafogo. Pelo que conseguimos observar, estava em mau estado, provavelmente maltratado por alguém. Mas antes que pudéssemos alcançá-lo, ele desapareceu em meio à plateia, que nessa época tinha 417 apertadas cadeiras. Como não o vimos mais, apesar da busca por todos os cantos, seguimos a vida e as sessões começaram. O dia passou, assim como passaram outros dois. E então veio o cheiro...

(E por mais incrível que isso possa parecer, o cheiro podre de carne em decomposição vinha do... ralo! Vinte anos antes de descobrir e transformar num sucesso o filme *O cheiro do ralo*, lutei contra o cheiro do ralo, literalmente.)

O gato tinha morrido nos dutos de retorno do ar-condicionado — o ar frio entra por cima, empurra o ar quente para baixo, que sai por esses dutos localizados sob as cadeiras. O caminho acaba em um lençol freático que passa bem embaixo do cinema. Alguém tinha de entrar nas catacumbas do Estação para resgatar um cadáver de gato. O voluntário foi o seu Natal, porteiro do Cine Coper que foi incorporado por nós ao Cineclube Coper. Seu Natal entrou, vasculhou tudo e encontrou o bicho já inchado. Por fim, Nelson, Adhemar e eu, culpados por termos permitido que seu Natal fizesse o trabalho sujo, praticamente demos um banho de álcool no intrépido porteiro no meio do saguão.

A verdade é que eu me sentia um pouco como esse gato. Fechado em meu escritório com minhas planilhas, apanhando por todos os lados, não fazia ideia da dimensão que o nosso trabalho representava para tantas pessoas.

Quando vi toda a repercussão, rapidamente percebi que essa boa onda podia ser amplificada, alcançando e sensibilizando potenciais patrocinadores e até credores. Sugeri que as pessoas escrevessem histórias que tinham vivido nas salas do Estação, e para incentivá-las comecei a contar algumas minhas, aventuras vividas em quase três décadas até aquele momento. Aventura é a melhor palavra para definir o que vivi no Estação, em tudo que ela significa de bom e de ruim.

Graças a Dodô Azevedo, um Grupo de Apoio ao Estação foi criado e em pouco tempo chegou a 10 mil participantes. Manifestações em frente ao cinema foram organizadas, mensagens positivas de todos os lados chegavam. As reclamações sumiram e agora estava cercado de boas vibrações. As histórias postadas se multiplicavam, as minhas e as de muitas outras pessoas.

A mobilização no Facebook através das minhas crônicas e de outros me fizeram chegar rapidamente na direção da NET e logo fechamos o contrato de patrocínio que nos resgatou da beira do abismo. E eu acabei me dando conta de que esse conjunto de aventuras do Estação também é parte da memória de outras pessoas, e que da reunião de memórias é que a história é construída e preservada. O Estação foi marcante para mais de uma geração e isso tem sua importância. Não registrar as coisas que vi ou vivi nesse tempo seria deixá-las se apagarem, até mesmo para mim.

Comecei reunindo as poucas histórias que postei sobre o Estação no Facebook, reli, revi e ampliei algumas delas. E escrevi muitas outras, pois a memória é assim, uma coisa puxa outra, que puxa outra... não tem fim. Mas quando finalmente dei o trabalho por terminado, vi que contava histórias, mas não contava o que tinha acontecido conosco em todo esse tempo. "Como vão sentir a emoção de ver uma sala cheia, se não têm ideia do quanto foi difícil chegar ali? Como vão entender certas atitudes aparentemente loucas, se não souberem o que acontecia em paralelo. Lamentei ao perceber que contava apenas lacunas, boas crônicas, mas vazias, porque não explicavam nossa história. E ainda percebi que na maioria das vezes contava apenas as partes boas dos sonhos. Desanimei ao entender que seria obrigado a me aprofundar mais sobre lembranças que talvez não quisesse lembrar, pois era preciso contar não apenas essas histórias, mas efetivamente toda a nossa jornada para que elas fizessem sentido. E então me lancei numa nova empreitada em busca das peças que faltavam para encaixar essas aventuras na nossa trajetória, para que deixassem de ser lacunas e fizessem sentido. Uma viagem que descobri muitas vezes dolorosa, embora tenha tentado ao máximo guardar esse sentimento apenas para mim — queria que fosse uma viagem prazerosa para todos. Segui tentando manter uma certa ordem cronológica, sem muita ordem e muitas vezes sem cronologia.

Desde 2014 tento terminar de contar essa história. E após um hiato de muitos meses, retomo os escritos, não por acaso neste momento dramático da pandemia de covid-19, que novamente nos leva à beira do precipício. Histórias como a nossa precisam ser conhecidas para que sejam lembradas, e a pandemia torna urgente fazer coisas que deixamos para trás adormecidas.

A vida desse cineclube sempre foi assim, entre a glória e o desespero. Vivi boa parte dessa gangorra, por isso conto essa jornada do ponto de vista de alguém que sempre esteve muito perto de todos os acontecimentos, desde antes da abertura desse famoso cinema até depois de ele chegar à beira do abismo e voltar. Dos meus 17 anos, com muitos cabelos, até os 56, já há algum tempo careca.

Depois que terminei de espremer a memória para lembrar dos "causos", de me sentir mastigado pelas lembranças da trajetória do Estação e ler tudo que tinha escrito, pensamentos me atormentaram durante uma longa noite insone: como foi que eu me meti nisso tudo? Por que aos 19 anos de idade, podendo escolher qualquer caminho, escolhi ou fui escolhido por este? Por que tanta dedicação pessoal a um trabalho, muitas vezes insano e pessoalmente camicase? E por que tanta vocação para se jogar irresponsavelmente no risco?

Comecei a questionar tudo o que tinha feito ou deixado de fazer, rever os caminhos que havia tomado e onde havia errado. Questionei o que nunca foi dúvida para mim: o meu amor pelo cinema. "O que sinto hoje pelo cinema?" E, assim, voltei a escrever para tentar entender todas as questões que me afligiram na noite sem sono. E o livro, que era para ser sobre o Estação, virou também um pouco sobre mim. Percebi que sem entender essas motivações não se compreenderia o todo e que, portanto, faltava contar esse pedacinho: quais foram os caminhos que me levaram às pessoas que, junto comigo, criaram o Estação Botafogo e por que me dediquei dessa maneira.

Por fim, embora seja o começo, acho que a aventura do Estação pode servir de inspiração para outros — nós arregaçamos as mangas e fizemos o que não existia com muita vontade, paixão e entrega, mesmo sem dinheiro. E para tentar passar um pouco dessa emoção, optei por deixar datas nos posts publicados no Facebook. Muitos textos só fazem sentido, ou fazem mais sentido, se considerarmos a sua temporalidade, porque é diferente escrever no calor dos acontecimentos ou deixar para contar anos depois.

Este livro é o resultado daquele telefonema, daquele post, daquelas histórias que contei e foram contadas, da mobilização de milhares de pessoas para salvar o Estação e de uma vontade de não deixar *"todos esses momentos se perderem como lágrimas na chuva"*. Espero que os relatos a seguir façam jus à história e sua leitura seja prazerosa. E tomara que te inspire a fazer coisas que nunca foram feitas. Boa aventura!

PARTE I Uma rápida pré-história pessoal

1. As placas tectônicas estão em constante movimento

Certa vez, li em algum lugar que foi uma característica da língua alemã, a capacidade de aglutinar palavras para criar outras, que permitiu à filosofia se desenvolver tanto por lá. Não tenho conhecimento suficiente de línguas e menos ainda de filosofia para opinar, mas creio que faz algum sentido. Talvez por isso houve tantos compositores clássicos alemães geniais, agrupar palavras ou notas musicais dá mais ou menos no mesmo, não? É como se o cérebro, graças ao idioma, fosse moldado para a criação complexa, como se fosse uma espécie de máquina de combinações, testando e aplicando o maior número possível de possibilidades para chegar ao melhor encaixe. Os alemães devem ter tabelas na cabeça... Ou talvez tudo isso seja besteira, pois se fosse assim todos os alemães seriam gênios e há muitos idiotas por lá, como em qualquer lugar. Mas acredito que se possa treinar o cérebro e se ter um cérebro treinado.

No meu caso, foi o xadrez. Nunca fui e jamais serei um grande jogador. Mas jogo suficientemente bem para dizer que o xadrez moldou meu jeito de pensar. Sem me dar conta disso, treinei meu cérebro para analisar todas as possibilidades de resolução de problemas e projetá-las à frente, e com isso prever as centenas de futuros possíveis. Tudo isso sem poder anotar ou escrever, porque num jogo de xadrez você só pode anotar o passado. Meu futuro e suas possibilidades são escritos na cabeça, depois separo os maus textos e tento escolher os melhores. Nem sempre dá certo porque não se ganha todas as partidas, especialmente quando se é um jogador apenas razoável. Essa maneira de raciocinar, ao mesmo tempo em que ajuda, pois estou sempre preparado para qualquer notícia, cansa. É exaustivo analisar tantos mundos diferentes, além da perda de espaço mental arquivar tantas coisas não realizadas, pois só é possível um movimento. Para o bem e para o mal, sempre funcionei assim.

Em janeiro de 1982, voltei de Petrópolis para o Rio a contragosto, após ter passado cinco anos por lá. Pouco tempo para uma vida de quase 60 anos, mas muito para quem tinha 16. Namorada, amigos e toda uma vida ficaram para trás e eu imaginava ter perdido o jogo, ter que sair de lá não era um dos futuros que eu havia previsto como o melhor movimento. Estava no auge como jogador de xadrez e não ter me antecipado a isso, aliado com começar a ter alucinações com as pessoas se movendo pelas ruas como bispos ou cavalos, me fez decidir parar de jogar.

Vou escolhendo os melhores textos arquivados no fundo do meu cérebro para lembrar das histórias, porque vou recordando à medida que conto e não o contrário. Lembro do dia em que me mudei para um apartamento na rua Voluntários da Pátria, ao lado de um cinema fechado, e me lembro de lamentar por ele não estar aberto. Passei uma semana sem dormir apavorado com o barulho assustador de carros, ônibus, obras e gente. Pensava na minha cidade tranquila e sentia falta dos amigos que haviam ficado para trás. Não tinha ideia do que viria pela frente, minha máquina do tempo não conseguia processar esse futuro diante de um mundo tão novo e estranho.

Queria ser geólogo, arqueólogo, depois engenheiro cartográfico, porque adorava mapas — e ainda adoro. Cheguei a desenhar partes inteiras de países com tantos detalhes, como relevo, que as obras sempre ficavam em progresso, nunca finalizadas. Terminar algo não é bom, é abandonar a obra, é achar que não é mais possível colocar ou tirar coisas que faltam ou sobram. Talvez seja por isso que sempre tive dificuldade em terminar os textos que escrevia na cabeça, sempre que os revisitava tinha a impressão que estavam precisando de manutenção.

Meu irmão David me sugeriu a faculdade de cinema quando eu não sabia que isso existia, e fiquei um tanto perplexo, até concluir: por que não? Passei a cogitar a possibilidade e estranhamente meus pais não fizeram objeções — na nossa família, essa escolha significava o mesmo que eu dissesse que queria ser astronauta. Foi aí que o encanto aconteceu.

Na rua Voluntários da Pátria, 98, ao lado da minha nova casa, o Cine Capri abriu as portas. Eu estudava obrigatoriamente pela manhã e fugia das aulas da turma especial à tarde, feitas para fabricar gênios de vestibular. Não precisava estar nos primeiros lugares se nem sequer sabia o que queria fazer. Naquela época, sem conhecer absolutamente ninguém no meio, eu considerava que estudar cinema era como sair com o peão da torre, não há jeito de ganhar o jogo assim. Mas as fugas da turma especial tinham sempre como destino a Biblioteca Nacional e dentro dela os livros e as enciclopédias de cinema. Foram meses lendo e anotando, fazia fichas de diretores desde os primórdios do cinema.

Todas essas fichas foram sendo arquivadas em algum lugar da minha cabeça e não tenho ideia do que teria feito com elas se fosse geólogo. Talvez, se tivesse optado pela geologia, algum psicanalista alemão teria de arrancar esses fósseis, como um arqueólogo, lá do fundo da minha massa cinzenta. Mas isso não foi preciso porque o Capri, cheio de poeira, alagado e com pulgas, foi aberto. O velho cinema dava seu canto do cisne. Abriu minha cabeça junto com suas portas antes que eu pudesse fechá-la com as minhas queridas pedras.

O Capri nem era tão velho assim. Inaugurado em 1968, era mais jovem que eu. Funcionou até 1979 como parte do Circuito Severiano Ribeiro, até fechar. Em junho de 1982 reabriu com a intenção de exibir os jogos da Copa do Mundo, algo muito moderno para a época. Parece que as coisas não deram muito certo, pouco público, projeção e som ruins e interrupções na projeção, o que em jogo de futebol e em Copa do Mundo é gravíssimo. No mês seguinte promoveu uma mostra com o criativo nome de A Feira do Cinematógrafo, exibindo dois filmes clássicos por dia, e foi então que descobri que o cinema estava de fato aberto. Às 14h do dia 28 de julho de 1982, uma quarta-feira, entrei pela primeira vez no cinema onde poucos anos depois passei a "viver".

Eu não era cinéfilo, embora adorasse cinema. Entrei aleatoriamente e o filme que estava passando era *O sétimo selo*. Nada sabia sobre o filme e, quando começou a partida de xadrez, me espantei: era difícil acreditar na coincidência de ir morar ao lado de um cinema fechado e logo ele reabrir, de o meu irmão falar sobre faculdade de cinema e, agora, o xadrez — parte da minha vida — no filme de Bergman. Para quem acredita — e eu acredito —, foi um sinal. Enquanto procurava o sentido da vida e enrolava a morte, o cavaleiro Antonius Block me revelava o caminho. O final da sessão foi um arrebatamento. Amaldiçoei minha ignorância juvenil por ter achado *Sonata de outono* chato, quando o vi aos 14 anos no Cine Casablanca, em Petrópolis.

Tive vontade de ver todos os filmes da pequena retrospectiva, mas não tinha dinheiro para tamanho banquete. Por sorte, depois de assistir aos quatro que a grana permitira já tinha ficado conhecido do gerente, uma vez que não havia mais que seis ou sete gatos-pingados, contando comigo, o gerente e o porteiro. Consegui ver alguns filmes de graça e me lembro de ter assistido a dez em uma semana, um verdadeiro intensivo de introdução ao cinema: *O sétimo selo, Morangos silvestres, Roma, cidade aberta, Meu tio, As férias de Mr. Hulot, Noites de Cabíria, A estratégia da aranha, Cría cuervos, Ana e os lobos* e *Allonsanfan*. Não imaginava que menos de dez anos depois seria normal ver oito filmes por dia. Em seguida, no início de agosto, o Capri ainda exibiria, durante uma semana com um filme por dia, filmes da Gaumont do Brasil, e pude conhecer *Cidade das mulheres* e *Atlantic City, U.S.A.*, este na última sessão antes de o cinema fechar novamente, por falta de público. Reabriu dois anos depois com o nome de Coper Botafogo.

Por sorte, pois a cabeça ainda absorvia o impacto do intensivão cinéfilo. Uma semana depois de o Capri fechar e alguns dias depois de "ler" *Limite*, começou a mostra Glauber Presente!, num colégio chamado Jacobina, na rua São Clemente, também bem perto da minha casa. Era uma homenagem ao primeiro ano de morte do Glauber e, como a entrada era franca, assisti a todas as sessões. As três experiências nesse curto período mudaram a minha vida e me fizeram optar pelo vestibular para Cinema, na Universidade Federal Fluminense (UFF): o velho cinema que foi reaberto, conhecer o cinema de Glauber Rocha e descobrir *Limite*.

Depois daquela última sessão do filme de Louis Malle, só voltei ao Capri, agora com o nome de Coper, para pegar as chaves do cinema, junto com Nelson e Adhemar, e em junho de 1985 o transformamos no Cineclube Coper. Acabei me graduando bacharel em dezembro de 1986, um ano após aquele cinema se transformar, com a minha ajuda, no Cineclube Estação Botafogo.

2. Glauber Presente, de presente

Glauber Rocha morreu em 1981, e até aquele momento nunca tinha ouvido falar dele. Mas no ano seguinte já tinha dado os primeiros passos no universo do cinema, visto alguns filmes e já nutria curiosidade em conhecer sua obra. Por isso a Mostra Glauber Presente! caiu do céu, tendo acontecido de forma improvisada no auditório de um colégio, entre 22 e 28 de agosto de 1982. Não imaginaria que o local onde fui morar no Rio de Janeiro seria tão determinante no que eu me tornaria. Hoje, do Colégio Jacobina só existe a fachada. Mas no interior do seu extinto auditório, mais precisamente em suas demolidas paredes, o mundo havia se aberto de vez para mim. O mágico do cinema é que ele transforma o limite concreto de uma parede em um mundo infinito.

A mostra foi organizada pelo curso de cinema da UFF, com coordenação de João Luiz Vieira, e muito provavelmente isso influenciou de maneira decisiva na minha escolha de que faculdade seguir. Quando entrei no Jacobina não podia imaginar que seis meses depois viria a ser aluno de cinema e colega de Ricardo Favilla, Flávio Cândido, Paulo Máttar, João Carlos Velho, Eduardo Bayer, Gláucia Mayrink, Marisa Aragão, Mônica Frota, Rosa Helena e Tereza Andrea, estudantes da equipe de João que se revezavam à porta da sala. Vi todos os filmes que foram exibidos e na banca em frente à entrada do auditório comprei meus primeiros livros sobre cinema, pois a grana continuava curta e tudo o que lia, até então, era em bibliotecas. Um dos livros que comprei foi *Cinema: Trajetória no subdesenvolvimento*, de Paulo Emílio Sales Gomes, um dos poucos que após tantas mudanças de casas e escritórios chegaram aos dias de hoje. Tinha o hábito de anotar a data da compra, e tenho aqui escrito 22 de agosto de 1982, primeiro dia do evento. Repleto de anotações e todo sublinhado, hoje é difícil dizer o que mais me chamou a atenção. Guardo-o com enorme carinho e não posso deixar de notar que toda a trajetória do Estação foi também uma trajetória no subdesenvolvimento.

De todos os filmes de Glauber que vi nessa mostra, o que mais ficou guardado na memória foi *A idade da Terra*, o último a ser exibido, cuja projeção foi para mim quase um culto, muito em função das condições de exibição. "Esta é a cloaca do Universo", como posso esquecer a frase dita tantas vezes por Tarcísio Meira?

Os filmes eram exibidos em 16mm e sempre foi muito difícil ter lentes Cinemascope para esses projetores. A organização da mostra foi capaz de conseguir uma para a exibição de *A idade da Terra*, mas eles não contaram aparentemente com o tamanho da projeção. Quando a luz do projetor bateu na parede, não iluminou apenas ela, mas também as paredes laterais. O quadro era tão aberto que o filme era projetado em três paredes, como um cinema 180°. Estava imerso no universo de Glauber, dentro de um auditório que parecia uma capela (se é que não era de fato). Saí em estado de choque, como se tivesse passado por uma lobotomia ao contrário. Os neurônios estavam em polvorosa se reorganizando na minha cabeça. Apenas um mês depois de ter visto *O sétimo selo* sentia as dores do crescimento, a cabeça expandia, estava em metamorfose. Já não queria mais estudar pedras, queria estudar "Rochas".

Algum tempo depois, vi *Napoléon* no ginásio Caio Martins, em Niterói, e me lembro de recordar da minha sessão de *A idade da Terra* quando assisti ao filme se abrir deslumbrante em suas três telas.

3. Fotogramas e átomos
Escrito no Facebook em 27 de abril de 2020

Um fotograma é uma espécie de átomo da memória, o mais breve momento da recordação, nada mais que um instante e uma fração reduzida de algo maior. Um átimo. Muitos fotogramas povoam minha cabeça de forma fluida, vêm e vão quando estimulados pelos múltiplos sentidos que todos temos. Tenho um conjunto deles que ficaram gravados na memória mais que outros, porque representam coisas muito caras para mim.

Em 16 de agosto de 1982 eu andava pela rua México, no Centro do Rio, e sem explicação aparente fui atraído por uma porta nos fundos da Biblioteca Nacional. Naquela época, ainda perdido, não havia me decidido pelo cinema, apenas nutria uma atração que depois descobri mútua. Quis o destino me mostrar que arqueologia (uma das minhas opções) e cinema podiam se confundir.

A porta era de uma livraria e dentro dela uma prateleira pequena com poucas obras sobre cinema me atraiu. Ao abrir o livro *Limite*, de Saulo Pereira de Mello, abri também um mundo de possibilidades que me diziam justamente o oposto do título. Aliás, como o filme. Saulo havia impresso nitrato em papel. Lá estava um filme do qual eu nunca tinha ouvido falar, fotograma por fotograma, com registro das músicas, dos movimentos de câmera e até do vai e vem das ondas do mar. Vi *Limite* pela primeira vez impresso em livro e ver dessa maneira mudou meu modo de ver as coisas.

Um tempo depois Walter Salles contou que, jovem, foi visitar Mário Peixoto em Mangaratiba, onde ele morava recluso. Disse que ao entrar o viu de costas e antes que pudesse falar qualquer coisa Mário lhe perguntou o que via no relógio da parede. Waltinho respondeu que via o ponteiro marcar mais um minuto, depois outro, depois mais outros. Mário respondeu que para ele era o contrário, via um minuto a menos a cada transcorrido. Dizem que chegou a tentar um financiamento na Embrafilme para um filme baseado na Bíblia, o que explica a sensação de urgência e tempo se esgotando. Se levou uma vida inteira e fez apenas um filme com três pessoas em uma canoa, imagine quanto levaria para filmar a Arca de Noé?

Saulo foi o "arqueólogo" que me mostrou o caminho do cinema, e nunca o conheci para agradecer tão importante instante em minha vida. Minha lembrança de *Limite* é tão viva porque seus fotogramas também estão impressos na minha memória, eu os vi um a um. Meu "arqueólogo" faleceu ontem, aos 87 anos, vítima da covid-19. Dedicou meio século de sua vida a Mário Peixoto e graças a ele você talvez também tenha visto *Limite*, um filme único na história do cinema.

4. Tornei-me um ébrio

Os caminhos que me levaram ao Estação foram consequências de decisões tomadas muitas vezes por impulsos de curiosidade. Foi assim quando entrei no Cine Capri ao lado da minha casa, cinema bem vagabundo e que estava com metade da plateia alagada. Foi assim quando fui até um colégio para assistir a uma mostra em auditório improvisado com a projeção de filmes nas paredes. Foi assim também quando entrei pela portinha nos fundos da Biblioteca Nacional. Esses impulsos aconteciam porque eu já sonhava em ver filmes que não tinha como ver. Lia sobre eles e tinha muita vontade de conhecê-los. E foi essa curiosidade que me levou, junto com meu irmão David e seus amigos da UERJ, entre eles especialmente o Cadu, da engenharia, mas cartunista na época, e o Acácio Tomás, colega do David na oceanografia, a criar o Cineclube O Ébrio.

Seu nome fazia menção ao filme de Gilda de Abreu, mas não era exatamente uma homenagem a ele. Estávamos todos embriagados de ideias. Além do Cineclube, fizemos um fanzine e um manifesto, publicado no primeiro número dos dois que editamos. Era uma forma de protesto e rebeldia juvenil, fruto dos novos ventos da época que começavam a soprar. Estávamos em 1982.

O Ébrio funcionava nos auditórios da UERJ, alguns equipados com projetores 16mm. Só precisávamos reservar um que estivesse vago, de 15 em 15 dias, quando aconteciam as exibições, e depois desenhar a mão, com pilot colorido, uns cinquenta cartazes e espalhá-los pelos prédios. A receita da sessão deveria ser o suficiente para pagar o filme, o papel, as canetas e muitas vezes a lâmpada do projetor, porque a UERJ raramente tinha substituta quando queimava. Assim, era frequente ter que dividir o prejuízo para fechar a conta. Tudo dependia de quantas pessoas pagassem a "taxa de manutenção", como chamávamos o valor da entrada.

Assim começou meu garimpo por filmes. Havia alguns lugares onde podíamos alugar cópias ou pegar emprestado filmes 16mm. O Instituto Goethe, com a Sandra Lyra, e a Maison de France, com a Laila Kopke, eram as maiores cinematecas de difusão, e algumas distribuidoras, como a Fox e a Columbia, ainda guardavam cópias para a televisão. O maior sucesso disparado de O Ébrio foi *O expresso da meia-noite*, com 729 espectadores, enquanto o maior fracasso foi *A grande cidade*, com sete. Havia frequentadores assíduos e a esses posso chamar de cinéfilos da gema, ou da gênese do Estação. Lembro em especial de Lorena Calábria, que conhecemos pedindo carona à porta da UERJ e passou a frequentar todas as sessões.

Já naquela época me dei conta de que a exibição era um trabalho braçal. Se hoje podemos ter uma retrospectiva inteira em um pendrive, na época, uma cópia 16mm pesava em torno de 10kg com sua caixa, enquanto que cerca de 30kg as cópias 35mm. Logo os projetores alemães da UERJ começaram a pifar e não havia peças para reposição. Tentamos usar as TVs do auditório, mas elas também eram alemãs, em sistema PAL, e a exibição ficava um horror, quando funcionava. Chegamos a alugar um retroprojetor de vídeo, uma trapizonga gigante que pesava uma tonelada cuja imagem era ruim. E O Ébrio acabou por cansaço.

Garimpando filmes cheguei à DinaFilmes, distribuidora do Conselho Nacional de Cineclubes, que ficava no prédio da Federação dos Cineclubes do Estado do Rio de Janeiro. Na época em que passei a frequentar a Federação, ainda em 1982, o presidente do Conselho era Nelson Krumholz e o da Federação, Beto Carmo. As duas entidades ficavam no mesmo endereço, avenida Graça Aranha, 416, sala 724, pequena sala pertencente ao Cineduc, comandado por dona Hilda de Azevedo Soares, que permitia que um bando de jovens descabelados dividissem o espaço com ela. Uma das atividades da Federação era programar o Cineclube Macunaíma, na ABI, e essa função cabia ao recém-importado de São Paulo Adhemar Oliveira. Pouco mais de dois anos depois, Nelson e Adhemar me convidaram para o projeto do Estação e aí as histórias começam de fato.

O Ébrio existiu por um breve período ao mesmo tempo que o Cineclube Coper. Com o apoio da Federação, realizou a I Semana do Vídeo Independente, de 9 a 15 de setembro de 1985, no Museu da Imagem e do Som. O evento foi organizado por David França Mendes e seu par inseparável na época, Ivana Bentes. Colaboraram Carter Anderson, Cristiana Soares (que depois seria atriz de *Colorbar*, meu único filme), José Eduardo Lima (mais conhecido como Zé José), Maria Angélica Nascimento e Rogério Durst. Eu estava no júri e na seleção havia trabalhos de João Carlos Rodrigues, Sandra Kogut, Arthur Omar, Luiz Rosemberg Filho, Ruy Solberg, Paula Gaitán, José Joffily e Marcos Marins, entre muitos outros.

5. O Triunvirato Revolucionário

Ao me aproximar da Federação, me aproximei da política dos cineclubes. Pelo que pude notar, havia uma disputa acirrada pelo controle do Conselho Nacional de Cineclubes, e Rio e São Paulo tentavam compor uma chapa moderada entre os baianos de extrema esquerda e a célula líbia, do interior do Paraná. Ao menos, isso foi o que deu para entender, não sei se a célula líbia era de fato líbia, ou sequer uma célula. Éramos todos de esquerda, não havia direita para nós, pois a direita era o governo militar. Mas nas Jornadas Nacionais os encontros organizados pelo Conselho só faltava o pau quebrar, entre muitas discussões políticas e uma ou outra festa e roda de maconha. Lembro de passar a noite toda conversando, em uma dessas rodas, e de dividir um baseado com outras vinte pessoas, entre elas Leon Hirszman. A maconha era motivo da aglomeração, mas não se sentia nada com tão pouca quantidade *per capita*.

Preocupados com questões nacionais, ou simplesmente de saco cheio, Nelson e os demais que compunham a Federação do Rio, como Beto Moreira, Marcus Cândido, Marcus Vinícius, Fátima Taranto, Carlos Potengi e talvez mais alguém (que peço perdão por esquecer), abriram espaço para uma nova geração de cineclubistas, entre eles estávamos eu, Anabela Paiva e Wolney Malafaia. Nós três fomos eleitos, começando a era do Triunvirato Revolucionário, como Wolney, o novo presidente, humildemente batizou. Wolney, comunista de carteirinha, cineclubista do Cineclube Jean Renoir, na Aliança Francesa do Méier; Anabela, cujo pai vivia em Cuba, estudava russo e vinha de Jacarepaguá, do Cineclube Fama (Associação dos Moradores e Amigos da Freguesia ao contrário); e eu, de Botafogo, de um cineclube no Maracanã e que queria apenas ver filmes. Mas para ver filmes precisava de dinheiro. Assim começou minha sina em busca de recursos para ser cinéfilo e empresário de cinema. Acabei me tornando o programador do Cineclube Macunaíma, que acontecia aos sábados no auditório da Associação Brasileira de Imprensa e, então, podia escolher os filmes que queria ver. Mas como era também o tesoureiro da Federação dos Cineclubes do Rio, aprendi desde muito cedo a dosar meu gosto pessoal, e a vontade de ver alguns filmes, com a necessidade de pagar as contas com a escolha deles.

Uma das coisas mais legais que fazíamos na Federação era organizar o Prêmio São Saruê, de Cinema Nacional, e junto com ele uma homenagem. Wilson Grey foi um dos homenageados e fizemos uma tosca, mas carinhosa, exposição sobre o ator no saguão do Macunaíma, que durou um dia. Passei horas e horas pesquisando fotos dele e tudo ficou pronto dez minutos antes da homenagem, para ser desmontado dez minutos depois. Mas ele foi à premiação, e pareceu muito comovido com todo esse trabalho e recebeu o prêmio em seu impecável terno branco, sapatos bicolores e cabelo preto com Gumex. Parecia que tinha acabado de sair da tela. O prêmio foi apresentado por David França Mendes e Adriana Rattes, cujo filho pequeno, Pedro, a chamava o tempo todo do alto do segundo andar do auditório. Lembranças. Gostaria de ainda ter as fotos desse dia. Fomos reeleitos duas vezes e outros jovens cineclubistas passaram a fazer parte da equipe, como Gil Vicente Vaz Oliveira, que anos depois me substituiu na gerência do Estação Botafogo.

6. As revelações do Dr. Caligari
Escrito no Facebook em 18 de março de 2016

Boa parte dos meus amigos deve algo de sua formação cinéfila a José Carlos Avellar, que faleceu hoje. Foi dele uma das primeiras aulas de cinema que tive, na minha pré-história antes da UFF. Era sobre expressionismo alemão, e vimos, claro, *O gabinete do Dr. Caligari*, filme que vejo até hoje com certa regularidade. A experiência da aula e do filme foram tão impactantes que poucos anos depois abri, junto com o diretor de televisão Mario Meirelles e o ator, depois também diretor, Marcus Vinícius Cezar, a Caligari Produções Artísticas, produtora cujo primeiro e um dos poucos trabalhos na época foi um piloto de série chamado *As revelações do Dr. Caligari*.

Nos conhecemos na Embrafilme logo no início do Estação, quando fui buscar apoio para a Sala 16 e ele era diretor do departamento cultural. Uma década depois, já como presidente da RioFilme, foi a primeira pessoa com quem falei sobre criar a Première Brasil. Mas desde que comecei a viajar para os festivais, passamos a nos encontrar com frequência, especialmente em Berlim. Certa vez, estávamos no festival e, em meio a montanhas de neve já meio cinza, Avellar me recomendou que não perdesse o filme do Steve Martin. Foi correndo, em meio a um frio de doer os ossos e com toucas e gorros a cobrir os ouvidos. Embora fosse estranho o Avellar recomendar um filme com Steve Martin, parti em sua captura. Não consegui achar de jeito nenhum, não havia filme com o ator no Festival. Aquilo ficou na minha cabeça até que o encontrei novamente, novamente com os pés atolados na neve derretida.

Na primeira oportunidade que tive para abrir a boca, perguntei sobre o tal filme e ele repetiu mais vezes: "Steve Martin, Steve Martin"... Falei que não era possível, pois não havia filme com Steve Martin em Berlim, nem nos cinemas comerciais, pois também havia procurado na programação normal. Ele caiu na gargalhada. Ele estava falando de "Estive em Marte" e não "Steve Martin"! Falava do filme *I Was on Mars*, que traduziu livremente, para o meu desespero. Desfeito o problema de dicção dele ou o meu auditivo, finalmente consegui achar "Estivemmarte/stevenmartin" e pude ver e também gostar. Acabamos importando o filme para o Brasil e lançamos com o nome de *Eu estive em Marte*. Mas para mim sempre será *Steve Martin*! Apenas uma lembrança leve de uma das muitas vezes que nos cruzamos em festivais em mais de vinte anos.

É realmente uma pena muito grande perder alguém como ele, que pensava e fazia pensar, principalmente nos dias em que vivemos. Como se não bastassem suas aulas, seus escritos e suas ações, Avellar tem para mim uma importância pessoal ainda maior. Graças a ele conheci a mãe dos meus dois filhos mais velhos. Descanse em paz, mestre.

7. Onde tudo começou

O Cineclube Macunaíma foi criado por Maurício Azêdo, em 1973. No início dos anos 1980, era programado pela Federação dos Cineclubes do Rio de Janeiro e seu programador era Adhemar Oliveira, que já havia programado o histórico Cineclube Bixiga, em São Paulo, primeiro cineclube a funcionar diariamente, como um cinema. O Macunaíma acontecia sempre aos sábados e na época exibia dois filmes, um às 19h e outro às 21h, dependendo da duração dos filmes. Assumi a programação com minha eleição para tesoureiro da Federação em 1983, e o Macunaíma era praticamente a única fonte de receita da entidade, já que os inúmeros cineclubes existentes dificilmente pagavam suas mensalidades, com honrosas exceções, entre elas os três cineclubes do Triunvirato.

Não era muito difícil programar oito filmes por mês, poucos anos depois estaria programando 36 por semana e, bem mais tarde, quatrocentos em 48 horas. Embora alguns cinemas ainda exibissem "cinema de arte", como os filmes menos comerciais eram chamados na visão do mercado, havia poucas opções na cidade porque os filmes estreavam e ficavam um bom tempo em cartaz. Rapidamente as pessoas viam todos e ficavam desesperadas por novidades, que podiam ser filmes que há muito tempo não eram vistos. Assim, era bem decepcionante quando tínhamos menos de duzentos espectadores em cada sessão. Havia alguns hits e sem dúvida *Hiroshima, meu amor* era um deles. Mas o filme que mais levou público ao Macunaíma sempre foi *O boulevard do crime*, que toda vez que passava ainda tinha a vantagem de poder ser exibido em duas partes e, logo, com dois ingressos, embora pagássemos apenas um único aluguel por ele à distribuidora. Aqui foi o tesoureiro, não o cinéfilo, falando.

O mais difícil, no entanto, era fazer os projetores funcionarem. Apenas seu Davi, o projecionista, era capaz de entender o emaranhado de fios e os temperamentais projetores a carvão. E ele fazia questão de chegar sempre em cima da hora. Eram minutos intermináveis olhando para a porta dos elevadores, vendo o público chegar aos borbotões e nada do seu Davi. Mas ele acabava chegando, esbaforido, correndo, e eu sempre me perguntei se não era teatro, apenas para assistir à nossa cara de alívio ao vê-lo chegar.

Não pense que um projetor a carvão é como uma fornalha de locomotiva. Não é bem assim que funciona. Na verdade, são dois palitos, um positivo e outro negativo, que ao se aproximarem produzem uma chama que, refletida no espelho do projetor, joga a luz na tela. A aproximação deveria ser automática, mas o automático no Macunaíma era o seu Davi. Ele precisava ficar atento porque os palitos se consumiam e logo havia um vão entre eles, o que diminuía a chama. Nesse processo havia dois problemas: um era que seu Davi não tinha o hábito de prestar atenção; outro, que ele era surdo. Quando a projeção começava a ficar escura, o público assobiava, depois começava a gritar e seu Davi não ouvia. Alguém tinha que correr e subir as escadas até a cabine para alertá-lo e muitas vezes esse alguém era eu. Eu abria a porta, seu Davi me olhava e já sabia qual era o problema. Num pulo, saltava sobre o projetor, abria a tampa e apertava os palitos. Nesse processo, passava com a cabeça entre dois fios desencapados, e não havia jeito de convencê-lo a ajeitar a fiação. Acho que tinha medo que se colocasse tudo em ordem, sendo surdo, poderia perder o emprego.

Os projetores a carvão já eram raros na época e muitas vezes tínhamos que fazer gatilhos com cotocos de palitos, sobras que mal encaixavam no equipamento de tão pequenas. Havia apenas uma fábrica que ainda produzia os carvões, a Carbographite, que por coincidência ficava em Petrópolis, cidade que eu conhecia bem. Diversas vezes subi a serra de ônibus só para comprar uma caixa de carvão, dar um beijo em alguém e voltar.

Desses encontros semanais, quando cineclubistas novos e da velha guarda se encontravam, foi que nasceu a ideia do Estação. Se havia tanto público aos sábados na ABI, deveria haver público suficiente para sustentar uma programação diária. Eu, Anabela, Ilda e Adriana éramos da jovem guarda, tínhamos entre 18 e 20 anos. Nelson, Adhemar e os demais estavam chegando aos 30. Todos ainda muito jovens e cheios de sonhos e ideias.

8. O velho e bom IACS

Não lembro qual foi minha primeira aula no curso de cinema da Universidade Federal Fluminense, em Niterói, em fevereiro ou março de 1983. Sei que não foi de cinema, na época os sonhadores cineastas tinham que ultrapassar dois anos de matérias básicas, em comum aos cursos de jornalismo e publicidade, antes de estudar cinema. Mas lembro muito bem de qual foi a minha primeira aula de cinema na faculdade. É como se tudo o que veio antes dela não importasse, porque antes eu era "analfabeto".

A matéria era Linguagem Cinematográfica e o professor, um jovem e dedicado rapaz de barba e óculos chamado João Luiz Vieira, que havia se formado nas primeiras turmas da UFF, nos anos 70. Na pequena sala de projeção 16mm do bucólico casarão do Instituto de Artes e Ciências Sociais, o velho e bom IACS, João nos apresentou uma cena de *À beira do abismo* que foi analisada por mais de duas horas — horas que voaram. Ao fim, eu já não era o mesmo que havia entrado naquela sala. Continuava a minha metamorfose, estava começando a aprender a ver.

Dessa aula guardo a lembrança da única vez que vi João ficar exaltado nesses quase quarenta anos que nos conhecemos. Por curiosidade e certamente não prevendo o resultado, resolveu perguntar aos alunos quem já tinha assistido a *Cidadão Kane*. Estávamos no primeiro período de cinema, mas no quinto da faculdade. A resposta foi que eu e Lena Mendes, minha grande amiga até hoje e que apesar do sobrenome não é minha parenta, éramos dois dos poucos que tinham visto, numa turma de uns 15. João ficou vermelho e o esporro, embora educado como sempre, foi fenomenal.

No IACS, participei também da criação de um cineclube cuja escolha do nome foi uma verdadeira guerra. Eu e outras pessoas, incluídas Ilda Santiago e Lúcia Bravo, que estudavam jornalismo, defendíamos o nome Ebulcenic. Meus colegas Gustavo Cascon e Luiz Gonzaga Guimarães, o Mineiro, queriam Tem Peba na Ceroula. Um significava cineclube ao contrário enquanto o outro era uma homenagem a Henfil. Perdemos. Aprendi de cara a importância de ter um nome forte em um projeto. Mas fiquei encarregado de conseguir os filmes, uma vez que era o cineclubista mais experiente, com apenas 17 anos já tinha uma certa estrada — de alguns meses. E acabei por cometer o maior mico de toda a minha carreira de programador.

Estava marcada uma grande festa para o Dia das Bruxas na quadra, que nessa época ficava na entrada do casarão, onde, aliás, foi a minha formatura. Cabia a mim conseguir um filme de terror. Parti em busca, mas meus conhecimentos ainda eram muito limitados e de fato havia poucos fornecedores. Só alguns anos depois fui conhecer colecionadores e pude usar esses acervos na programação do Estação. Mas naquela época, fui aos lugares habituais e simplesmente não havia filmes de terror para alugar. Desespero. Acabei no consulado da França, olhando página por página do catálogo, para descobrir que terror não é um gênero forte no cinema francês. Acabei levando *O corcunda*, sem saber nada do filme, mas torcendo que fizesse sentido. Comecei a aprender como um título é fundamental para uma obra. Era um filme de época, com Jean Marais, capa e espada, e nada tinha de terror. Minha sorte é que ninguém estava preocupado com o filme, exceto eu.

9. Memórias do subterrâneo

Não me lembro como consegui ou quem me ajudou a entrar, mas nunca vou esquecer a primeira sessão do primeiro FestRio, em 1984. Foi uma sessão de *Paris, Texas* para a imprensa, pela manhã, e quando o símbolo da Palma de Ouro bateu na tela parei de respirar por alguns instantes. Hoje pode ser banal ver o vencedor de Cannes e, talvez, mesmo ganhar esse festival nem tenha o mesmo significado daqueles tempos, mas, para mim, estar ali presenciando aquele momento era algo que não imaginava na minha vida de estudante de cinema. Talvez venha daí minha fixação na Nastassja Kinski...

Um parêntese: é preciso não confundir FestRio com Festival do Rio. O Festival do Rio nasceu da fusão da MostraRio, ex--Mostra Banco Nacional de Cinema, com o RioCine, em 1999. O FestRio era um festival classe A, isto é, em tese, tinha o mesmo nível de Cannes e de Berlim. Obrigatoriamente tinha que ter uma competição internacional com filmes inéditos do mundo todo. Durou de 1984 a 1989.

Meu desespero e o de muita gente era ver o maior número de filmes possível, lembrando que na época perder um filme era perder um filme para sempre, não havia como assisti-lo de outra maneira. E eram filmes que não tinham passado em lugar nenhum do mundo! Como resistir à tentação? O problema era, como sempre, dinheiro — mais precisamente, a falta dele. Eu tinha apenas 19 anos.

Lembro de tentar falsificar uma credencial, mas não me recordo se efetivamente cheguei a usar o artifício. Se usei, o crime prescreveu, como a que usei em 1979 para ver *Apocalypse Now*, quando um terno e um cigarro no canto da boca ajudaram na farsa. Acho que a Federação dos Cineclubes conseguiu um certo número de ingressos que dava direito a entrar se a sessão estivesse vazia e o gerente de bom humor. A verdade é que não tenho ideia de como assisti a *Paris, Texas*. Vi também outros filmes pela manhã, tinha que estar em São Conrado, no Hotel Nacional, onde era a sede, pontualmente às 8h para a primeira sessão. E havia sessões da meia-noite, os literalmente Midnight Movies, que só quem era bom de briga conseguia entrar. Lembro do esforço para conseguir assistir a um lindo filme japonês chamado *Dormir como se sonhasse*, mudo e em preto e branco, que passou na sessão da manhã. Eu adorava o filme e os olhos fechavam, um desespero! Felizmente o revi depois em condições melhores e pude separar o que tinha sido sonho meu dos sonhos do filme.

Além do Wenders, a outra sessão que me deixou sem ar foi a de *Cabra marcado para morrer*, do gênio Eduardo Coutinho, que acabou vencendo e levando o Tucano de Ouro. Um filme maravilhoso, forte, emocionante. Vivíamos os últimos meses do governo militar de Figueiredo. Foi apoteótico.

O Festival tinha um problema logístico. Embora as cópias estivessem no Rio, muitas vezes não chegavam aos cinemas e as sessões eram seguidamente canceladas. Foi então que Nelson Krumholz me disse que estavam procurando alguém para ajudar nessa organização e a remuneração seria uma boa credencial. Não pensei duas vezes — "Esse cara sou eu!" — e me apresentei como a uma missão de vida ou morte, certo de que iria viver e ver mais filmes. Ledo engano. Quando cheguei no subsolo do hotel onde os filmes eram armazenados quase caí duro. Estava na cena final de *Cidadão Kane* ou de *Caçadores da arca perdida*, com um mar de latas espalhadas e quase ninguém para ajudar na organização. Mas não pensei em desistir; ao contrário, salivei e encarei.

O FestRio era dirigido por Nei Sroulevich, que nunca cheguei a conhecer muito bem, mas devia ser um gênio. Levantar um evento como aquele, sobretudo ladeado pelos doidos que conheço bem, como Jean-Gabriel Albicocco, o naquela época já mitológico produtor e fotógrafo Luiz Carlos Barreto e Fabiano Canosa, cuja personalidade única será explicada aqui mais tarde, não devia ser moleza. Provavelmente a sabedoria e a tranquilidade do mestre zen Cosme Alves Netto, diretor da Cinemateca do MAM, devem ter ajudado.

Gabi, como era chamado Albicocco, era o programador. Eu recebia uma planilha feita a mão pelo próprio, com as sessões do dia seguinte já alteradas e o meu dever era fazê-las existir. Acho que Gabi pensava que bastava escrever para o desejo se concretizar, como se o Festival fosse uma carta. Depois que eu entrei em sua vida, suas cartas e planilhas começaram a se transformar em realidade com mais regularidade. Era um artista, um gênio, mas pouco prático. Era cineasta, diretor da Gaumont do Brasil e ainda tinha no currículo ser um dos criadores da Quinzena dos Realizadores de Cannes. Meu trabalho era árduo, não via a luz do dia ou a namorada por dias. Ver filmes, só à meia-noite, quando já não havia mais filmes para entregar.

A notícia de que havia um garoto que organizava as coisas chegou aos cineastas, que, temendo que seus filmes não chegassem ao cinema, começaram a ir direto ao porão me procurar. Ficavam pálidos ao ver o caos e perplexamente aliviados quando eu mostrava exatamente onde estavam os rolos dos seus filmes. Um dos que foram me procurar foi Michael Radford, que estava no Festival com *1984*. Era seu segundo longa e imagine a minha responsabilidade em cuidar de uma adaptação de *1984*, de Orwell, em 1984 e com o diretor presente? Este era, obviamente, um dos filmes mais esperados. Dez anos depois, ele fez *O carteiro e o poeta*, e quando entrei no cinema e o vi lembrei-me de seu olhar perdido quando me encontrou no porão. Sempre vivi nos bastidores, como no do Estação, e talvez só tenha saído desse subterrâneo há pouco tempo.

O FestRio projetou para o mundo caras como Pedro Almodóvar, que exibiu *Matador*, em 1984, e foi Melhor Diretor com *A lei do desejo*, em 1987, antes de explodir com *Mulheres à beira de um ataque de nervos*; Percy Adlon, com *Estação doçura* e depois com *Bagdad Café*, que ficou com o Tucano de Ouro no mesmo ano que Almodóvar; Stephen Frears, que venceu em 1986, com *Minha adorável lavanderia*, filme realizado em 16mm; Spike Lee, que veio ao Festival com seu primeiro filme, *She's Gotta Have It*, literalmente debaixo do braço; e um desconhecido Jim Jarmusch, écom seus dois primeiros filmes, *Estranhos no paraíso* e *Daunbailó*, entre muitos outros, vários deles trazidos por Fabiano Canosa. O FestRio deveria ser reconhecido como um momento importante da história do cinema mundial, mas hoje até na internet é difícil buscar informações para ajudar a lembrar. O Brasil e a sua falta de memória.

PARTE II Os melhores anos

10. O Estação antes do Estação

Foi então que em meados de 1985 Adhemar Oliveira encontrou o Cine Coper, antigo Cine Capri, o mesmo em que, três anos antes, eu havia me iniciado como cinéfilo. O cinema agora pertencia à Cooperativa Brasileira de Cineastas, cujo diretor era o cineasta Miguel Borges. Ia mal das pernas e Adhemar conseguiu convencê-lo a passá-lo sem custo para um grupo de cineclubistas. Ele, Nelson Krumholz e Adriana Rattes, que tinha sido namorada do Nelson, convidaram várias pessoas para "fazer" o cineclube, como falávamos na época, e eu e Ilda fomos os que mais participaram desse início. Havia muito pouco dinheiro envolvido e basicamente tudo foi feito com uma vaquinha. Não sei quantos contribuíram, sei que o engenheiro e cineclubista Marcus Vinícius Ferreira das Neves foi um importante financiador e eu entrei com minha poupança de quinhentos cruzeiros, conquistada trabalhando de garçom na hora do almoço enquanto estudava cinema na UFF, e uma caderneta de poupança que ainda guardava o prêmio de um concurso de redação escolar que ganhara na infância, valor equivalente ao de uma bicicleta. Outros amigos que participaram foram o arquiteto e professor Roberto Houaiss e sua esposa, a economista Lúcia Chequer, as educadoras Eliane Monteiro e Patrícia Durães, que logo em seguida se tornou a sra. Adhemar Oliveira e estão juntos até hoje. Outras pessoas também ajudaram de modo pontual, mas esse era o grupo mais frequente dos mutirões de limpeza, pintura e dedetização.

Fomos à última sessão do cinema antes de ele se tornar nosso, num domingo à noite, em que foi exibido *Retratos da vida*, e quatrocentos pessoas se espremiam na plateia apertada do cinema. Na manhã seguinte descobrimos por que o cinema ia mal das pernas, permitindo que um grupo de jovens duros o alugasse. O borderô da sala dizia 135 ingressos vendidos no dia anterior, mas, ora, tínhamos visto a plateia cheia na sessão que teoricamente seria a mais fraca e tinha havido, pelo menos, uma outra sessão naquele dia. O filme fez, obviamente, mais de quinhentas pessoas naquele domingo e não 135 — a Cooperativa de Cineastas e a Columbia, distribuidora do filme, estavam sendo roubadas pelo gerente e o fiscal do cinema, mas decidimos não nos meter na história.

As funções foram distribuídas. Por não ter dinheiro para comprar outra, lavamos a tela com sabão e esfregão. Pintamos paredes e cadeiras, limpamos carpetes, dedetizamos, nós mesmos, com camisas amarradas na cara por causa do cheiro, cadeira por cadeira, fileira por fileira, e consertamos a bomba de água, que fazia o cinema alagar quando não funcionava direito. Se para Humberto Mauro cinema era cachoeira, para o Estação era um rio. Um lençol freático passa bem embaixo do cinema e imagino que, em algum momento, ali tenha sido um rio a céu aberto. Até hoje, durante as enchentes, ele ressurge, jorrando água de um bueiro bem na entrada do lado direito do cinema, que fica tapada por um carpete.

Quando o cinema ficou minimamente em condições de receber o público, marcamos a abertura, sem festa de inauguração. Não havia dinheiro para isso e precisávamos da bilheteria com urgência. Eu, pau pra toda obra, virei gerente e era carinhosamente chamado de "escravinho" pelo Nelson, dez anos mais velho, uma vez que meu salário era poder assistir aos filmes. Abrimos no dia 4 de junho de 1985 e ainda tínhamos que aprovar a programação na Censura Federal, embora, nessa época, isso fosse apenas uma questão protocolar.

11. Jonas que talvez faça 16 anos em 1986

O filme escolhido por Adhemar para a inauguração do Estação foi *Jonas que terá 25 anos no ano 2000*. Adhemar adorava o filme e já tinha feito sucesso com ele no Cineclube Bixiga, em São Paulo. Programou quatro sessões por dia, todos os dias da semana. Os primeiros dias não foram muito animadores, a primeira semana não chegou a oitocentas pessoas e o cinema tinha mais de quatrocentos lugares. O drama era que a cópia era antiga e rodada, produzida antes de Jonas ter sido concebido. A cada projeção a inesquecível música de abertura ficava mais truncada, faltando fotogramas que se desfaziam. Eu temia que ele nem chegasse aos 16 anos, quanto mais ao longínquo século XXI. Como gerente, cabia a mim acalmar o público, que felizmente era bem mais civilizado que hoje em dia. Mas ouvir todos os dias, quatro vezes por dia, a música ficar cada vez menor me deixava aflito e com dor de barriga. E então Adê, como chamávamos o Adhemar, resolveu "dobrar" *Jonas* (continuar com o filme em exibição por mais uma semana), acreditando no boca a boca. Se eu não fosse escravo, teria pedido o FGTS. A segunda semana correu como a primeira, sem muito entusiasmo. E aí veio a terceira. Uma catástrofe chamada *O caso Mattei*.

Menos de quinhentas pessoas em 28 sessões foi o público de *Mattei*, que quase nos matou, literalmente. Ninguém parecia interessado num filme que tinha ganhado a Palma de Ouro em 1972. Os filmes políticos estavam começando a sair de moda e a bem da verdade Francesco Rossi nunca foi um blockbuster de cineclubes, não sei por quê. Todas as vezes que arrisquei com seus filmes na programação, o resultado foi no máximo mediano, em diversas épocas com diferentes filmes, que são sempre muito bons, no mínimo. Mistérios da cinefilia.

A coisa começou a engrenar com a Mostra Bergman, seguida de *Blade Runner* e depois de Herzog. Mixar filmes mais "cabeçudos" com outros mais populares sempre foi nossa estratégia. A ideia era ampliar o público para o que julgávamos o bom cinema e não fazer um *bunker* para iniciados. E assim usávamos iscas "mais fáceis", como filmes americanos bons, mas que tinham passado em brancas nuvens no circuito comercial, como foi o caso de *Blade Runner, Era uma vez na América, Caminhos violentos*, entre outros. Fazíamos mostras como Bad Boys e depois Bad Girls e outras temáticas, sempre misturando clássicos com filmes novos, ao mesmo tempo que realizávamos retrospectivas de diretores brasileiros pouco conhecidos comercialmente, como Ozualdo Candeias, além de Bressane, Sganzerla e outros.

Tudo ia bem, aos trancos e barrancos e com pouco dinheiro. Até que Adriana conseguiu um patrocínio com o Banco Nacional e o jogo começou a ficar melhor.

Oitenta mil cruzeiros, o equivalente a aproximadamente cinco Fuscas na época, o que para nós significava uma fortuna. Este foi o patrocínio que Ana Lúcia Magalhães Pinto, diretora do Banco Nacional, Carlos Pousa e Carla Esmeralda, profissionais do marketing do banco, nos deram para transformar aquela sala poeira em algo aceitável. Com esse dinheiro foi possível trocar cadeiras e carpetes e criar o histórico saguão que até hoje é bem parecido com o da época. O nome Estação Botafogo foi sugerido pela Ilda e a princípio todos estranharam, parecia que o cinema era dentro do metrô, até atendi a muitos telefonemas com essa pergunta. Mas a sugestão foi acertada, já guardava no nome a localização, muito diferente de Ópera, Coral ou Rian, cinemas da época que não existem mais. Além disso, se referia a um local, um ponto de encontro, lugar de embarque para sonhos e desejos. "Um espaço aberto para a emoção e o conhecimento", foi o nosso slogan do projeto que pedia o patrocínio. Logo o nome pegou e todos na cidade falavam "— Vai ao Estação hoje?". Todo mundo ia, para ver os filmes, para ver quem ia ver ou para ser visto.

12. O fogo e todo mundo na preguiça

Desde que começou a funcionar, o Estação passou por muitas crises graves, e a pandemia de covid-19 talvez seja, agora, a mais grave delas. Mas pouca gente sabe que ele também passou por uma grande crise mesmo antes de abrir. Um incêndio.

As obras foram exaustivas porque fazíamos muitas coisas com as próprias mãos. Já de noite, eu, Nelson e Adhemar ficávamos largados em meio aos escombros do saguão sem forças sequer para pensar em ir para as respectivas casas. Recebíamos quase todo santo dia duas visitas, uma delas era do amendoim bem torradinho, um simpático vendedor de terno e bigodinho anos 30. Muitas vezes o amendoim, que era de fato bem torradinho, foi nosso jantar. A outra visita era do Júlio Gauna. Júlio é um rapaz especial, com alguma síndrome, cinco dias mais velho que eu. Ele chegava, se debruçava nas grades de ferro e ficava nos olhando lá dentro, caídos, e sempre dizia: "Tá todo mundo na preguiça!" Não sei como nunca arremessamos um tijolo na direção deles. Mas Júlio se mostrou, apesar de algumas limitações, como a da fala, um cara culto e uma verdadeira agenda de tudo de interessante que acontecia na vida cultural do Rio. Era uma criança gigante, conseguia entrar em qualquer evento que tivesse coquetel, mesmo muitas vezes cheirando mal por falta de banho. Adorava filmes de terror e ia a pé a qualquer lugar, não importava a distância. Certa vez foi resgatado dentro do túnel Lagoa-Barra, porque queria ir a uma pré-estreia, e embora não tivesse dinheiro, tinha o convite. Foi certamente uma das pessoas mais conhecidas da época no circuito cultural carioca dos anos 80 e 90 e continua por aí, felizmente.

Voltando ao tema da crise, dois ou três dias antes da inauguração — que foi em 12 de novembro de 1985 com a pré-estreia de *Eu sei que vou te amar*, do Arnaldo Jabor, a primeira exibição no Brasil do filme que havia sido premiado em Cannes —, estávamos correndo de um lado para outro, pintando, trocando carpetes, cadeiras, equipamentos de projeção, enfim, realizando uma grande reforma graças aos 80 mil cruzeiros que havíamos conseguido com o patrocínio do Banco Nacional. Tudo estava sendo feito ao mesmo tempo. Enquanto alguns refaziam a fiação elétrica, outros colavam carpetes. E foi esse o problema. Alguém esbarrou numa lata de cola, que encostou em dois fios desencapados e com energia, provocando um curto. Na mesma hora uma labareda começou a queimar a lateral de lambri original do cinema e ameaçava chegar ao forro de pano acima dele. Se o fogo alcançasse o tecido, provavelmente todo o cinema ficaria em chamas e nunca teria existido o Estação Botafogo, numa triste ironia com seu nome. Todos correram à procura de extintores que ninguém sabia onde estavam. A mangueira de incêndio, que até hoje fica no saguão, perto do bebedouro, não tinha água. Eu corri para o banheiro para encher baldes de água, mas o filete que saía demorava a tornar significante o conteúdo. O sonho rapidamente se transformava em pesadelo.

Éramos muito jovens, eu tinha 20 anos. Ninguém estava ganhando nada com aquilo e apenas queríamos realizar um sonho compartilhado por todos nós, simplesmente ver filmes que não tínhamos como ver em outro lugar. Risco? Não pensávamos nisso, na verdade correr risco era um prazer, estávamos saindo de uma ditadura. Ninguém pensava que o perigo poderia vir de uma lata de cola encostada em dois fios. Para nós, prevenção era apenas camisinha, se muito.

Até hoje entro em bares, teatros, casas de shows e similares e reparo nas condições de segurança. Festas em sobrados apertados, daqueles que rangem quando andamos e com poucas ou apenas uma saída, que é também a entrada, são meu pavor, assim como teatros e restaurantes improvisados. Vejo o rosto de jovens que em geral são as pessoas que realizam essas coisas e me preocupo, estão na idade do risco e não têm nem ideia de quantos existem.

O fogo foi apagado com os carpetes que ainda não tinham cola e tudo não deve ter durado cinco minutos, mas pareceram horas de aflição. A parte queimada do lambri foi trocada, assim como o pano que não pegou fogo, mas ficou preto. Durante um bom tempo deu para ver a diferença na cor do tecido daquele pedaço. Preta também ficou a tela, que precisou ser lavada. Não houve feridos. Viramos noites e contas bancárias negativas para colocar tudo em ordem para a grande estreia. A partir daí nunca mais relaxamos com extintores, mangueiras, fluxo de água, e todos os materiais passaram obrigatoriamente a ser não inflamáveis. Aprendemos a lição antes de entrar na escola. Mas inauguramos endividados.

13. Feitos a mão

Sempre tivemos muita preocupação em divulgar e informar o público de nossas atividades. Por isso desde a primeira semana de funcionamento, a partir de 4 de junho de 1985, ainda como Cineclube Coper Botafogo, tivemos um boletim, uma folha A4 dobrada ao meio, o que dava um folheto de capa mais três páginas. Nele falávamos da programação da semana e anunciávamos a seguinte. Era feito de forma muito rudimentar, alguém escrevia, normalmente eu ou Ilda, mas quase sempre cabia a mim ir até a gráfica e lá mesmo fazer a diagramação.

Era um trabalho bastante manual. Eu chegava com os textos datilografados em máquina de escrever e me sentava ao lado do Iran, dono e "faz-tudo" da gráfica, que datilografava tudo novamente em uma máquina elétrica, que tinha esferas que podiam ser trocadas por alguns tipos de letra, em itálico e negrito. Levava as fotos que queria colocar e editava os textos se não coubessem. A capa era sempre feita por Roberto Houaiss, sobrinho do Houaiss "do dicionário", nosso amigo e cineclubista, arquiteto e artista, que também pintava pôsteres lindos para fixarmos na porta do cinema.

Os boletins eram impressos lá mesmo e depois enviados para o Estação. Era sempre uma emoção quando chegavam e alguns ficaram realmente bonitos. Mas o tamanho era muito limitado e a programação crescia a cada semana. Assim, menos de um ano após a inauguração já tínhamos um jornal mensal, tamanho tabloide, para substituir nossos boletins semanais.

14. Livro dos cinéfilos

Logo no início, Adhemar fez questão de instituir um Livro de Sugestões, algo que era praxe em cineclubes decentes e politizados. Era uma espécie de programação participativa, os espectadores sugeriam filmes e mostras, além de fazerem reclamações.

Mas a principal polêmica do livro era a pipoca. Uma briga ferrenha foi travada em suas páginas entre os defensores de que cinema não é cinema sem pipoca e os eruditos, para os quais o barulho dos sacos e das pessoas comendo era insuportável, um sacrilégio.

Realmente não havia nada que pudesse ser feito, a divisão era literalmente meio a meio. Mas, supondo que ninguém deixaria de ir ao Estação pela pipoca, uma vez que não haveria outro lugar para ver aqueles filmes, e porque esta era uma importante fonte de receita, optamos em mantê-la — mesmo nossa pipoca sendo muito ruim.

Para acalmarmos os ânimos, passamos a oferecer e a incentivar o consumo de pão de queijo, mais brasileiro e mais silencioso. Tomamos cuidado também para que os saquinhos fossem menos barulhentos, introduzindo também o uso de copos. Não posso garantir, mas creio que fomos os primeiros no Rio a usar copos para pipoca e a vender pão de queijo em cinemas.

15. *Tabu*, um roteiro extraordinário

E assim nasceu o *Tabu*, nosso jornal, cujo título foi dado por Ivana Bentes. O Estação já tinha uma gata de estimação batizada de Murnau pelo *Jornal do Brasil*; por que não ter um jornal chamado *Tabu*?

O *Tabu* foi inovador em vários aspectos, a começar por seu projeto gráfico, feito por João Juarez Guimarães, que também escrevia, e Denise Ohara. Devo confessar que na época eu não gostava muito das escolhas de Juarez, mas hoje vejo que eu estava errado. Juarez, apesar de pouco caprichoso com a finalização, era um talento. Tinha ideias realmente inovadoras, mas o problema era que a impressão não ajudava. O branco nunca era realmente branco, assim como o preto quase sempre ficava meio cinza e às vezes preto demais, o que borrava o branco.

A exemplo do boletim, que era todo reescrito por Iran, o *Tabu* era totalmente redatilografado por Adhemar nas madrugadas. Adê era o único que tinha feito curso de datilografia, e nosso único computador, uma gigantesca máquina com aquele disquete grande e mole, ficava em sua casa. Era um equipamento caro demais para ficar dando sopa no cinema. Depois de prontos os textos, o disquete era enviado para um birô, que nos devolvia todo o texto num rolo, do tamanho das colunas. Cabia a Juarez finalizar manualmente, colando os pedacinhos de texto nas páginas com cola Pritt. E algumas vezes acontecia de o Juarez trocar parágrafos de lugar, para loucura dos autores. Em sua defesa posso dizer que essa finalização do serviço era feita geralmente de pé, em cima do balcão da bonbonnière, por falta de outro local. Aliás, esse balcão tinha mil e uma utilidades, muitas reuniões foram feitas nele.

Cícero PR, hoje Cícero Rodrigues, era o nosso fotógrafo oficial. Toda vez que havia uma entrevista ou convidado no Estação, Cícero era chamado e suas fotos iam para o *Tabu*. Esteta, se esmerava na composição do enquadramento, mas, diversas vezes, a primeira coisa que Juarez fazia era estudar um corte na foto de Cícero para que encaixasse melhor na sua diagramação.

Toda essa logística era feita por mim, conciliar egos de editores, diagramadores, autores e fotógrafos, e algumas vezes de entrevistados, além de elaborar o Roteiro Extraordinário, a parte de serviços da programação com dias e horários. Eu era o Paulo Senna do *Tabu*, o eficientíssimo "tijoleiro" do *Jornal do Brasil*, e depois de *O Globo*, que quando tirava férias me dava úlceras com medo da programação sair errada nos jornais.

O *Tabu* era editado por David França Mendes e Ivana Bentes, namorados na época, e no primeiro número escreveram, além dos dois, eu, Rogério Durst, Juarez, Ilda e Adhemar. A fase tabloide durou de abril de 1986 a abril de 1988, e, além da equipe inicial, muita gente, com maior ou menor assiduidade, contribuiu com textos, entrevistas e ideias. Nomes como o do jornalista e cinéfilo Oswaldo Lopes Jr. e de sua então namorada, Roni Filgueiras, crítica de cinema, jornalistas como Artur Xexéo, André Barcinski, Sérgio Augusto, Eduardo Sousa Lima (Zé José) e Andrea Estevão, professores, críticos e estudiosos como João Luiz Vieira, José Carlos Avellar, Ronald Monteiro, Carlos Alberto de Mattos e Ricardo Cota, o cineasta Vicente Amorim e os programadores do Cine Arte UFF Paulo Máttar e Denise Pereira. Mas o pesado ficava mesmo por conta de David e Ivana. David chegou a escrever tanto que teve de criar o pseudônimo Sérgio Ferrez, para parecer que a equipe era maior. Juarez, que também escreveu muito, sobretudo sobre assuntos safados, criou o pseudônimo Telmo de Castro, para poder falar de assuntos mais safados ainda.

Foram centenas de matérias antológicas, como uma entrevista com Robert Wise e com um jovem Pedro Almodóvar, que ainda fez caras e bocas posadas lendo o *Tabu*, além de um jovem Walter Salles, muitos anos antes de *Central do Brasil* e até de *A grande arte*, de quem publicamos uma carta educadíssima e linda em que justificava ter o direito de não exibir seu primeiro e lendário filme.

Depois da fase tabloide e de um tempo sem ser publicado, *Tabu* voltou como revista e catálogo da 1ª Mostra Banco Nacional de Cinema, em outubro de 1989. Durou mais algum tempo e acabou por falta de grana. Quase trinta anos depois tentei retomar o projeto como uma revista trimestral maior em que cada edição era editada por uma pessoa diferente. Durou só três números, o primeiro foi editado por Renata Correa, o segundo por Maria Andrade, filha do genial cineasta Joaquim Pedro de Andrade, e o terceiro, o *Tabu* número 50, pelo crítico Ricardo Cota. Mas *Tabu* teve um canto do cisne com Quentin Tarantino, que assim como Almodóvar fez, trinta anos antes, posou para fotos com a nova versão relançada em 2015, e Oja Kodar, ex-mulher e musa de Orson Welles, que estava no Rio convidada por nós para uma retrospectiva do cineasta. Extremamente simples, Oja chegou no hotel e pediu frango assado de padaria como jantar, além de se esbaldar na feijoada promovida por Fabiano Canosa no Tempo Glauber.

16. Os gatos e os ratos

Na verdade, vou falar de apenas um, o original, o gato preto que não me lembro de que maneira foi parar no Estação Botafogo, lá no início. Gatos são importantes para cinemas de rua, e como os cinemas de rua estão em extinção, os gatos de cinema de rua também estão. Eles previnem a infestação por ratos, não os de cinemateca, claro. Esses, em geral, gostam de gatos.

O gato preto do Estação era um rato de cinema. Gostava de ver todos os filmes que exibíamos, confortavelmente instalado numa poltrona ou, em sinal de protesto quando a plateia estava cheia, ao pé da tela. Como o cinema estava sempre cheio, era normal assistir a um filme com a silhueta do gato no canto esquerdo da tela. Aquele era o seu lugar. Nunca entendi por que era sempre à esquerda de quem olha para a tela, mas era ali que ele ficava, vendo tanto o filme quanto o público. Dava para saber quem nunca tinha ido ao cinema só pela reação ao ver o bichano circulando livremente.

Numa histórica sessão da meia-noite do histórico verão do Plano Cruzado (1986) ele mais uma vez ocupou seu posto. O filme era *Frankenstein de Andy Warhol* e a plateia estava lotada — "Lugar só no chão!", era nosso grito de alerta aos espectadores desesperados para entrar. Mas o chão também estava lotado. Lá pelas tantas, em algum momento do filme, uma carruagem veio na direção da câmera, que era também a direção do gato que dormia despreocupado, imagino que achando o filme chato, pois ele em geral prestava atenção. A plateia em transe começou a gritar para que ele saísse, os cavalos estavam a ponto de pisoteá-lo! Mas o gato não estava nem aí. E o que começou com alguns assobios, em poucos segundos eram trezentas pessoas gritando e gesticulando para ele sair.

O gato finalmente acordou, calmamente se levantou e olhou para a tela. Sem se abalar, viu a carruagem desviar lentamente rumo ao centro — a estrada fazia uma curva, e todos respiraram aliviados. Voltou a dormir, apesar do barulho.

Seu nome era Pantera e graças à fama foi objeto de matéria no *Jornal do Brasil*, escrita por Luciano Trigo, que preferiu chamá-la de Murnau. Assim como a macaca Cheeta do Tarzan, que era macho, a fama alterou o sexo de Pantera. O jornalista, provavelmente por achar que não era um nome muito cinéfilo na época, escolheu outro mais cinematográfico. O famoso gato preto do Estação era na verdade uma gata.

Não me lembro de quando ela morreu, mas desde então o Estação sempre teve um gato de estimação. Foram gerações de gatos e gatas e, assim como o Fantasma, de Lee Falk, ou o Doctor Who, sempre há uma Pantera por lá protegendo os ratos de cinema dos ratos da rua.

17. O rato

Foi ele mesmo quem se nomeou o rato do Estação após a matéria de Susana Schild, no *JB*, que nos chamava de "Gatos de Cinema". Zé Luís era um cinéfilo de carteirinha do Estação. Via absolutamente tudo e não tinha o menor pudor em sair no meio de um filme se o achasse ruim. "A vida é curta para ver porcaria, melhor um bom papo." Não me lembro de sua profissão ou sobrenome, mas ele era tão presente que apareceu em várias fotos do grupo em matérias de jornal como se realmente fizesse parte de nós. E fazia.

Um dia me disse que iria desaparecer por uns tempos, havia juntado dinheiro a vida toda para fazer a viagem dos seus sonhos — ele devia estar perto dos 50. Quando voltou, alguns meses depois, contou que tinha visto todos os espetáculos da Broadway, ido a todos os museus na França e na Itália, experimentado jantares exóticos e ido a todos os "inferninhos" gays que descobriu. Estava feliz. Não falou, mas estava nitidamente com aids. Naquela época dava para notar tão logo um amigo ficava doente — foram muitos.

Sabia que ia morrer e gastou toda a economia feita para a velhice em alguns meses. Sábia decisão. É figura lendária para mim e sinto saudade das conversas que tínhamos. Ele fez as minhas tardes monótonas como gerente ficarem mais alegres. Este livro também é para ele.

18. O pior filme de todos os tempos da semana e o homem que sabia demais

"Olá, meu caro, acabei de ver o pior filme de todos os tempos!" Em geral, era assim que Nelson Hoineff me cumprimentava. Todas as semanas havia um pior filme de todos os tempos, fosse no Rio, fosse em Berlim, onde sempre nos encontrávamos. Algumas vezes havia também "o melhor filme de todos os tempos", mas era mais raro. Nelson era daqueles que para os amigos tudo e para os inimigos, filmes ruins. Chegou ao cúmulo de declarar numa pesquisa que as três melhores salas de cinema do Rio eram Estação 1, 2 e 3, o que era na verdade uma invenção, tanto quanto "o pior filme já visto" a que assistia todas as semanas. Me convidou inúmeras vezes para acompanhá-lo à Ópera de Berlim e eu nunca fui — porque nunca vou, ou nunca ia, a lugar algum —, assim como também me convidava todos os anos para o célebre jantar que fazia na sua casa em homenagem a Fellini. Além de crítico de cinema, foi diretor de TV e cineasta, fazia um documentário atrás do outro, sem parar.

Outra figura emblemática para nós, que sempre vinha nos visitar para conversas, era Gil Araújo, que sabia tudo sobre cinema, bastava perguntar. Numa época sem computador, se você não soubesse alguma coisa, bastava escrever para a revista *Cinemin* que Gil sabia, era certo. Havia até a coluna "Pergunte ao Gil" na revista. Era um frequentador assíduo do Estação e, além de papos sobre filmes, me dava informações dos bastidores do Flamengo, onde era conselheiro. Por ele soube que o Galinho estava voltando, certamente o furo do ano para mim. Zé Luís, Nelson, Gil, Zé Roberto, Cosme e mais tantos outros cujos rostos estão na minha frente, embora não me lembre de todos os nomes, viviam a mesma empolgação que nós, que éramos tão jovens. Foram dias e mais dias de conversas que valeram muito mais que uma escola e por isso faço questão de deixar registrado esses nomes aqui.

19. Muitas velas e toneladas de arroz

Quando programamos "Rock Horror Picture Show" para duas pré-estreias à meia-noite, ainda nos anos 80, não imaginávamos o *boom* que seria. A cada sessão, cerca de trezentas pessoas vinham vestidas a rigor com figurinos inspirados no filme, com diversos apetrechos, como velas, guarda-chuvas, arroz e outras coisas, como acontecia regularmente nos Estados Unidos. O barato era imitar tudo que acontecia na tela. Dançar quando era para dançar e jogar arroz quando era para jogar arroz. Recolhíamos quase 10 quilos do cereal no final de cada sessão. Foram festas incríveis, divertidíssimas. A notícia logo correu e tivemos que passar um verão exibindo o filme todas as sextas e aos sábados, sempre com a casa lotada. O evento virou notícia na *Veja* e durante muito tempo apareceram turistas de todos os cantos do país, fantasiados, achando que as exibições eram para sempre. Mas isso não era um problema, as roupas serviam perfeitamente para emendar na noite carioca daquela época.

20. Que bonito é!

Uma das coisas que eu adorava quando ia ao cinema na adolescência era ver as imagens do Canal 100. Nesse tempo não era comum ver futebol na televisão e muitas vezes o golaço que ouvíamos no rádio só era visto nas telas dos cinemas semanas depois. Por isso foi com empolgação que recebemos a proposta de Alexandre Niemeyer para realizarmos a mostra do Canal 100 no Estação.

O programa era composto da exibição de *Brasil bom de bola*, longa-metragem de Carlos Niemeyer com roteiro de Alberto Shatovsky, sobre o tricampeonato da seleção canarinho, complementado por uma seleção de curtas com jogos dos grandes clubes cariocas, cada dia um time diferente. Foi um sucesso absurdo! Chegamos a reprisar o programa algumas semanas depois.

O público vinha vestido com as camisas de seus times e trazia bandeiras. E como muitos dos jogos eram antigos, não se sabia, ao fim de cada plano, se a bola entraria ou não. Parecia um jogo ao vivo, com as pessoas torcendo e gritando "Uh!" a cada bola que raspava a trave.

Mas, de todos os dias, o mais cheio e emocionante foi o do Botafogo. A fila estava repleta de jornalistas, ainda viúvos de Garrincha e cia. Cheguei a tentar resgatar alguns nomes importantes na fila para que tivessem prioridade, o que foi prontamente recusado — fazia parte do clima de Maracanã ficar no aperto. Sobre aperto, me refiro a um tumulto que ia da porta do cinema até dentro da galeria e se estendia até a estação do metrô!

E a emoção acabou extrapolando o campo e a tela. Alexandre tinha grande preocupação com seus filmes, muitos com cópia única, e sempre buscava os rolos após as exibições. Não fez diferente no dia do Botafogo, tão logo os curtas acabaram e o longa teve inicío, pegou os rolos e partiu. Esqueceu que por causa da grande procura havia uma sessão extra, já completamente lotada.

Começou uma busca desesperada por Alexandre e os rolos por todo o Rio de Janeiro, não havia celulares. Depois de mil telefonemas para a casa dele, parentes e amigos, descobrimos que ele estava jantando no La Fiorentina, no Leme, e fomos até lá. Enquanto isso, os botafoguenses educadamente esperavam na plateia, sabendo de tudo o que estava ocorrendo e comentando "tem coisas que só acontecem com o Botafogo".

21. São Cosme

O FestRio estava em sua terceira edição e nós ainda faríamos dois anos de vida. Foi aí que um anjo chamado Cosme Alves Netto nos procurou para que fôssemos a sede da mostra Tesouros da Cinemateca, que era uma parte importante do Festival. Cosme conseguia cópias majoritariamente das cinematecas de Lisboa, Havana e Montevidéu, além do acervo do MAM. As cópias cubanas e uruguaias eram exibidas com legendas em espanhol e ninguém ligava para isso, o importante era assistir. Graças a Tesouros, exibimos e pude ver maravilhas do cinema cuja lista de filmes essenciais seria longa para incluir aqui. Mas não esqueço de três em especial: *Pai* (1966), sobre um garoto que fantasia um pai que mal conheceu; *A infância de Ivan* (1962), também sobre um garoto, só que um pouco maior, e com a temática da Segunda Guerra; e *Os sem esperança* (1965), que tem uma fotografia Cinemascope maravilhosa e não fala de crianças ou Segunda Guerra, mas trata também de guerra. Freud deve explicar essa minha fixação em guerras, mas de toda forma é impressionante notar como os anos

60 foram importantes para o cinema, por esses e muitos outros filmes bem mais conhecidos e historicamente mais relevantes.

O importante é que não existiria Tesouros da Cinemateca sem Cosme, e após o fim do FestRio nós a incorporamos à Mostra Banco Nacional, que depois virou MostraRio e, hoje, Festival do Rio. Mas Cosme foi muito mais importante para o cinema no Brasil do que as linhas acima descrevem. Foi diretor da Cinemateca do MAM a partir do difícil ano de 1964 até seu falecimento, em 1996. Como Fabiano Canosa, também programou o Cine Paissandu nos tempos de glória e me enche de orgulho ter sido um sucessor dessa dinastia de tão poucos nomes que escolheram filmes para este amado cinema.

Cosme foi um caçador e guardião implacável de cópias, graças a ele a Cinemateca do MAM cresceu e prosperou mesmo tendo passado por um incêndio tristíssimo. Enquanto a sala de exibição da cinemateca esteve fechada para reformas, entre 1985 e 1987, Cosme ia sempre ao Estação e, como eu era gerente e estava sempre por ali, ficávamos conversando sobre os filmes na arquibancada em forma de V do saguão, eu numa ponta e ele na outra, observados pela foto de Oscarito e Grande Otelo.

Nunca vou me esquecer daquela figura sempre de goiabeira branca e charuto, gargalhando ao ler o título da matéria "Descoberto cinema na Finlândia" que escrevi para o *Tabu* e o pito que levei por falar mal de um filme cubano. Ele concordava que o filme era ruim, mas de Cuba não se falava mal, sobretudo diante de Cosme.

22. Um anjo pousou no Estação

Não dá para deixar de reconhecer que o sucesso inicial do Estação se deve muito ao apoio do Caderno B do *Jornal do Brasil*. Era o jornal que todo mundo ligado à cultura lia e uma simples foto publicada valia uma sala cheia. Se tivesse legendas, gritar a frase "lugar só no chão" era certo. E se fosse uma matéria, então, aí tínhamos que chamar a cavalaria.

Nomes como Wilson Cunha e Artur Xexéo, jornalistas e editores do Caderno B, foram muito importantes, assim como Susana Schild, que entre muitas matérias positivas ordenou ao público "Vá e veja!", e o público foi e viu o filme *Vá e veja*, obra-prima do cineasta Elem Klimov, um duro e angustiante retrato da Segunda Guerra na União Soviética.

Acho que foi Wilson Cunha que, na época do lançamento de *Amadeus*, escreveu: *Amadeus* tem todo dia, mas *A flauta mágica* é só hoje no Estação. Filas e mais filas. Xexéo fez uma página inteira sobre Marlene Dietrich, com o título que dá nome a este capítulo, por ocasião da exibição do documentário de Maximilian Schell sobre a atriz. Foram incontáveis matérias positivas, que juntavam a fome dos cinéfilos por filmes e a vontade de comer estimulada pelo jornal. Fomos inclusive capa da Revista de Domingo com o título "Geração Estação" e ainda levamos um brinde involuntário porque o sujeito da capa era a cara do Herbert Vianna, e de óculos, o que nos tornava ainda mais populares.

Alguns anos depois, Xexéo já era mais que editor do *JB*, tinha sido promovido, e nos procurou para um evento em comemoração ao aniversário da Revista de Domingo. Fizemos uma maratona de pré-estreias que começava às 10h e acabava às duas da manhã do dia seguinte. Num domingo, óbvio. Sessões lotadas, mais de 1.500 pessoas estiveram lá. Tempos que não voltam mais.

Quase três décadas depois foi a minha vez de procurá-lo para um projeto. Convidei Xexéo para escrever o roteiro de um filme dirigido por Tizuka Yamasaki que eu queria produzir. Seria sua primeira vez escrevendo para cinema e ele aceitou. Perguntou se eu não queria dirigir e respondi que estava velho para isso, que gostaria de ter uma carreira com muitos filmes e não me dedicar a um só durante anos, como fazem normalmente os diretores. Ele me disse que também pensou assim quando foi convidado para escrever a primeira peça e que passados nove anos tinha escrito mais peças que os anos que tinham passado. Me animou, claro. Mas a paralisação de tudo por causa da pandemia impediu que continuássemos o projeto. E agora ele se foi e é muito triste que ele não possa ler este livro, esta história que ele ajudou a construir.

23. Multiplex de duas salas

No início, o Estação era só um cinema numa galeria quase fedorenta e com certeza feia. Mas essa descrição vale para vários locais interessantes daquela época. O mundo era muito menos "gourmet" e mais "roots". Na galeria, havia o bar do Miguel e do Júlio, um cabeleireiro onde é a Sala 3, uma suspeita loja de compra e venda de ouro e um estofador maluco francês onde fica a Sala 4. Do outro lado, onde hoje é a Sala 2, havia um bar que já estava fechado quando chegamos, com foco constante de baratas, além de uma loja de qualquer coisa, tipo potes, bolsas e pequenos objetos de decoração que foi a primeira a fechar depois que chegamos.

Quase todas as lojas, se não todas, eram da mesma família, e o patriarca, um arquiteto e aviador octogenário chamado Agesislao Dutra, nos oferecia as lojas na medida em que ficavam disponíveis. A primeira, como disse, foi essa de qualquer coisa. Pegamos a loja sem saber exatamente para quê. Um dia falei com o Adhemar que seria uma boa ideia montar ali um diminuto cineclube 16mm. Se quebrássemos a parede que dava para o saguão, caberiam ali umas vinte pessoas. Adhemar, como sempre, pensou maior. Pensou em procurar o dr. Dutra para saber como estava a loja ao lado, a do bar que estava fechado. Pouco tempo depois, estávamos com as duas lojas e assim nasceu a Sala 16, com esse nome porque a projeção era em 16mm, com apertados 56 lugares.

Não foram poucas as vezes que tive que responder ao telefone sobre a programação das demais salas, da 2 à 15. Expliquei inúmeras vezes que só havia duas e que o nome nada tinha a ver com o número de salas. E olha que naquela época o máximo que um complexo tinha no Rio eram quatro salas, no Fashion Mall. Um complexo como o NY City Center ainda não era sequer sonhado por aqui.

Essa salinha teve algumas sessões antológicas, além de eventualmente servir de "camarim" para nomes como Antonio Gades e Gérard Depardieu. De todas as programações que por lá passaram, a mais marcante foi a temporada de *Imagens do inconsciente*, de Leon Hirszman, lançado após sua morte. Luiz Carlos Saldanha, fotógrafo e montador do filme, foi inúmeras vezes ao Estação ajustar o som e a projeção, media inclusive a luz na tela para que a projeção fosse perfeita. Nossos projetores 16mm eram potentes, emprestados pelo Instituto Goethe.

Valeu a pena. O filme de mais de duzentos minutos, dividido em três partes, ficou semanas em cartaz com os 56 lugares da nossa salinha sempre ocupados por completo. Outros filmes brasileiros também foram lançados ali com sucesso, como *A Igreja dos oprimidos*, em 1986, e *Deus é um fogo*, em 1987, cujo título gera uma outra história que contarei depois.

24. Perdendo os cabelos

Aproveitando que a geografia está fresca na cabeça, emendo logo na história da Sala 3. A Sala 3 do Estação Botafogo era um cabeleireiro, como disse há pouco. Só os anos 80 para fazer um salão fechar para virar um cinema. O fato é que ele fechou e nós, como hienas do bem, fomos atrás do dr. Dutra e, para nossa sorte, ele nos adorava. Só que, como de hábito, não tínhamos o dinheiro para a empreitada. Mas como isso também já era um hábito, fomos em frente assim mesmo.

A obra corria de vento em popa, mais de popa que vento. Começamos pela primeira vez a nos atolar em dívidas, diminutas se comparadas com as que teríamos anos mais tarde. Isso era no fim da década de 80. O fim do ano chegava e o caixa nessa época diminui muito, dezembro é — e sempre foi — o pior mês para o cinema, ao menos até o Natal, porque as pessoas estão sempre mais preocupadas com compras que com diversão. Temíamos não ter dinheiro para pagar a meia dúzia de funcionários, incluindo nós mesmos. Mas aí a solução caiu do céu. Dizem que a sorte ajuda quem trabalha.

Fomos procurados por Luiz Carlos Prestes Filho, na época conhecido como Luiz Carlos Ribeiro, que editava o jornal *Cine Imaginário*. Já o conhecia de um curso de Super-8 que participei, organizado por Rudi Santos e Beth Formaggini, no MIS, onde ele dera uma ótima aula em que aprendi sobre o plano panorâmico a partir de uma análise de uma pintura clássica, e que Serguei Eisenstein se pronuncia "eisenstein" mesmo e não "aisenstain". Mas a nossa relação não era próxima, e o Estação era considerado por muitos comercial demais ou "mercantilista", como se falava na época. E "Prestinho" era, é claro, mais à esquerda que nós.

Mas negócios são negócios e o melhor lugar do Rio para distribuir o jornal era no Estação, e era bom para o Estação distribuir o jornal, e foi bom para todos colocar à venda a agenda que eles criaram para o Natal.

Era uma novidade, uma agenda com fotos de filmes! Uma iguaria cinéfila. Nesse momento, já tínhamos uma livraria montada na antiga loja de compra e venda de ouro, e foi lá que colocamos a agenda do *Cine Imaginário* à venda, sem grandes expectativas. O inesperado, porém, aconteceu: saiu uma matéria sobre a agenda na Revista de Domingo, do *Jornal do Brasil*, e o que saía lá era, como diria vovó e Nelson Rodrigues, batata. Não tenho ideia de quantas reimpressões foram feitas, vendia como água. O tempo entre vender as agendas e pagar ao *Cine Imaginário* gerou o fluxo e o caixa suficientes para terminarmos a Sala 3 e pagar os salários. Quando chegou a data do pagamento já era janeiro e tínhamos o dinheiro, porque janeiro, ao contrário de dezembro, sempre foi — e sempre será — o melhor mês do ano, enquanto os cinemas existirem.

Era uma época definitivamente romântica. Quase perdemos os cabelos transformando um cabeleireiro em cinema e fomos salvos pela venda de uma agenda produzida por um comunista. Acho que ele ainda era comunista, não tenho certeza. Mas com certeza eu ainda tinha cabelos.

25. Deus é um fogo!

Bem, um assunto delicado. No início, vendíamos livros numa mesinha, parecidas com aquelas que vendem alho na feira, e o negócio era conduzido pelo saudoso Rogério Durst, que nas horas vagas também escrevia livros e textos para o *Tabu*. Com a primeira reforma, a banca passou a ocupar parte do bar em L, à direita de quem entra no cinema. Nessa época, os irmãos Santiago vendiam livros e balas: Fábio, Marcelo e Cláudia, parentes de Isabela Santiago e não de Ilda Santiago, que não é parenta deles. Mais tarde Isabela "herdou" o negócio dos primos e a livraria já ocupava a suspeita loja de compra e venda de ouro. Acontece que a livraria tinha uma espécie de parede falsa, um corredor atrás da estante que servia de estoque, e que era estrategicamente dotado de um banheiro. Hoje esse espaço é parte da Sala 4.

O estoque foi criado para ser estoque. Mas fato é que éramos cinéfilos namoradeiros e tínhamos muitos amigos e amigas. O local foi carinhosamente apelidado de "Deus é um fogo", inspirado em um filme que exibimos, embora nada tenha a ver com as atividades que ocorriam ali. Acho que dá para imaginar o que acontecia, e não digo mais nada sob ameaça de processos. E tenho certeza de que não sei da metade das histórias. Não é o meu caso porque meus filhos nasceram muitos anos depois dessa época, mas não ficaria surpreso se alguns herdeiros tiverem sido fabricados por ali.

26. Chico

Num dia como outro qualquer e como fazia com certa frequência, Chico Moreira nos visitou no Estação. Era um especialista em conservação de filmes, trabalhou anos na Cinemateca do MAM e depois na Labo Cine. Cheiro de filme velho era com ele mesmo. Por isso passava direto pelo saguão e seguia para a cabine, local onde se sentia mais confortável. Não me lembro exatamente como aconteceu, mas mexendo no projetor, ou na enroladeira, Chico cortou feio o dedo indicador. Busquei rapidamente algo para estancar o sangue e higienizar o dedo, mas só havia álcool 70. Chico segurou a garrafa de álcool na mão, olhou para o dedo pingando sangue, novamente para a garrafa e, num impulso, enfiou o dedo inteiro dentro. Não gritou, mas sua expressão era de dor intensa, ao mesmo tempo que ria. Daí falou: "Marcelo, não desejo isso a nenhum inimigo." Entrou na cabine, fechou a porta corta-fogo e gritou — ele segurou até onde pôde. Depois desceu e ficamos rindo da maluquice que ele tinha feito. Mas o dedo não infeccionou. Grande figura o Chico Moreira, sempre gentil e espirituoso. Resolveu morrer em 2015. Faz uma falta enorme para a preservação do Cinema Brasileiro.

27. Esta projeção está uma m... 2.0

Escrevi um texto para o *Tabu* que, apesar de mal escrito, fez muito sucesso. O interesse era pessoal, uma vez que como gerente do cinema minha vida seria facilitada (e mesmo salva) se as pessoas entendessem o porquê de projeções muitas vezes ruins. "Esta projeção está uma m..." falava dos problemas das cópias que exibíamos, mas cometia o erro de dar uma espécie de *spoiler* para a época. Muitos amigos me disseram que não conseguiram mais ver um filme sem pensar no texto. Vou então tentar contar a mesma história de outra maneira.

Sabe quando você está assistindo a um filme e a internet dá pau? Isso era comum no início do Estação porque os filmes muitas vezes arrebentavam, literalmente se partiam. Exibíamos frequentemente cópias dos anos 50 e 60, já pra lá de rodadas. Costumávamos brincar que víamos "Os seis samurais" ou mesmo "Os dez trabalhos de Asterix", porque as cópias iam perdendo pedaços a cada exibição. Até hoje não sei qual é *O segredo da porta fechada*, que exibimos e veio sem o final. E o mais incrível é que pouca gente reclamava, provavelmente por saber que não havia como ver de outra forma. Mas essa pouca gente que reclamava, reclamava muito. Não foram poucas as vezes que fui ameaçado de morte (exagero) por um cinéfilo irritado.

As cópias arrebentavam com frequência porque saíam do laboratório em rolos de nove ou dez minutos. Como os cinemas começaram a usar bobinas de vinte, era necessário emendar um rolo no outro. E para emendar era preciso cortar um fotograma do início e outro do fim de cada rolo e colar os dois, com uma cola que parecia esmalte de unha ou durex. Depois vieram as bobinas de sessenta minutos e mais tarde os pratos, onde todo o filme era montado em apenas um rolo, o que piorou a situação. O prato era uma plataforma horizontal que parecia uma bandeja, ou melhor... um prato.

Como as cópias circulavam muito, a cada novo cinema, cada nova montagem, menos fotogramas. Os cinemas do interior que recebiam as cópias depois eram os mais prejudicados com isso. Nós exibíamos cópias que já tinham passado pelo interior vinte anos antes. Naquela época, cinemas do interior exibiam *Morangos silvestres...* Guardo até hoje com carinho um fotograma em que se vê Victor Sjöström e cuja legenda diz: "Este é o jardim dos morangos silvestres."

Outro problema eram os "moedores de carne", como eram chamados alguns projetores. Mal regulados, com erros de projeto, com pouca lubrificação ou com tudo isso junto, muitas vezes mastigavam diversos quadros e o jeito era emendar novamente jogando os danificados fora. Por esse motivo, muitos cinemas besuntavam as cópias com produtos lubrificantes tentando amenizar o problema, quando os vazamentos do próprio projetor já não faziam isso. Quem é dessa época, ou frequenta cinematecas, deve se lembrar de ver filmes com manchas de óleo grotescas.

Assim que o dinheiro deu, uma das primeiras providências que tomamos foi comprar um par de projetores italianos Cinemeccanica, considerados até hoje as Ferraris da projeção. Também investimos nas lentes alemãs Isco, que um ano depois que compramos ganharam o Oscar de aprimoramento técnico. Mas as cópias continuavam a ser as mesmas, não havia como trazer de fora, e quando vinham eram de cinematecas, muitas vezes nas mesmas condições.

Mas ainda havia o fator "gente", e aí entrou o meu *spoiler*. Esse fator "gente" era um ser humano chamado projecionista, ou operador, que era o encarregado de montar o filme, colocá-lo no projetor e ficar atento. Havia muitos bons, mas havia também os carniceiros e os loucos.

A projeção era feita com dois projetores, ou seja, quando acabava o rolo de um projetor, o outro deveria ser acionado em um timing perfeito para não "bater a tela branca" ou aparecer a ponta preta do fim de cada rolo. Muitos filmes de diretores espertos já eram feitos com trocas de cena nesses momentos para facilitar, como se fosse o gancho para o intervalo comercial. Para que isso funcionasse bem, havia uma marcação de laboratório, uma bolinha preta no canto superior do quadro que aparecia perto do fim de cada rolo. O projecionista deveria ficar atento a ela e no momento que a observasse deveria acionar o segundo projetor. Funcionando tudo, o espectador não perceberia a mudança ou a bolinha.

O problema é que alguns profissionais eram inseguros e faziam as chamadas "marcas de cego". Isso podia ser um arranhão, um rabisco ou até um x tomando vários quadros finais de um rolo. Era sempre uma expectativa enorme, uma certa emoção acrescentada à história do filme. Para quem conhecia o sistema, a cada dez minutos as marcas anunciavam a mudança de rolo e com isso a dúvida se íamos perder muito ou pouco do filme. Mas havia também os que enlouqueciam. Imagine assistir a *Um homem, uma mulher, uma noite* ou *Ghost* seguidas vezes, todos os dias durante meses, prestando atenção numa bolinha preta? Por melhor que fossem os filmes, chega uma hora que qualquer cidadão surta.

Com a publicação da matéria resolvi meu problema. Todos entenderam que, como gerente, pouco podia fazer. Mas infelizmente criei outro que não previ. Todo mundo que leu começou a procurar as bolinhas pretas em todas as cópias, mesmo nas boas e novas. Muitos cinéfilos ficaram revoltados, não conseguiam abstrair a bolinha e, novamente, fui ameaçado de morte por cinéfilos emputecidos. E cinéfilo em fúria é como pororoca, tsunami ou avalanche, ninguém segura.

Sobrevivi, nenhum dos livros arremessados me atingiu e felizmente sempre fui um cara grande, além de latir. Entretanto, humildemente, mais de trinta anos depois, peço desculpas por qualquer inconveniente.

28. O sobrinho do Coppola

Estava tranquilamente fazendo nada, esperando a última sessão de *Cotton Club* acabar. Não é um dos filmes mais populares do diretor, mas eu, pessoalmente, gosto bastante. No entanto, uma espectadora assídua parecia achar o contrário.

O filme não tinha nem acabado e a senhora dos lábios leporinos saiu enfurecida. Ela era sempre muito furiosa e os lábios não eram sua única característica. A outra é que tinha prazer em me atormentar e até aquele momento eu ainda não havia tido a sagacidade de dizer que não atenderia mais aos telefonemas dela — isso aconteceu antes do episódio com Gérard Depardieu, que conto mais para a frente.

Ela falava sem parar e era impossível ter uma *Conversação* — para citar outro filme do cineasta — que fizesse sentido. O fato é que parecia mais enfurecida com Nicolas Cage do que com o diretor. "Esse sobrinho não tá com nada! Com nada." Insistia que eu tinha que falar com Francis como seu sobrinho era mau ator. Discussões sobre a qualidade do ator à parte, Cage é de fato sobrinho de Coppola. Mas o que eu tinha a ver com isso?

Ela falava e falava, dizia que se eu não tomasse providências iria escrever para os jornais — eu já imaginava a redação do *JB* caindo na gargalhada com a história. Exausto, enquanto fechava o cinema, resolvi que a única alternativa era embarcar na loucura dela.

Olhei bem nos olhos dela e soltei: "Não posso falar para o Coppola que o Nicolas Cage é um mau ator porque eles são a mesma pessoa!" Ela paralisou. Me disse que não poderia ser, que Coppola é muito mais velho. Expliquei que era um segredo que poucos sabiam, apenas a família e os donos de cinema. Cage/Coppola tinha feito uma cirurgia plástica na mesma clínica onde Disney estava congelado e comentei que isso era normal em Hollywood. "A senhora vai me dizer que nunca reparou na semelhança? Vai dizer que nunca notou que Spielberg e George Lucas são a mesma pessoa? Ou Cher e Elke Maravilha?"

Eu falava sem parar qualquer loucura que me vinha à cabeça. O operador passou por mim e não entendeu nada. Assim fui saindo, falando e falando, abaixei a porta de ferro e segui com ela pela galeria para fora do cinema. Ela me olhava calada e eu nunca a tinha visto assim. Não era tão doida como parecia ser, foi saindo de fininho com medo de mim. Virou as costas e foi embora resmungando. Eu fui para o outro lado, rindo sozinho.

29. Ilustríssimos

Nos primeiros anos, quando eu passava muitas horas no Estação, com certeza mais de dez e, muitas vezes, 18, acabava ficando sujeito à visitação pública. Conhecia muitos rostos, mas não sabia os nomes, embora eles soubessem o meu, o nome do gerente do cinema, como se eu fosse o garçom do restaurante favorito. Isso me deixava sem jeito quando precisava apresentar duas pessoas, frequentadores que eu conhecia bem, mas não podia fazer pois não sabia seus nomes. Naquela época, muitas vezes, tivemos mais de mil espectadores num único dia. Quando o Macaco Tião foi candidato em 1988, finalmente compreendi o que eu era: eu era o Macaco Tião. Todos sabiam o nome do Tião porque o visitavam no zoológico, mas o Tião não sabia o nome de ninguém. Eu vivia numa espécie de jaula de luxo e não podia escolher meus visitantes. Às vezes não era lá muito bom, não.

Mas havia também frequentadores ilustres, daqueles que todos conhecem. Muitos músicos eram cinéfilos, mais até que cineastas, me parecia. Renato Russo, por exemplo, era um deles. Certa vez achei a carteira do Cazuza, com talão de cheques e tudo, mas não tínhamos como avisar, exceto fazendo ponto no

Baixo Leblon, o que talvez fosse uma opção. Numa noite maluca mais ou menos nessa época, passei um rolo de papel higiênico para ele no banheiro do Real Astória. Estava lavando as mãos quando ouço a voz inconfundível saindo de dentro da casinha: "Chefia, me passa o papel." Passei. Mas isso foi antes. Com a carteira, um dia depois de perdê-la, o próprio telefonou e avisou que alguém iria buscá-la.

Já Eduardo Dusek, que na época era Duardo, presenciou um sabão que tomei de um grupo de cinéfilos revoltados. O filme era *O diabo feito mulher*, com Marlene Dietrich, que veio sem a última parte e não notamos antes da projeção. Era normal exibir um filme diferente por sessão, 28 filmes por semana, e às vezes alguém pisava na bola quando enviava o filme e nós escorregávamos nela por descuido. E eles estavam certos pelo sabão, embora o tom fosse um pouco exagerado. Após ouvir uma série de impropérios, olhei para Duardo, que assistia a tudo calado — seu amigo era dos mais exaltados —, e ele me disse uma frase que hoje poderia até gerar seu cancelamento, mas na época era bem normal, curta, grossa, embora dita de forma amável, e que resumia a situação: "Neguinho fica puto."

O Estação era um local de encontro de homens e mulheres notáveis. Vi Guel Arraes reclamar que Andrea Beltrão, sua namorada na época, comia muita pipoca. Vi Vera Fischer parar o trânsito na galeria. Vi bebuns disputarem a tapa uma garrafa de Coca-Cola vazia deixada no bar por Maitê Proença, que nem notou a confusão porque os bebuns também eram *cools*. Fora alguns dos meus amigos de geração que eram garotos, e alguns até crianças, e hoje são expoentes em suas profissões. O Estação nos anos 80 foi uma espécie de *Meia-noite em Paris*.

30. Uma entidade personificada

Não lembro que filme atraiu esse ser único ao nosso humilde estabelecimento, mas numa tarde qualquer dos anos 80 estávamos Adhemar e eu no saguão aguardando o início da sessão, que seria a primeira do dia. Ela veio andando pela galeria e o vulto era facilmente reconhecível mesmo contra a luz. Se aproximou, comprou o ingresso na bilheteria, que nessa época ficava perto da entrada, e se sentou, com a coluna ereta, permanecendo como uma esfinge no meio do saguão.

Nós tentamos agir com naturalidade, assim como a meia dúzia de figurantes que faziam papel de público cool, como se a vissem todos os dias. Era Maria Bethânia. Caetano era figura fácil em sessões de cinema, Chico já tinha ido algumas vezes buscar as filhas nas sessões do Projeto Escola e costumava aguardar no bar do Miguel e do Júlio conversando sobre futebol. Mas Bethânia era a primeira vez, e acho que foi a única. Talvez por nossa culpa.

Tínhamos acabado de instalar um sistema de som ambiente que funcionava com fitas cassete ou rádio. Como a situação estava um tanto constrangedora, aquela entidade parada ali sendo admirada por todos que fingiam não olhar, Adhemar achou boa ideia botar uma música para descontrair o ambiente. E como ainda não tínhamos gravado fitas, ele ligou o rádio. E o som que saiu foi: "Diga que já não me quer/ Negue que me pertenceu/ Que eu mostro a boca molhada/ Ainda marcada pelo beijo seu..."

Inacreditavelmente saiu a voz de Maria Bethânia cantando "Negue". Ficamos pálidos. Pareceu uma homenagem barata, cafona. Na mesma hora ela se levantou e saiu andando pela galeria, constrangida. Nem sei se voltou porque fiquei roxo de vergonha e fui para o banheiro. O que sei é que nunca mais a vi no Estação.

31. Pedro I, o Irmão Coragem

Outra figura mitológica que apareceu certa tarde foi Tarcísio Meira. Além de ter povoado minha infância e adolescência, época em que via novelas, ele era especial por ter feito Pedro I em *Independência ou morte*, filme que marcou minha infância cívica de estudante de escola pública durante a ditadura. Além disso, sua atuação em *A idade da Terra* era ainda mais impactante e importante na minha formação, como já contei.

Em 1986, abrimos nossa videolocadora assim que conseguimos uma nova loja na galeria, entre a livraria e o saguão do cinema. Tínhamos uns quinhentos títulos apenas, só trabalhávamos com fitas oficiais, nunca piratas. E, acredite, no fim das sextas-feiras não havia mais o que alugar. Era normal as pessoas entrarem e perguntarem o que ainda tinha. O último filme a sair era sempre *Hard Rock Zombies*, com título autoexplicativo, cujo enredo inclui até Hitler. Hoje talvez fosse um dos primeiros a ser alugado. Mais tarde conseguimos ampliar a locadora alugando mais uma loja, e o número de títulos aumentou muito. E o filme menos alugado passou a ser *Gosto de massacrar os outros*, sobre um lutador de lutas mexicanas, trapaceiro, que gostava de fazer o que o título explicitamente afirma, e não tenho ideia por que tínhamos isso. Às vezes precisávamos comprar pacotes e vinham coisas assim.

Mas a fama da locadora "que tinha os filmes que nenhuma outra tinha" logo cresceu. Não é que tivéssemos fitas que outras não tinham, mas a nossa lógica para comprar era inversa da habitual. Comprávamos mais exemplares dos filmes do nosso perfil e não os mais populares. Assim, sempre tínhamos o Fellini, o Wenders ou o Fassbinder que as pessoas queriam ver e não encontravam nas outras, porque elas compravam apenas uma cópia de cada, se muito. Certa vez estava no balcão e uma senhora entrou perguntando se tínhamos um filme japonês, o filme da vida dela, mas não se lembrava do nome. Contou que se passava no Japão dos samurais, era sobre dois casais e um deles fazia tecidos. Na hora identifiquei como sendo *Contos da lua vaga*, mas, por mais estranho que pareça, me deu branco quanto ao título em português e ao diretor, Mizoguchi. Daí soltei a seguinte frase: "Sei o filme que a senhora está falando. Não lembro do nome em português ou do diretor, mas o título em japonês é *Ugetsu monogatari*. E na hora me lembrei de que *monogatari* quer dizer história ou conto, e então me lembrei do título ocidental. Ela confirmou que era esse mesmo e, perplexa por um balconista conhecer o título em japonês do filme da sua vida, pediu a ficha de inscrição e pagou na hora.

Lendas assim correram pela cidade e vinha gente de todos os cantos para conhecer e se inscrever na nossa videolocadora. Imagino que tenha sido por isso que Tarcísio Meira se deslocava da Barra até Botafogo para alugar filmes.

Eu estava no saguão, que era separado da videolocadora por um vidro. Estava absorvido por algum problema quando apareceu na minha frente Guilherme Whitaker, o balconista, dizendo que tinha uma pessoa querendo se inscrever e levar filmes, mas não tinha comprovante de residência. Antes de ele terminar a frase, respondi que não podia, era a regra. E antes de eu completar a minha frase, ele insistiu: "Mas é o Tarcísio Meira!" Virei-me e olhei pelo vidro, Pedro I me deu tchauzinho e sorriu. Eu, sem graça, disse que era óbvio que era para aceitar e assim foi feito.

Tarcísio saiu carregado, levou cinco fitas, o que é um volume considerável de VHSs. Sua saída da galeria gerou uma curiosa e engraçada situação.

Naquela época, quando os carros paravam no sinal, quase em frente ao cinema, os ocupantes sempre se viravam para ver que filme estava em cartaz, exposto no letreiro. Era um movimento quase sincronizado e muito divertido de se ver. Tarcísio saiu da galeria e permaneceu um tempo na beira da calçada aguardando seu carro. E aconteceu como sempre acontecia, as pessoas pararam no sinal, se viraram para ver o letreiro e viram Tarcísio Meira. Olharam novamente para o sinal e repetiram o movimento simultaneamente, como robôs, como que para acreditar no que estavam vendo. Foi delicioso assistir à cena.

32. Um novo mundo

Ainda sobre a videolocadora. Uma lembrança vai puxando a outra... O professor, filósofo e ex-deputado federal, cassado em 1964, Roland Corbisier era cinéfilo e assíduo frequentador do Estação. Eu, apenas um gerente quase imberbe, tinha o prazer de conversar com ele sobre a vida e o cinema nas vezes em que aparecia. Certa vez estava à porta do Estação, em frente à locadora, quando ele chegou. Conversamos, como de hábito, sobre a programação e ele, de forma sempre gentil, dava suas opiniões e pedia que programássemos filmes que muitas vezes eram impossíveis de conseguir.

Pouco antes de eu falar o habitual "vai começar a sessão" ele se vira, olha para o videoclube e pergunta: "O que é isso?" Eu explico o que é e ele, surpreso, questiona: "Essas caixinhas são filmes?" Atrasei um pouco o início da sessão, uma vez que ainda havia fila para comprar ingressos, e entrei com ele na loja para mostrar o acervo. Ele continuou questionando: "Como funcio-

na?", "Que aparelho precisa?", "Onde compro?", "Quanto custa?"...
Vi claramente seu rosto brilhar. Acho que já estava perto dos 80 anos e poder ver sua paixão em casa deve ter lhe acrescentado muitos anos de vida e certamente muita vontade de viver. Foi a última vez que o vi no cinema, depois só alugando filmes. Acho que nunca mais leu um livro.

33. A rosa púrpura

Uma galeria é um lugar por onde passam pessoas, às vezes apressadas, usando-a como atalho, quando ela permite, procurando algo ou simplesmente voltando para casa após um dia de trabalho. Pode ser um lugar para matar o tempo olhando nada ou algo em especial, como arte. Pode ser um abrigo da chuva. Pode ser um corredor para se chegar a algum lugar, e ainda um local de onde se assiste ao teatro do alto da plateia. Há vários outros tipos de galeria, inclusive a de águas que caem do céu ou descem dos ralos das torneiras. Há esgoto em algumas delas e em outras, no final, são achadas pedras preciosas. As galerias são universos inteiros.

Se uma galeria é um lugar por onde passam pessoas, é um lugar por onde passam histórias. Na galeria do Estação, muitas histórias vestidas de pessoas passavam em direção a outras, disfarçadas de filmes. Eu gostava de ficar olhando todas elas, as de dentro e as de fora. Do lado de fora, pouco a pouco, o saguão ia se enchendo enquanto a sessão anterior, também cheia, demorava a acabar. Muitos grupos de conversa se formavam por todos os lados, se expandiam pela galeria, até formar uma massa quase compacta que ia até o bar do Júlio ou do Miguel, dependendo da hora do dia ou da noite, saía para a rua e quase sempre chegava até perto do metrô.

Quando a sessão termina, o encontro das marés é caótico, encontro do rio com o mar. Só que inexplicavelmente dá certo. Umas pessoas saem, outras entram, outras continuam ali e tudo se tranquiliza. "A sessão já vai começar", grito, como de hábito. Mas uma menina não entrou, permaneceu parada olhando para fora da galeria, certamente aguardando algum idiota atrasado.

Digo menina porque eu devia ter 21 e ela parecia mais jovem. E digo idiota porque chegar atrasado no cinema é coisa que não se deve fazer, muito menos deixando uma menina esperando. Ela era muito bonita, alta, mesmo com sua sandália de couro com meio centímetro de espessura. Parecia calma, zen, tinha os cabelos encaracolados castanho-claros e rosto de santa. Fazia o tipo "lua e estrela" dos anos 80, sabe? Calça estampada larga e bolsa meio disforme. Era tudo isso e linda. Vou chamá-la de Rosa porque sua blusa era cor de sangue, cor-de-rosa de paixão.

O idiota finalmente chegou, já com os trailers pelo fim, e ela ficou bem feliz. O sujeito, de surpresa, se ajoelhou e disse um poema pavoroso para Rosa que, no entanto, adorou e deixou cair uma lágrima. Ele se levantou, os dois se abraçaram e se beijaram, enquanto nem percebiam que eu os observava agoniado por perderem o início do filme. Mas depois de ver a cena concluí que o idiota de idiota não tinha nada. Fisicamente deixava muito a desejar, era um exemplo perfeito de caminhão pequeno para muita areia. Ganhou aquele projeto de deusa no gogó, admirável! Idiota era eu.

Eu mesmo abri a porta para os dois sorrindo, que entraram flutuando olhando um para o outro. Peguei seus ingressos sem ser notado por nenhum deles e cogitei pedir a carteira de estudante dela, mas deixei pra lá. Já estavam num filme há muito tempo e duvido que fossem prestar atenção na tela. Não me lembro qual era o filme e provavelmente eles também não. Muitas vezes as melhores histórias estão na plateia. Ou nas galerias.

34. Três filmes, um bolo e muitos cafés

De todos os eventos que fazíamos, o mais aguardado era sem dúvida a Maratona Noturna, nome muito pouco criativo para o que era. Consistia em exibir três filmes a partir da meia-noite, com direito a café da manhã ao término, tudo isso pelo valor de um ingresso normal. As primeiras aconteceram no Estação nos anos 80 e início dos 90 e depois foram ressuscitadas no Odeon enquanto o administramos.

Mas as do Estação eram mais divertidas. Havia sempre um filme-surpresa às duas da madrugada e a plateia em geral explodia em aplausos quando a imagem batia na tela. Muitas vezes só eu e o operador sabíamos qual era o filme, e eu tinha um prazer inenarrável em reter essa informação, porque a consequência era um prazer ainda maior ao ver a euforia da plateia. Sentia-me um pouco como na história que me contavam sobre meu avô, dono das históricas Balas Ruth no início dos anos 50. Imortalizadas por Nelson Rodrigues na peça *Viúva, porém honesta*, as balas — e as figurinhas que as acompanhavam — fizeram grande sucesso na época. "A figurinha difícil da Bala Ruth", expressão que se popularizou, era realmente difícil de encontrar. Meu pai contava que meu avô entrava no galpão do estoque, já com as caixas preparadas para o envio aos lojistas, porém ainda abertas, e sozinho distribuía as balas premiadas aleatoriamente nas caixas. Só ele sabia, portanto, as regiões para onde elas iriam.

A ordem era quase sempre uma pré-estreia à meia-noite, seguida do filme-surpresa e de um filme em geral trash, porque às quatro da madrugada não se podia exigir muito da plateia. O filme-surpresa que lembro de ter causado mais impacto foi *Apocalypse Now*. Não era exibido fazia muito tempo e não havia na época maneira de o assistir a não ser no cinema. Deu para perceber a plateia inteira dando uma pausa na respiração.

Três décadas depois, a Maratona Noturna voltou ao Estação por brevíssimo tempo. Foi na Mostra Anos 80, 80 Filmes, e a sessão foi dedicada a filmes de terror do período. Foi uma loucura, uma semana antes já estavam esgotados todos os ingressos e havia uma lista de 15 mil pessoas interessadas — tivemos que repetir a Maratona na semana seguinte para amenizar um pouco a frustração de quem não entrou. Essa teve um sabor especial para mim porque fui com minha filha, Valentina, estudante de cinema na época e que ainda não era nascida no tempo das originais. Nem ela sabia qual era o filme-surpresa, que foi escolhido em votação secreta na internet e apenas eu, para manter a tradição, sabia o resultado: *A morte do demônio*. Essa Maratona guarda uma curiosidade. Como as pessoas teriam fome e não podiam sair do cinema, preparamos dois combos a preços razoáveis, um com mate e pão de queijo e outro com cerveja no lugar do mate. A cerveja encalhou, o que marca uma diferença substancial dos anos 80. Não consigo imaginar aquele público cinéfilo-dark-gótico tomando mate.

As maratonas no Odeon eram bem diferentes porque o público era outro. Um público mais festeiro e menos cinéfilo. De todo modo, era um sucesso ainda maior, uma vez que o Odeon tem duas vezes o tamanho do Estação e os seus 550 lugares lotavam. Era muito mais difícil empolgar o público com o filme-surpresa no Odeon, e isso era frustrante. Diferentemente dos anos 80, àquela altura, já era fácil rever filmes em DVD ou canais pagos, não existia mais aquele sentimento de oportunidade única.

Como muitas das coisas que inventamos nessa trajetória, a Maratona Odeon fazia sucesso, mas também dava prejuízo. O custo operacional do "Titanic" zarpando — como carinhosamente apelidei o Odeon — e ficando em operação a madrugada toda não era pago sequer pela bilheteria total. Como metade da receita ficava com os filmes, é fácil entender como era inviável. Para piorar, o público não consumia no nosso bar, mas nos ambulantes que se penduravam nas grades que separavam o cinema da praça, como se estivessem traficando coisas para dentro de um presídio. Além de não haver como proibir pelas dimensões do evento, seria muito antipático e geraria discussões todas as noites. Durou enquanto deu para manter essa iguaria, mas quando a situação apertou, teve que acabar. Chato era ter que explicar o porquê da cerveja no isopor do ambulante custar, digamos, dois reais e no bar do cinema, o dobro. Falar do aluguel, do IPTU, da folha de salários, dos impostos etc. que temos e que o nosso amigo do gradil não tem. Quando isso acontece repetidas vezes ao longo do tempo é chato. Fui ficando cada vez mais desestimulado e aos poucos parei de frequentar. Já não via prazer nisso.

35. Impressos e balas
Escrito no Facebook em 29 de abril de 2015

Em 1985, quando o Estação abriu ainda com o nome de Cineclube Coper Botafogo, eu era o gerente e Rogério Durst, o baleiro. Embora tivéssemos sempre muito público, havia aqueles momentos em que nada acontecia e ficávamos nós dois no saguão olhando um para a cara do outro, conversando sobre cinema, sobre o *Tabu*, onde ele também escrevia, e sobre as figuras que frequentavam o cinema. Rogério tinha um humor ácido, quase malvado, mas sempre brilhante. Em certos momentos parecia ter um certo prazer em falar coisas desagradáveis para quem o escutava. Assim foi comigo. Éramos amigos, estávamos juntos todos os dias e escrevíamos juntos no *Tabu*. Mas um dia conversávamos sobre qualquer coisa, e ele começou a discorrer a respeito de como eu escrevia mal. Eu era um pouco mais novo que ele, com 20, 21 anos, ainda inseguro, e senti o baque. Rogério, como escritor, para mim, estava bem acima. Já tinha publicado um livro e era jornalista de formação, e eu apenas um curioso. Embora alguns textos meus fizessem sucesso, eu sentia que não escrevia bem e, lendo-os hoje, sem falsa modéstia, penso que estava certo. Meus textos tinham boas ideias, mas eram desarrumados. Depois melhorou um pouco, mas o que melhorou mesmo foi a autoconfiança... O resultado daquele dia foi que travei e quase que imediatamente parei de mostrar o que escrevia aos outros. E isso foi extraordinário.

Lembrei-me de uma história que Fabiano Canosa me contou. Fabiano, como eu, muitas vezes comete "sincericídios" — uma resposta ou colocação franca e honesta a respeito do trabalho de alguém, porém desagradável para quem ouve. A história era sobre uma Daniela Thomas em início de carreira que lhe perguntou o que tinha achado de seu primeiro curta, que vinha sendo elogiado por todos. Fabiano a aconselhou a não mostrar a mais ninguém, o que fez com que quase cortassem relações. Mas muitos anos depois recebeu o agradecimento de Daniela, porque, segundo ela, isso teria provocado uma pausa para reflexão que mudou para o bem o rumo do seu trabalho (ou coisa parecida). Guardadas as devidas proporções, Rogério foi meu Fabiano. A única pessoa até hoje que criticou seriamente um texto meu, para o bem ou para o mal, além do "gostei" ou do "não gostei".

Jamais vou esquecer como Rogério se esmerava em arrumar os chocolates e balas no que não passava de um tabuleiro em cima de uma mesa, sempre lendo um livro ao mesmo tempo. Um cara que adorava os Irmãos Marx e o churrasquinho da esquina. Rogério morreu hoje, mais um que se vai. Mais um que adoraria que lesse este relato, mesmo que esculhambasse meu texto.

36. FestFortaleza

E foi então que em 1989 o FestRio foi para Fortaleza. Sem patrocínio ou apoio da prefeitura e do estado do Rio de Janeiro, Nei Sroulevich e sua tropa fizeram as malas e se mudaram para o Ceará, onde encontraram o apoio que não tinham aqui. Vendo hoje, o FestRio foi um precursor do Rock in Rio no modelo "pé na estrada". Se tivesse chegado até os nosso dias, o FestRio talvez fosse uma marca, assim como seu primo da música. Mas na época isso nos deixou perplexos, ficamos órfãos de um evento maravilhoso, importante, e um dos poucos momentos em que conseguíamos exibir filmes novos e não cópias antigas. E decidimos correr atrás.

Adhemar conseguiu convencer o Banco Nacional a patrocinar uma mostra, não competitiva, infinitamente menor que o FestRio, mas ainda assim relevante para os cinéfilos da época. Nasceu assim, em 1989, a Mostra Banco Nacional de Cinema, com aproximadamente oitenta filmes conseguidos com a ajuda de embaixadas e consulados e de algumas raras distribuidoras, além de alguns filmes nacionais.

O Rio continuava tendo um Festival de Cinema, o RioCine, mas este era apenas nacional, não exibia filmes estrangeiros. Como os filmes brasileiros acabavam sendo exibidos de alguma maneira, o público estava faminto mesmo era por filmes de fora, por isso quando juntamos a fome com a vontade de comer novamente acertamos em cheio. A mostra foi um sucesso imediato.

Desde o início tentamos inovar com coisas como "vendas antecipadas". Não havia um sistema de vendas por computador, as bilheterias não eram informatizadas, uma vez que os computadores ainda eram relativamente raros. Assim, para conseguir vender, imprimimos toneladas de ingressos e carimbamos um a um com dia, hora e filme. Era a única maneira de vender apenas a lotação da sala. Esse serviço foi feito por um bando de gente, até pelas filhas pequenas do Ximenes, àquela altura já operador de projeção, função também chamada de projecionista. Virou uma espécie de *private joke* daí pra frente. Sempre que precisávamos de mais gente para algum evento, falávamos em chamar as "Filhas do Ximenes", hoje já mães de netas do Ximenes.

Por falta de grana, a primeira mostra não teve sequer catálogo, apenas uma edição especial do *Tabu*, que a partir daí se transformou em revista. Sabíamos quem era fã da gema quando se referia ao *Tabu*, por ser jornal, e não à *Tabu*, revista.

Realizar um festival se mostrou mais complexo do que imaginávamos e fazê-lo crescer nos obrigou a optar por um caminho sem volta. A mostra abriu para nós um mundo de possibilidades, mas trouxe também um universo de obrigações para as quais não estávamos preparados como empresa. Até então éramos apenas cineclubistas.

PARTE III   Ao infinito e além

37. Os filmes do Estação

Com a realização da Mostra Banco Nacional de Cinema e o seu crescimento a partir do segundo ano, quando triplicamos o número de filmes, começamos a descobrir o mercado mundial de cinema. No começo pensávamos que bastava pedir os filmes e pagar seu frete para tê-los aqui. Imaginávamos, ingenuamente, que seria um trabalho muito mais de curadoria, de escolha dos filmes, que uma negociação comercial.

Descobrimos que um festival de cinema existe para fomentar um mercado, para promover os filmes para esse mercado. Nem sabíamos direito o que era essa entidade chamada mercado. E assim começamos a receber diversos "nãos". O argumento era: "Por que vamos dar o filme para vocês se ninguém vai comprá-lo para o Brasil?" ou "Vocês dão algum prêmio que valorize o filme?". E então nos perguntavam se pagaríamos *screening fee*, uma taxa de aluguel por exibição, e, claro, não tínhamos dinheiro para isso. Tínhamos duas opções: desenvolver o festival para que tivesse recursos para pagar as taxas, e com o tempo se tornar relevante e respeitado, ou criar um mercado interno para filmes que não tinham espaço no Brasil. Como tínhamos um cinema e nossa meta sempre foi ampliar o número de cinéfilos, optamos por inventar um mercado, sem ter noção do que era exatamente isso. Focar no festival significaria correr eternamente atrás de patrocínios cada vez maiores, enquanto que se a operação econômica funcionasse, acabaria por facilitar a realização de eventos como esse para sempre. Não foi difícil a escolha. Para rumar no caminho da construção de um mercado, pensamos que o primeiro passo seria criar uma distribuidora, uma importadora de filmes. Dessa forma, teríamos filmes novos para o nosso cinema e ajudaríamos a mostra a se solidificar, porque os produtores e distribuidores internacionais teriam interesse que nós mesmos comprássemos os filmes.

Assim nasceu a Filmes do Estação. Do Estação e não "da" Estação porque nos referíamos ao Cineclube Estação e não aos filmes da temporada. Mais uma vez, quem é da gema sabe disso. E para ver o que havia de novo no mundo do cinema, começamos a frequentar os festivais internacionais. E a querer ir ao infinito e além.

38. Vários trens e um furacão

Para selecionar filmes para a segunda Mostra Banco Nacional, no início de 1990, peguei um avião pela primeira vez na vida. Tinha 24 anos, um inglês sofrível e a missão de passar um mês na Europa indo a dois festivais: o de Rotterdam e o de Berlim. Partimos eu e Nelson para a nossa primeira de muitas aventuras internacionais.

Chegamos em Amsterdam em voo direto, mas a chegada em Rotterdam não foi tão direta assim. Havia passado — ou estava passando — um furacão pelo Atlântico Norte e tudo estava meio confuso. O plano era pegar um trem, mas os trens estavam com os horários irregulares. Fomos até um balcão de aluguel de carros descobrir quanto custaria, embora já sabendo que o pouco dinheiro que levávamos seria certamente um impedimento. Na nossa frente estava o jovem cineasta Todd Haynes, que, junto com amigos, teve a mesma ideia. Éramos todos duros, nós e eles, nós mais do que eles. Todd estava indo apresentar seu filme *Veneno*, filme interessante, gay militante, como eram os filmes gays da época. O preço era proibitivo para os dois grupos. Chegamos a cogitar alugar uma Kombi em que coubessem todos, eles estavam em quatro e nós em três, a namorada de Nelson, Cristiane, também estava conosco. Mas não existia Kombi e algo similar era caro demais. Acabamos todos optando pelo trem, mesmo sabendo que a viagem iria demorar. Não dividi um carro com quem viria a ser um diretor indicado ao Oscar, mas levamos seu filme para o Brasil.

Um bom tempo depois, finalmente entramos no trem. O que deveria ser uma viagem rápida levou uma eternidade. Ficamos parados no meio do nada, todos no trem em silêncio. Era um trem normal urbano, estávamos em pé. Ficamos literalmente horas vendo moinhos e vaquinhas pastando, enquanto pessoas enrolavam, tranquilas, seus cigarros de maconha sem serem importunadas e sem importunar ninguém. Fazia frio, estávamos em fevereiro, e o vagão com as janelas fechadas ficou com tanta fumaça que, para falar a verdade, não sei se as vaquinhas que vi eram reais.

Chegando lá, andamos até nossa pensão, escolhida a dedo como a mais barata: 19 dólares com café da manhã na rua "barra pesada" de Rotterdam. Nada mais era do que a rua onde existiam prostíbulos e venda de drogas, o que não era nada de mais para quem vinha do Rio. Mas meu quarto era complicado. Ficava no sótão, não tinha nem 2 metros de largura e eu só conseguia ficar de pé em metade dele, por causa da inclinação do telhado. Era um cubículo retangular. Fazia tanto frio que dormia vestido com um casacão e calça jeans, podia ouvir o vento batendo no telhado a poucos centímetros da minha cabeça. Cheguei a encostar o travesseiro na calefação, para ficar um pouco mais quente, e acordei com a orelha vermelha. Banheiro? No corredor. Pensei até em comprar um penico.

Mas o café da manhã era decente. Pão, café, ovos e frios, em quantidade já separada por hóspede. Pouco importava tudo isso, estava na Europa, prestes a presenciar meu primeiro festival internacional e estava pagando 19 dólares com café da manhã. Havia muitos jornalistas de pequenas revistas e jornais no mesmo hotel, todos com cara de serial killers, como eu.

Enfim chegamos ao festival e encontrei de cara Carlos Reichenbach. Descobri que Carlão era um rei em Rotterdam, conhecido nos bares e restaurantes. Me disse que não pagava contas. Tomamos um café e realmente não paguei. Se ele pagou ou botou na conta, não vi. O que importa é que havia por ele uma admiração e um respeito lá muito maior que aqui.

Os filmes eram, em geral, o que Nelson Krumholz batizou gentilmente de "cu de touro". Filmes cu de touro. Acho que dá para entender, mas o sentido exato só perguntando a ele. Mais tarde iria descobrir que o Fórum de Berlim era um seguimento blockbuster perto da seleção de Rotterdam. Era realmente um festival cinéfilo, para iniciados. Vi bons filmes, incluindo *Sweetie*, *Palombella Rossa*, *La Bande des Quatre*, *City of Sadness*, além do *Decálogo* (inteiro). Voltei algumas vezes a Rotterdam e confesso que, não me entenda mal, gostava de muitos dos "cus de touro" que via. Não há como esquecer o primeiro festival na Europa.

39. Carnaval, cerveja e a *Vênus de Milo*

Terminado Rotterdam, nos separamos. Havia alguns dias de folga até Berlim e rodei por Amsterdam, Bruges, Düsseldorf, Colônia e uma pequena cidade chamada Krefeld, onde tinha uma namorada. Em Bruges, vi um Caravaggio pela primeira vez e me agarrei a um poste para não voar — o furacão ainda rondava a região. Em Düsseldorf, participei do Carnaval local, uma animada festa em que adolescentes, todas louras, têm autorização para cortar as gravatas e é de bom-tom que você esteja usando ou elas podem escolher outra coisa para cortar. O tio da minha namorada me emprestou uma e cumpri a tradição. Fomos duas noites à mesma cervejaria, onde sentávamos em barris de cerveja. Todos bebiam e na noite de Carnaval continuaram a beber da mesma maneira, só que fantasiados. Depois, despedidas e choro, lá fui eu com meu boizinho — como chamava minha gigantesca mala repleta de agasalhos — pegar um novo trem para reencontrar Nelson em Paris.

Cheguei em Paris pela Gare du Nord e de lá peguei o metrô até Denfert-Rochereau, do outro lado da cidade, onde tínhamos reservado um hotel barato. Subi três andares de escada com meu boizinho, não havia elevador. O hotel era bem mais caro e bem pior que a pensãozinha de 19 dólares com café da manhã de Rotterdam, e nem tinha café da manhã. Quando Nelson e Cristiane chegaram, não gostaram nada do que viram e foram procurar outro hotel. Para mim, tanto fazia, estava em Paris! Em minha defesa, não havia internet. Era bem mais difícil planejar uma viagem com várias paradas em quarenta dias.

Mudamos para um hotel não muito mais caro, mas num lugar bem melhor, perto da Champs-Élysées. Esse "não muito mais caro" abalou minhas finanças. Não cheguei a passar fome, mas vivia com ela. Minhas refeições variavam entre um Big Mac e um prato chinês, que custavam o mesmo. Andei por Paris na maior parte do tempo sozinho, afinal Nelson estava namorando. Talvez por isso eu guarde tantas recordações dessa viagem. Lembro de querer contar ou comentar algo com alguém e não ter ninguém para falar. Foi assim quando fiquei embaixo do Arco do Triunfo e lembrei do tanto de história que existe ali. Andei muito, porque andar é grátis, e acabei dando de cara com um cinema que exibia todos os filmes de Jacques Tati. A próxima sessão era de *O carrossel da esperança* e aguardei sentado num bar em frente.

A cerveja custava o mesmo que a Coca-Cola ou a água mineral — pedi uma. O garçom, pelo que pude entender, perguntou o tamanho. Olhei os três tamanhos no cardápio e o maior era de meio litro, com uma pequena diferença de preço para o de 350ml. Optei pelo maior, uma vez que a cerveja não iria esquentar, já que fazia frio. O garçom, creio que para me sacanear, perguntou se eu queria mesmo o maior. Eu disse que sim. Mas ele não avisou que havia um muito maior, fora do cardápio. Chegou um vaso de cerveja onde caberia duas dúzias de rosas. Ele botou na mesa e ficou me olhando. Eu fingi, de vergonha, que sabia o que estava fazendo. Juntei todas as minhas forças, com o braço malhado por carregar o boizinho durante vários dias, ergui a jarra e levei à boca. Esta era tão grande que pude ver a onda de cerveja vindo em minha direção, só faltava um surfista nela. Tomei o maior gole da minha existência, mas não perdi a pose. Faltava pouco tempo para a sessão e não pretendia deixar para trás uma gota de cerveja paga em francos. Bebi em goles gigantescos e fiquei repleto de cerveja, até um pouco bêbado.

O filme foi lindo e, mais ainda, ter ido ao cinema em Paris. Comprei um pôster gigante de recordação e ele está até hoje na parede da minha sala. No Louvre, fui direto ver a *Vênus de Milo*. Sabia que estava lá desde o início do século XIX e isso me fascinava, talvez mais até que sua idade, que data provavelmente do século II a.C. Fui a outros museus nos dias gratuitos. Ainda faltava muito tempo até a volta ao Brasil, tinha o dinheiro contado e não tinha cartão de crédito. Todo meu dinheiro estava em espécie ou *travellers cheques* e andavam comigo na barriga. Finalmente pegamos outro trem com destino a Berlim. Nelson com a namorada numa cabine-leito e eu numa cabine comum com um japonês e um texano. O japonês dormiu o tempo todo e não teria sido um problema se seu chulé não fosse insuportável e a viagem não durasse oito horas. O texano não conhecia Woody Allen e falava, como ele mesmo disse, texano e não inglês. Mas depois de umas três horas sentindo, ambos, o odor nauseante do pé e da meia do nosso colega de cabine, chegamos a tramar arremessá-lo para fora. Mas nesse momento entrou o fiscal para ver nossos bilhetes e carimbar o passaporte. Estávamos entrando em Luxemburgo ou Liechtenstein, não faz diferença. Quando ele saiu, voltamos ao nosso plano. Só que cinco minutos depois o fiscal entrou novamente para carimbar mais uma vez nossos passaportes: estávamos saindo de Luxemburgo ou Liechtenstein. As paradas nos fizeram desistir do plano e o japonês acordou são e salvo em Berlim.

40. Ana Beatriz e eu

Um pouco antes de partir nessa minha primeira viagem internacional, montei o curta-metragem *Meu vizinho comprou um carro*, de Marcus Vinícius Cezar, que acabou premiado como o melhor curta 16mm em Gramado em 1990. Naquela época, montar um curta levava semanas, não me lembro de quanto tempo levou, mas foram vários dias e várias noites trancado numa sala escura com Ana Beatriz Nogueira na tela, única atriz do premiado filme.

Aquela dureza de sempre fez com que faltassem alguns planos para que a história se encaixasse perfeitamente, e em alguns momentos foi complexo. Hoje é fácil e rápido trocar uma sequência de lugar e experimentar outro caminho, mas naquele tempo você tinha que pensar bem se a mudança valeria a pena, porque era demorado e trabalhoso. Ana Beatriz foi e voltou na moviola um milhão de vezes.

Filme fechado, vi finalmente a luz do dia a caminho do avião que voaria pela primeira vez na vida, e pela primeira vez estava indo aos festivais de cinema de Rotterdam e Berlim. Como disse, fui a Amsterdam, Bruges, Düsseldorf, Colônia e Krefeld antes de pegar o trem para Paris. Nada disso foi planejado, decidíamos o trajeto na hora, batendo nas portas de hotéis e hospedarias para tentar um quarto. Por pouco não fui para Berlim direto, mas não queria deixar de conhecer a "cidade-luz".

Cheguei em Paris sozinho, sem falar francês e meio duro, como também já sabem. Recapitulando, cheguei na estação com meu boizinho, desembarquei do trem e entrei no metrô. Saí do outro lado da cidade e subi três andares de escada. O hotel não prestava, desci os três andares de escada e peguei novamente o metrô para o outro lado da cidade. Cheguei no novo hotel e um cartaz no elevador explicava que havia "*danger pour la vie*", o que deu para entender. Um desenho explicativo mostrava que como o elevador não tinha porta, dependendo do jeito que você pusesse caixas ou malas em seu interior, elas poderiam ser esmagadas com a movimentação do veículo e, na sequência, te esmagar também. Ou seja, me hospedei onde havia um *Ascenseur pour l'échafaud*.

Depois dessa viagem longa e cheia de variantes, resolvi caminhar para relaxar. Apesar de exausto, estava louco para ver Paris! Andei, andei, andei. Quando dei por mim, estava em frente ao

Pompidou, que achei horroroso por fora e hesitei em entrar. Mas entrei e, antes de qualquer outra coisa, resolvi tomar um café. Me dei conta de que não tinha francos suficientes, e tive que sair para fazer câmbio e voltar. Não sei hoje, mas naquela época a cafeteria ficava no último andar. Novo elevador e uma fila desoladora, pensei em desistir. Enquanto pensava e verificava o mapa para saber aonde poderia ir, ouvi alguém falar português na minha frente e reconheci a voz. Era Ana Beatriz Nogueira.

Fiquei feliz em ver um rosto conhecido e iniciei o movimento ao seu encontro, como se fosse uma velha amiga. O problema é que ela era para mim uma amiga íntima, enquanto eu era um desconhecido para ela. Congelei.

Até hoje penso nessa inacreditável coincidência, todas as idas e vindas, para lá e para cá nas muitas cidades de vários países, para acabar numa fila de cafeteria exatamente atrás da pessoa com a qual tinha passado um mês inteiro num quarto escuro, sem ela saber. Se fosse um roteiro de comédia romântica, iam dizer que isso era impossível.

41. Um milionário no comunismo

Chegamos em Berlim pela estação Zoologischer Garten, na época a principal da cidade, que tem esse nome por ser ao lado do zoológico. Perto dali está o Zoo Palast, que era o principal cinema do Festival de Berlim, construído em 1909, destruído pela Segunda Guerra e reinaugurado em 1957. Eu o conheci com nove salas e quase três mil lugares no total. Hoje, entrar em um multiplex é corriqueiro para qualquer um, é normal os cinemas terem várias salas. Mas no Brasil de 1990 não era. O impacto de estar cercado de cinemas e de ter nove opções à disposição, quando há poucos anos não havia nenhuma, é algo impossível de explicar para quem já conheceu o mundo com o privilégio de poder escolher entre centenas de filmes no streaming. O Zoo Palast será sempre um templo para mim.

Rumamos para o nosso *hotel-pension*, onde o senhorio nos explicou por dez minutos como abrir a porta com uma complicada chave. Era um prédio antigo que resistiu aos anos da Segunda Guerra. Não pude deixar de imaginar o que teria ocorrido naquele quarto, quem teria morado e se alguém havia morrido ali, muito provavelmente sim. Era um quarto amplo, e havia um banheiro pré-fabricado instalado com um piso ligeiramente mais alto. Não havia geladeira, mas as janelas duplas permitiam estocar comida entre elas, mantendo-as geladas. Após fazer algumas compras de subsistência, fomos para a sede do festival pegar nossas credenciais. Tudo funcionava próximo ao Zoo Palast, escritórios, estandes e cabines do European Film Market, a parte de negócios do evento. Muitas das sessões eram no cinema principal, que mantinha algumas salas do complexo com programação normal. Havia outros cinemas próximos, distantes a uma caminhada menor do que a que fazíamos todas as manhãs e noites para ir e voltar da nossa "casa".

Aliás, numa noite, já tarde, voltava sozinho de uma sessão e caminhava pelo Kufürstendamm, a principal avenida da região, e notei, ou achei, que era seguido por dois mal-encarados. Como bom carioca acostumado a estar atento o tempo todo, iniciei manobras de invisibilidade e evasão. Mas continuavam a me seguir, trocando de lado da rua, que é larga, quando eu o fazia. Entrei em um Burger King e os dois também entraram. Saí e os dois saíram, já não tinha mais dúvida de que estavam me seguindo e, na melhor das hipóteses, a intenção era um assalto. Acelerei o passo, mas a distância não aumentou. Andava e pensava o que poderia fazer. Notei que no quarteirão seguinte havia um prédio enorme, como a Biblioteca Nacional no Rio, que estava em obras e completamente apagado. Rapidamente concluí que seria ali o ataque.

Nesse momento lembrei de outro assalto, lá na minha pré-história, quando estava indo do metrô da Praça XI para o Centro Calouste Gulbenkian, para assistir à aula de José Carlos Avellar sobre o Expressionismo alemão. Um cara grande e magro como eu, com a mão escondida atrás das costas, ordenou que eu entregasse o dinheiro. Entreguei o que tinha, a passagem de volta. Ele não ficou feliz. Continuou andando ao meu lado e fazendo ameaças, e eu, sem alternativa, só acelerava o passo e me justificava, quase pedindo desculpas por não ter mais o que entregar. Foi então que ele partiu para a ignorância. Se abaixou e pegou uma pedra. Nesse momento, pensei: ferrou, vai me espancar; mas concluí que não estava armado, ou não pegaria a pedra. Morrendo de medo, mas não admitindo apanhar quieto, parti para cima gritando: "Quer dizer que não tem arma nenhuma? Então devolve o meu dinheiro, seu filho da puta!" Me comportei como doido, porque doido é imprevisível e em geral bandidos iniciantes os evitam. Cheguei a andar alguns metros atrás do cara cobrando o meu dinheiro, até perceber que já tinha ido longe demais e estava no lucro, embora com o prejuízo da passagem. Voltei, entrei no Centro, assisti a *O gabinete do Dr. Caligari* e pensei que minha figura alta, magra, vestida de preto e com cara de maluco atrás do assaltante lembrava muito o Cesar do filme.

Quando me lembrei dessa história foi inevitável concluir que partir para cima dos dois em um lugar claro seria a melhor opção.

Com 1,93m de altura e muitas roupas por cima do corpo, já que não tinha um casacão apropriado para a temperatura de 5° abaixo de zero, eu parecia muito maior e mais forte do que era de fato. E com gorro e capa, nem dava para ver minha cara e perceberem que eu era um moleque. Com o fator-surpresa, teria mais chance. Estava com todo o meu dinheiro na barriga, e se fosse apenas um assalto já seria trágico. Eu era um bicho acuado e, como iria descobrir alguns anos depois, qualquer bicho acuado é perigoso. Me virei olhando na direção dos dois e fiz cara de raiva, caso conseguissem ver minha expressão por baixo de tanta roupa. Andei a passos largos em direção a eles como se a intenção fosse mesmo partir para a porrada, tudo teatro. Estava apavorado. Como por milagre os dois travaram. Pararam no momento em que me virei e iniciei o ataque. Recuaram e aceleraram o passo fugindo de mim. Como da outra vez, cheguei a me empolgar e andei alguns metros, até que atravessaram a rua. E também como da outra vez, me dei conta de que estava no lucro, dessa vez ainda maior porque nem a passagem de ônibus perdera. Retornei ao meu trajeto andando velozmente e de forma invisível nas sombras da Kudamm.

Voltando ao Festival, logo percebi que nossa credencial não dava acesso a tudo que precisávamos. Tínhamos uma credencial do Fórum, a parte mais alternativa do Festival, onde os filmes tinham perfil semelhante aos de Rotterdam. Não podíamos entrar nas sessões do mercado, o que economizava muito tempo, pois eram seis salas uma ao lado da outra. Também não tínhamos ingressos para a maioria das sessões no Zoo Palast nem para as sessões da mostra competitiva, o filé-mignon, exceto em cinemas mais distantes. Resolvi que teria que comprar uma credencial de mercado por 200 marcos, algo como cento e poucos dólares, uma fortuna para mim, mas não valeria a pena estar lá sem tê-la. Nelson foi contra, não pagou e preferiu tentar amizade com os porteiros desses lugares, e muitas vezes foi bem-sucedido. E como os funcionários eram os mesmos todos os anos, nos anos seguintes foi ficando mais fácil. Já eu, que nunca fui de fazer amizades velozmente e não falava nada de alemão, paguei e também fui bem-sucedido. Fui convidado nos anos seguintes sem ter que pagar taxa alguma.

O European Film Market nada mais era que um salão com mesas onde os vendedores vendiam seu peixe. Cada mesa tinha uma TV em que trailers, em VHS, eram exibidos. Muito diferente do que é hoje, um prédio gigante com estandes enormes e até cabines privadas, além de diversos quartos de hotel. Era possível conversar com todos em um mesmo dia e cruzar com o diretor do Festival. Achei tudo incrível, muito bem organizado, como não poderia deixar de ser um evento alemão. Acho que fui a pelo menos umas 15 Berlinales depois dessa, e sempre busquei o padrão Berlim de qualidade nos eventos que realizei, obviamente sem conseguir. Mas Berlim foi sempre o meu modelo e fonte de inspiração para criar as mostras, sistemas de venda de bilhetes, de informações etc.

A expedição rendeu frutos. Saímos de lá trazendo para o Brasil inúmeros filmes para distribuição, além de outros tantos para a Mostra Banco Nacional. Compramos *Noites com sol*, *O processo do desejo*, *As portas da justiça* e outros menos badalados, além de clássicos como *Um dia, um gato*, *Touro indomável*, *Manhattan*, *As mil e uma noites*, *Persona* e até *O mágico de Oz*. A partir desse momento virei distribuidor de filmes e com isso comecei a sofrida, pois sempre achincalhada, carreira de "batizador" de filmes para o português, pegando de cara um Taviani(s), um Bellocchio e um

Gianni Amelio. Achava uma baita responsabilidade para alguém de apenas 25 anos. Depois desses vieram centenas.

Estávamos em fevereiro de 1990, menos de quatro meses após a queda do Muro de Berlim. No meio do Festival descobrimos que os alemães estavam indo jantar em Berlim Oriental, que era muito mais barato que o lado ocidental. Os estrangeiros precisavam pagar um visto de 25 marcos (uns 13 dólares), que permitia ficar no lado ainda comunista por 24 horas. Esperei minha namorada chegar de Krefeld e planejamos um dia na Cortina de Ferro. Era permitido também trocar 25 marcos ocidentais, por 25 marcos orientais, e não mais que isso. Com os preços do Ocidente na cabeça, achei que esse dinheiro não seria suficiente. No câmbio negro, a cotação era sete para um, um marco ocidental por sete orientais. Foi o que fiz, gastando meus últimos recursos da viagem, que já estava no fim.

No dia planejado, o penúltimo da viagem e com o Festival terminado, pegamos o metrô, que curiosamente circulava pelo subsolo oriental, sem, contudo, parar em nenhuma estação. Passava lentamente por elas, totalmente abandonadas, algumas com guardas. Era meio fantasmagórico. Descemos na estação Friedrichstrasse, que era uma das entradas para o lado oriental, e caminhamos. O objetivo era a Alexanderplatz, o centro de Berlim Oriental, pois queria ver o que havia sobrado dela, por causa do filme do Fassbinder. Não havia sobrado nada, estava completamente diferente, um enorme calçadão como o do Largo da Carioca, só que muito maior. Andamos até o que poderia ser descrito como um shopping, onde um andar inteiro vendia apenas roupões de banho, todos brancos com pintas pretas. Parecia um lugar cheio de dálmatas.

Saímos para caminhar e procurar um lugar para comer. O tempo todo vinham pessoas saindo de trás de postes ou bancas de jornal perguntando se queríamos fazer câmbio. Tinham me alertado para não fazer isso porque poderiam ser policiais e eu iria preso. Verdade ou não, não arrisquei. No caminho comprei um álbum de selos lindo e um par de meias, que me machucaram os pés de tão grosseiras. Fora das grandes avenidas, muitas lojas não tinham vitrines, mas, sim, tapumes, pareciam que estavam assim desde a guerra. Passamos por um restaurante onde músicos tocavam violino, olhamos os preços e entramos. Foi a única vez em toda a minha vida em que me senti rico. Pedimos entradas, pratos, sobremesas e vinhos até a exaustão. Tudo muito bom. Até os violinistas vieram tocar exclusivamente para nós e pode se imaginar que foi bem romântico. No fim, a conta apresentada foi de 62 marcos orientais. Dividindo o valor por sete para encontrar os marcos ocidentais, depois por dois para achar dólares, dá para entender por que me achei rico.

O dia passava rápido, era preciso voltar ou o visto expiraria e não tínhamos ideia do que poderia acontecer. Não consegui gastar mais nenhum tostão, voltei com mais de 50 marcos e não havia possibilidade de conversão para ocidentais. Daria para outro jantar, mas no dia seguinte já íamos partir para o Brasil e custaria outro visto. Depois soube que Nelson, que fez outro trajeto, comprou um relógio e um salame. E quase foi preso pelo salame — era proibido sair com comida. Teve o salame confiscado e tomou um esporro. Desde então, meus marcos orientais e um pedaço do muro arrancado por mim mesmo estão bem guardados em local que não tenho a menor ideia de onde seja.

Tudo me fascinou nesse Festival. Tudo me lembrava *Asas do desejo*. Da janela do European Film Market dava para ver o prédio da Mercedes que aparece no filme. Ver pela primeira vez o

Siegessäule, a Coluna de Berlim de onde o anjo observa a cidade, foi uma emoção muito grande.

A volta também teria que ser de trem por Paris. Nelson e Cristiane mais uma vez fizeram outro caminho e lá fui eu encarar mais oito horas de trem. Mas dessa vez tinha como companheiro de cabine um casal alemão de meia-idade, que estavam saindo de Berlim Oriental pela primeira vez em quarenta anos. Com um balde de gelo e champanhe, celebravam uma nova lua de mel. Dividiram seu brinde comigo e tentamos conversar como dava, eles não falavam inglês e eu quase nada de alemão. Presenciei um momento histórico e o efeito disso na vida de pessoas comuns, como eu.

42. *The book is on the table*

Um mês após regressar da Europa, já havia uma nova missão: o American Film Market, em Santa Mônica, Califórnia. Como Adhemar não falava inglês, apenas francês, e eu, embora tivesse um inglês macarrônico, falava alguma coisa, fui escalado para ir sozinho, por economia, para os Estados Unidos, pesquisar filmes e fazer contatos. Não tive a menor dúvida em aceitar, estava indo para a terra do cinema! Mas teria que fazer um relatório por escrito e trazer resultados concretos. Na véspera da viagem não dormi, tamanha a ansiedade, além de um certo medo, para não dizer pavor. Era uma responsabilidade tremenda, pois nosso dinheiro sempre foi contado.

Enfrentei as intermináveis treze horas de voo direto como uma tortura, aviões sempre foram muito apertados para mim. No mesmo voo, seguiu a meu lado Roberto Darze, exibidor que era dono do Star Ipanema, Star Copacabana e Bruni Tijuca, entre outros, e ainda hoje presidente do Sindicato dos Exibidores. Também estava no avião Ugo Sorrentino, o aristocrático dono da Art Films, que, diferentemente de nós, viajava na classe executiva. Cheguei a pensar que esse negócio de cinema de arte podia dar dinheiro por causa disso.

Ugo tinha um carro lhe esperando, eu, um ônibus e Darze, a Imigração. Não que fosse culpado de algum crime, mas havia cometido o erro de levar e declarar mais de 10 mil dólares em dinheiro, o que era considerado suspeito dependendo do tempo de viagem. Em sua defesa, não havia cartões de crédito internacionais no Brasil, mas ainda assim ficou retido algum tempo. Cheguei no hotel estrategicamente localizado em frente ao hotel do mercado, não precisaria gastar com transporte. Dormi das cinco da tarde as sete da manhã do dia seguinte, estranhando o fuso horário. Após o café continental oferecido pelo hotel, que consistia em café gelado e algo que chamavam de croissant, rumei para me credenciar.

A credencial era gigantesca, parecia uma bandeira e em letras garrafais lia-se BUYER (comprador), como eram designados os distribuidores. Americano não brinca em serviço! Enquanto ainda estava embasbacado com o tamanho do evento, já no saguão de entrada fui assediado por diretores e produtores independentes vendendo seus peixes. Um deles queria me vender a nova versão de *Rocky*, mas eu expliquei que buscava coisas mais autorais — na época, *Rocky: um lutador* não tinha o valor que tem hoje. Na mesma hora ele argumentou que era *Rocky*, mas com uma pegada *Raging bull*, e pediu "apenas" 500 mil dólares pelos direitos do Brasil. Fiquei de estudar e estou estudando até hoje. Estava lá para comprar filmes de no máximo 10 mil dólares, mais ou menos o equivalente a três diárias do hotel onde ocorria o mercado. Se muito.

Imagine um hotel duas vezes o Copacabana Palace em número de quartos e todos eles ocupados por empresas produtoras e distribuidoras? Este era o American Film Market, o principal evento de vendas da indústria americana. E eu, com meu inglês de curso Yázigi de dez anos antes, teria que encará-lo. Não fui corajoso. Na verdade, tive medo de voltar sem nada para contar a Adhemar e Ana Lúcia Magalhães Pinto, nossa patrocinadora. Então respirei fundo e fui, um a um, a todos os estandes, do pequeno latino-americano até o da Disney. Não houve um que não tenha falado com Marcelo Mendes com seu inglês de verbo *to be*. Agendei almoços e cafés da manhã. Trouxe toneladas de folhetos de filmes e revistas. Naquela época, esse material era fundamental para fazer o catálogo do Festival, não havia internet, repito.

No penúltimo dia, aluguei um carro com meus amigos, também distribuidores, Marco Aurélio Marcondes e Salomão Salem para passear por Los Angeles e servir de transporte para o aeroporto no dia seguinte, o que economizaria uma boa grana para todos. Fomos ao Sunset Boulevard, ao Chinese Theater, ao Fox Theater, enfim, aos pontos turísticos cinéfilos e encontramos até Tony Curtis na saída de um restaurante. Ficamos olhando espantados, ele retribuiu com um descontraído *"Hi, guys"* e partiu em seu conversível com sua acompanhante bem mais jovem e devidamente siliconada. No dia seguinte, saímos atrasados porque fui comprar um aparelho de videolaser, devo ter sido um dos primeiros a ter um no Brasil — acabara de ser lançado e não custava muito. Tenho até hoje. Mas o aparelho acabou saindo muito caro...

Eu era o único dos três que sabia dirigir e meu copiloto era Salomão, com Marco no banco de trás. Nos perdemos no caminho do aeroporto, não havia GPS e ninguém conseguia se entender com os mapas. Resolvemos parar e perguntar a um transeunte e, por incrível que pareça, quando Salomão soltou seu inglês, o cara perguntou: "Judeu egípcio?". "Sim!", disse Salomão, um judeu egípcio. Começaram a conversar em hebraico alegremente enquanto o tempo corria. Por fim chegamos ao aeroporto, eles tinham 45 minutos para embarcar e eu, uma hora, pois estava em outro voo. Deixei ambos nos respectivos portões, o check-in era feito na rua mesmo, e rumei para o meu, buscando onde deveria devolver o infeliz do carro. Estava ficando sem tempo. Quando faltavam apenas quarenta minutos, desisti. Parei num estacionamento e fui fazer o check-in, resolveria o carro depois.

Chegando no check-in, não havia voo aquela hora. Foi então que percebi que estava na American Airlines e não na United Airlines, que era a minha companhia aérea. Com o nervosismo, errei. Corri, a distância entre as duas era de quase um quilômetro. Finalmente cheguei, já sem ar, e... não achava a passagem. Argumentei tudo que podia argumentar, mas sem passagem *"no way"*, como disse um japonês a meu lado (de novo um japonês!) que correu risco de vida. Tinha uma mala de roupas e outra com os materiais e o videolaser. Desolado, sem saber o que fazer porque não tinha mais dinheiro, já me via dormindo no aeroporto — àquela altura nem me lembrava do carro. Fui para um canto quase chorando e abri a mala. A passagem estava por sobre as roupas, deve ter caído do bolso quando a fechei. Voltei correndo e aos gritos, esbaforido, mostrei a passagem. A moça disse para eu correr e despachar as malas à porta do avião, mas não garantiu que daria tempo. Voei, carregando uns 50 quilos de roupas, revistas e o aparelho de videolaser. E cheguei a tempo, a porta estava se fechando. Quase fui aplaudido pela equipe e estava feliz e aliviado... Até me lembrar do carro. Fiquei parado na porta do avião com um pé dentro e outro fora explicando que havia um carro a ser devolvido e eu só entraria depois de resolver a questão. Falava compulsivamente e acho que nunca falei inglês tão bem na vida, nem antes nem depois. Estava cercado por aeromoças e comissários e já imaginava que a polícia estava para chegar. Eu já tinha atrasado o voo em 15 minutos! Sem solução aparente, o comissário, com quem vinha debatendo em inglês num esforço hercúleo, solta "Que cagada, hein?". "Porra", disse eu, "tu é brasileiro". Ele diz que sim e que me deixou sofrer em inglês para "praticar". Nessa hora o videolaser quase foi parar na cabeça dele, mas foi salvo por outro comissário que se prontificou a avisar à empresa onde estava o carro. Expliquei tudo, dei o tíquete do estacionamento, as chaves e finalmente entrei no avião, sob vaias.

Obviamente que o comissário nada fez. O carro só foi encontrado duas semanas depois e paguei centenas de dólares que tive que pegar emprestado com a família. Salomão e Marco também ajudaram a pagar, mas a culpa havia sido minha desde o início, com o atraso. Fato é que trouxe um belo relatório e uma história tragicamente engraçada que conto até hoje.

Talvez hoje meu inglês, ao menos para falar, seja pior do que era há poucos anos. Nunca aprendi a falar fluentemente por falta de tempo ou de vergonha e meu vocabulário sempre foi bem limitado. Sem a necessidade de exercitar, temo engasgar quando preciso falar. No entanto, leio e compreendo bem, pelo hábito de ver filmes em inglês, isto é, compreendo bem se ouço bem, o que nem sempre acontece. Mesmo em português às vezes tenho dificuldade em conversar em festas ou coquetéis, eventos muito comuns em festivais. Tenho um pequeno déficit de audição, condição que se agrava pela captação dos sons estarem em local mais elevado que a maioria das pessoas: minhas orelhas. A confusão de vozes, risos, copos, talheres e música se misturam numa zona aérea de turbulência, justamente onde se localiza minha cabeça, em geral alguns centímetros acima das dos demais.

43. Navio viking e a barca Rio-Niterói

Em 1992, ou 93, partimos eu e Nelson em uma nova e longa viagem para a cidade mais ao norte que já visitei. Quase não notamos quando pousamos em Gotemburgo, a Cidade de Deus dos suecos. Não se via nada de cima, a neblina era tão espessa que só reparamos que havíamos chegado quando as rodas tocaram o chão. Encaramos o pior interrogatório de alfândega pelo qual já passei, éramos os únicos estrangeiros no avião e o policial me fazia perguntas ao mesmo tempo que outro fazia para o Nelson, distante alguns metros. Perguntavam e em seguida se olhavam. Pareciam estar interrogando ETs. Passada essa barreira, rumamos para o nosso suntuoso hotel, oferecido gratuitamente pelo festival quando nos convidou. Acho que eles não esperavam que aceitássemos.

O hotel era uma espécie de barca Rio-Niterói dividida por compensados. Havia uma cabine para cada um, mas foi certamente o momento em que dormi mais próximo de Nelson em toda a viagem. Eu me mexia na cama, em que mal cabia, e empurrava a parede e, consequentemente, o Nelson do outro lado. Parecia o gordo e o magro, apesar de serem dois magros. Podia escovar os dentes na pia ao lado da cama sem me mexer de tão próximo, e o banheiro, mais uma vez, ficava no corredor. Fazia muito frio e dessa vez fui eu que pedi para trocarmos de hotel, acho que ficaram ofendidos. Mas a Suécia era cara demais, e mesmo um hotel comum custou os olhos da cara. Havia poucas horas de luz durante o dia, acordávamos com o céu escuro, entrávamos nos cinemas e saíamos novamente no breu. Vivíamos na escuridão, dentro ou fora das salas. Era um tanto triste. Mas os cinemas eram lindos, um deles parecia um barco viking, todo de madeira. Infelizmente, os filmes suecos, que eram o objetivo de nossa viagem, eram exibidos sem legendas e muitos dos demais eu já tinha visto em Rotterdam. A viagem foi cara e não muito produtiva. Entrei numa loja para comprar alguma coisa, provavelmente uma rosquinha, que era o que podia pagar, e a vendedora perguntou de onde eu era. Ela se espantou com a resposta e quis saber o que eu fazia por ali. Expliquei, mas cá comigo eu também me perguntava o que realmente estava fazendo na Suécia. Sem muitos filmes para ver, cogitamos esticar até a Noruega, mas os suecos desaconselharam. Era muito cara, até para eles. Não estávamos a fim de mendigar para ver o sol da meia-noite. Então, pegamos um trem com destino a Copenhague, onde morava uma amiga do Nelson.

Antes disso, Nelson me provou que poderia falar qualquer idioma. Como ele mesmo diz, falar um idioma é como entrar na avenida (a Passarela do Samba), no começo você não sabe o samba, mas no meio já sabe tudo. E ele se pôs a conversar em sueco com um senhor que pedia doações para a fome na África. O senhor falava sem parar e Nelson se limitava a repetir o último som emitido pelo interlocutor: *"Du vet hur det är?"*, dizia o sueco. "Ar, ar...", respondia Nelson. E o sueco seguia falando, certo que Nelson entendera. Se despediram como amigos e Nelson voltou vitorioso sem ter ideia do que foi dito.

44. Chuveiros fazem falta

A noite na casa de Anne, em Copenhague, parecia que seria perfeita. Anne, a amiga de Nelson, era linda, assim como suas duas outras amigas. A conversa estava animada até aparecer a quarta amiga, igualmente linda, que chegava de férias da Noruega. Anos depois vi o filme *Simplesmente amor* e há uma cena bem parecida, quem viu lembrará. Só que no filme era um jovem inglês com cara de panaca e quatro mulheres lindas. Na vida real, éramos eu, Nelson, dois panacas, e quatro mulheres lindas. Ainda assim, a proporção era bem satisfatória. Lá pelas tantas perguntei onde ficava o banheiro e no banheiro só havia um vaso sanitário. Não havia pia ou chuveiro. O apartamento era diminuto, e a única pia ficava na cozinha, que era uma bancada e não um cômodo. Chuveiro, nem pensar. Anne explicou sem cerimônia que tomava banho na escola, quando precisava. "E Mouhamed?", o namorado tunisiano de Anne, que não estuda. "Não sei", respondeu Anne despreocupada, embora parecendo curiosa sobre o assunto pela primeira vez.

Passou um tempo e Mouhamed chegou, a proporção começou a piorar, mas ainda assim eram três louras lindas para dois. Desenvolvo uma conversa mais intensa com a mais bonita delas, a que tinha acabado de voltar da Noruega. Mais vale uma dinamarquesa na mão que três, correndo o risco de ter que dividir com Nelson e Mouhamed. Conversa vai, conversa vem, ela me contou que ficou em uma cabana, uma espécie de Airbnb da época, onde você paga o que puder deixando o dinheiro em uma caneca. Só na Noruega mesmo, pensei. Luz? Não tinha. Água? Só descongelando gelo. Nesse momento senti o frio do gelo subindo pela espinha. A moça tinha passado três meses na Noruega descongelando gelo para beber e cozinhar. Tinha chegado direto de lá e era óbvio que banho nem pensar. Pode ser frescura, mas meu estômago embrulhou e não deu mais para pensar em nada romântico, se é que ela(s) estava(m) pensando nisso. Fomos a um clube de jazz às quatro da tarde, achei incrível, e nos despedimos, rumando finalmente para Berlim, o objetivo principal da viagem.

45. Jesus era judeu

Só fui ao Festival de Gramado duas vezes, a primeira porque meu irmão David competia com o curta 16mm *Vaidade!* e meu sócio Marcus Vinícius Cezar com *Meu vizinho comprou um carro*, na mesma categoria, e eu tinha montado ambos. Para minha sorte, isso foi em 1989, mesmo ano de *Ilha das Flores*, que, quando explodiu na tela do Festival, o público foi ao delírio. Se na época as pessoas ainda usassem chapéu, todos teriam voado para o alto. Não sei se Jorge Furtado se lembra ou sequer ouviu o Cecílio Neto urrar várias vezes: "Filho da puta! Filho da puta!" Estava claro para todos que era um elogio, uma inveja boa, por não ter feito, mas a certeza de ter participado de um momento histórico. Todos queriam ter gritado "Filho da puta!".

Alguns meses depois presenciei a exibição oficial no Festival de Berlim. Lembro bem que Jorge e a equipe estavam num balcão à direita da tela gigantesca do Zoo Palast, de onde podiam observar a plateia. Eu, que já tinha visto o filme algumas vezes, também me dediquei a olhar o público. Todos se divertiam até o momento em que Paulo José diz: "Jesus era um judeu." Um silêncio sepulcral imediato se seguiu até o fim da projeção. Lembro de pensar "ferrou". Mas ao fim, nova explosão de aplausos e o filme saiu de lá com o Urso de Prata.

Vivi essa emoção outras duas vezes lá fora. Uma foi com *Central do Brasil*, visto numa segunda ou terceira sessão no gigantesco Cine Urania, também em Berlim. Absolutamente lotado, o cinema inteiro aplaudiu demoradamente de pé. Não sei se foi uma alucinação provocada pela emoção, mas lembro de ter visto Waltinho chegar quase no fim da sessão e ter saído discretamente sem ser reconhecido.

A outra, talvez até mais forte, foi em Cannes com *Eu, tu, eles*. Mais forte porque nunca tinha visto a plateia se levantar e acompanhar a equipe saindo do cinema sob aplausos.

Num saguão enorme, Andrucha Waddington, Regina Casé e Luis Carlos Vasconcelos foram cercados respeitosamente por centenas de pessoas aplaudindo de uma maneira que mesmo que quisessem sair dali seria impossível. Isso durou no mínimo uns dez minutos. Tempo pra burro para uma coisa dessas.

Em todas essas situações fiquei feliz como se os filmes fossem meus. E no fundo também eram e são.

46. Mondo Cannes

A primeira vez que fui a Cannes, odiei. Achei grande demais, parecia desorganizado, cheio de clubes dentro de clubes e gente além da conta. Minha referência era Berlim, muito mais sóbrio, metódico, menor, além da temperatura civilizada, como dizia o Nelson Hoineff. Em Cannes, você podia ter convite para um filme e, mesmo chegando uma hora antes, não conseguir entrar. No meu primeiro ano, fui tentar ver *Boyz'n the Hood* e tinha um convite vermelho. Uma hora esperando na fila e o porteiro grita "somente convites amarelos". Eu, o primeiro da fila dos convites vermelhos, pergunto quando vai abrir para nós. Ele respondeu que não abriria, pois já havia lotado. Ou seja, as duzentas pessoas na fila que tinham, como eu, o convite vermelho não entraram, todos nós levamos beiço. Reclamei e o porteiro francês, com uma cara *blasée*, me olhou e não disse nada.

Isso para mim era Cannes. Sempre uma guerra para ver os filmes, e se você quisesse ver vários seguidos, como fazíamos em Berlim, era praticamente impossível, a menos que a pessoa pudesse se teletransportar de um lugar para outro. Salvo se você tivesse um passe ou credencial superespecial, ou seja, se você faz parte do clube dentro do clube, tudo bem.

Nos últimos anos, fiquei restrito ao mercado. Com muitas salas, uma ao lado da outra, é possível ver filmes seguidamente sem estresse. Claro, se sua credencial for boa, de "buyer". Mas ver filmes no Palais, colocar gravata-borboleta e subir as escadas da sala, nunca me emocionaram tanto quanto ver *Paris, Texas*, vencedor da Palma de Ouro, no FestRio. Conhecer a real Cannes foi a minha segunda desilusão no cinema. A primeira foi fazer um curta, *Colorbar*, e ver o resultado.

Além da dificuldade em ver filmes, o mercado é espalhado pela cidade. Você pode precisar andar quilômetros de uma reunião até outra. E tudo é demasiadamente caro, do cubículo que se aluga à saladinha ou sanduba do almoço. Bem, dá para notar que não sou fã de Cannes. É inegável a sua importância e estar nele sempre foi um privilégio. Mas com pouco dinheiro e sendo eu, era complicado.

Gosto de ver filmes sossegado. Em Berlim, você sabe em qual cadeira irá se sentar com dois dias de antecedência, para mim isso é civilização. Então, parei de ir a Cannes. Depois, parei de ir a Berlim. O curioso é que Cannes é mais relevante na minha memória romântica. Como via menos filmes, me relacionava mais com as pessoas do que em Berlim.

47. Parênteses

Colorbar é um curta que realizei como conclusão do meu curso de cinema na UFF, e a experiência foi tão traumática para mim que jamais pensei em fazer outro, inclusive abandonei em seguida *A garota da praia*, curta que tinha filmado quase de forma simultânea. Avaliei que a distância entre o imaginado e o realizado era tamanha que não permitia conciliação, como se eu estivesse vendendo algo por mil e me oferecessem dois. Não há como negociar.

Uma vez li que o Manuel Puig depois de realizar seu primeiro filme concluiu que era um cinéfilo, gostava de ver e não de fazer. Não sei se é verdade, mas adotei como se fosse e me senti fazendo parte de um seleto grupo de pessoas. Arrumei uma desculpa para não continuar.

Mas, justiça seja feita, há quem goste. O filme ganhou prêmios em Brasília e no RioCine, ambos para a trilha de Leão Leibovich. E teve um plano indicado ao prestigiado Prêmio Panda, um plano-sequência com a câmera amarrada a um skate improvisado.

Quase todo filmado no estúdio do NAV, no IACS, que era novo na época, com cenários de papelão criados por Gil Mitchel, na época marido de minha colega de turma Marcia Calisman. Havia uma cena em que a atriz senta no sofá para trocar de calça, e tinha que sentar no lugar exato, único com estrutura, ou o cenário desabaria. Cristiane Oliveira acertou nos dois takes que fizemos, felizmente.

Teve uma cena externa com grua, ambulância e o escambau que quase acabou em tragédia. Não sei quem inventou que um trambolho daqueles poderia se chamar *soft*. Um enorme refletor de nome *soft* caiu na cabeça do Oswaldo Lopes Jr. e a ambulância que seria para a cena teve que levá-lo ao hospital. Oswaldo contou que o motorista dirigiu tão enlouquecidamente que ele tinha certeza de que os maiores cortes tinham sido provocados dentro da ambulância.

Entre mortos e feridos, todos sobreviveram e a cena foi feita com adaptações. O dia clareava quando comecei a atravessar a ponte de volta para o Rio, com meu carro cheio de amigos da equipe, todos dormindo.

A ponte vazia em linha reta, o silêncio e o cansaço faziam com que eu tentasse com todas as forças me manter acordado. Não consegui e cochilei. Não sei se por um, dois ou mais segundos, mas senti a mão de alguém no meu ombro direito me chamar. Acho que era Marcia, única dos quatro passageiros a acordar quando dormi. E pela posição que estava, na minha diagonal, era a única que poderia ter visto que eu havia dormido. Uma tragédia não aconteceu por uma boa sincronia.

48. Variações de legendas e sexualidades

Logo que a Mostra Banco Nacional cresceu, começamos a lidar com o problema das legendas. Para ter mais filmes e mais público, precisávamos que os filmes tivessem legendas em português, mas não era possível legendar as cópias que nos eram emprestadas porque elas teriam que voltar sem legendas, claro, e mesmo que pudéssemos legendar não teríamos dinheiro para fazer em dezenas de filmes. Descobrimos um sistema de legendagem chamado Softitler, que era usado em vários festivais, inclusive realizando mais de duzentas sessões no Festival de Istambul. Imaginamos que se a Turquia conseguia, nós também poderíamos.

O sistema consistia em um painel eletrônico colocado abaixo da tela, ligado a um computador onde um tradutor ia disparando as legendas na medida da necessidade, em sincronia com as falas. Funcionava bem, embora vez ou outra desse pau e o sistema tivesse que ser reiniciado. Nada que hoje não aconteça com nossos computadores. Para nos ensinar como tudo funcionava, um mês antes veio Francesco, um técnico da Softitler, alto, jovem, bonito e simpático, que enlouqueceu homens e mulheres da equipe do Festival.

Na época, havia mais mulheres que homens e todas aguardavam com ansiedade a hora do Francesco chegar. Alguns homens também. Várias vezes me vi em rodinhas onde todas falavam de Francesco e o que fariam com ele se o "coitado" desse oportunidade. Lá pelas tantas caí na besteira de dizer o que era evidente: Francesco era gay. Quase apanhei. Fui chamado de tosco, ignorante e que não entendia uma "outra sexualidade europeia" por ser um macho latino. Na festa de abertura do Festival, Francesco ganhou várias viúvas quando foi visto aos beijos e abraços apertados com um rapaz da equipe. Formavam um bonito casal.

Importamos inicialmente três painéis, depois ampliamos o sistema com produtos nacionais e, mais tarde, os painéis foram aposentados e trocados por projetores de vídeo que projetavam as legendas numa tela branca no mesmo lugar onde ficavam os painéis. Todo esse processo envolvia muitos tradutores e "lançadores" de legendas, que por vezes eram os próprios tradutores.

A maioria era sempre muito profissional, mas havia alguns que faziam questão de chegar em cima da hora, fazendo minha pressão ir às alturas, como a do seu Davi, do Cineclube Macunaíma. Eu ficava monitorando todos os cinemas de dentro da minha sala enquanto os outros curtiam o Festival. Alguém tinha que fazer o "serviço sujo", e muitas vezes esse alguém era eu.

Aconteceu, uma vez, de uma tradutora surtar. Era um filme chinês no Barra Point e ela não conseguia achar o lugar certo das legendas a ponto de o público perceber e se irritar. Quanto mais tentava, mais errava e o público foi ficando revoltado. Não aguentou a pressão, largou tudo e saiu correndo. Os ingressos foram devolvidos e a moça ficou traumatizada.

As legendas eletrônicas, digitais ou mecânicas, gravadas com chumbo, formaram gerações e gerações de cinéfilos, e elas só existiram por causa do exército de tradutores dispostos a viver para isso durante alguns dias a fim de torná-las concretas.

49. A segunda primeira sessão de cinema do Brasil

No início dos anos 90 não havia nada, o cinema de longa metragem brasileiro tinha acabado por causa do Collor e do Ipojuca Pontes, nada era produzido. Foi então que Cacá Diegues inventou um filme formado por curtas inspirados em canções e finalizado em vídeo. Era o filme *Veja esta canção*, e fazer uma sessão de pré-estreia era praticamente um ato político. Só que seria em vídeo, pois não havia versão final em película.

O Estação Botafogo foi a sala que Cacá escolheu para essa inovação. Exibir um longa-metragem feito em vídeo em um cinema de trezentos lugares era algo inédito por aqui, acredito. Para conseguir a proeza, dois canhões de projeção — não há termo melhor para definir aqueles projetores —, com três lentes, cada uma de uma cor, foram sincronizados para conseguir uma luminosidade que atendesse à tela de 9 metros de largura do Estação. E, por incrível que pareça, deu certo. A sessão foi linda.

Um par de anos depois, Cacá conseguiu passar o filme para película e ele foi lançado comercialmente, mesmo após ter sido exibido na TV, outra inovação. O Estação sempre esteve junto das inovações.

50. A Geração Estação encontra a Geração Paissandu

Logo depois de abrir a distribuidora, notamos que não seria tarefa fácil mantê-la. Para criar um mercado não bastava disponibilizar os produtos, era necessário ter pontos de venda. Na virada dos anos 80 para os 90, o Brasil tinha só uma fração do número de salas de cinema que havia tido nos anos 70, e a maioria esmagadora exibia filmes americanos. Os filmes europeus, asiáticos e até um ou outro africano e latino-americano que a Filmes do Estação trazia para o Brasil não interessavam aos outros circuitos. E não era possível cobrir as despesas da importação de um filme, junto com seus direitos de exibição, apenas com o Estação Botafogo e suas três salas. Enfrentamos novo dilema: precisávamos crescer novamente para continuar existindo como queríamos.

Já conhecíamos há uma década a Distribuidora Franco-Brasileira, da família Walansi, por alugar seus filmes para o Macunaíma. Mas a empresa era também dona do histórico Paissandu e tinha sido com o seu cinema e os filmes da Nouvelle Vague que eles exibiam que a chamada Geração Paissandu havia sido formada, com curadoria de Fabiano Canosa e Cosme Alves Netto. Sabíamos que o Paissandu não andava bem das pernas, com risco de virar cinema pornô, outro dos negócios da família na época.

No início de 1990 procuramos o sr. Robert Walansi, o líder dos três irmãos donos da empresa, e depois de uma difícil negociação, em que tínhamos que pagar 20% da receita da bilheteria, ter no mínimo 8 mil espectadores por mês e ainda levar mais dois cinemas, conseguimos alugar o Paissandu, e com ele veio o Cinema I e o Joia, ambos em Copacabana. Foi um momento de glória, não pensamos muito na viabilidade econômica. Se tivéssemos feito as contas, talvez não tivéssemos assinado o contrato. Mas salvar o Paissandu de virar cinema pornô era um ato heroico, seria um sacrilégio para uma enorme geração de cinéfilos — com todo o respeito aos filmes e cinemas pornôs, que fique claro.

O Cinema I também era histórico, havia composto o circuito Cinema I, II e III, de Alberto Shatovsky, que foram para os anos 70 o que o Paissandu foi para os anos 60. E ainda tinha o Joia, que não sabíamos muito o que fazer com ele, era um cinema bem ruim e havia se notabilizado recentemente por ficar mais de um ano em cartaz com *Um homem, uma mulher e uma noite* e *Ghost*.

Acreditávamos, e em parte estávamos certos, que haveria filmes suficientes para alimentar um circuito de, agora, seis salas. Além dos nossos, havia a Art Films, distribuidora tradicional na linha de filmes autorais e que tinha um circuito de salas. Imaginamos que conseguiríamos exibir nossos filmes com eles porque, agora com mais salas, eles precisariam das nossas. Havia também em São Paulo a Pandora Filmes, do André Sturm, alguns meses mais velha que a Filmes do Estação e que começou a importar filmes de sucesso da Mostra Internacional de Cinema de São Paulo, como os Kieslowski, entre muitos outros. Das três, só a Pandora ainda segue em atividade.

A estratégia funcionou. Em pouco tempo outras distribuidoras apareceram, como a Imovision, de Jean-Thomas Bernardini, a

Lumière, hoje Downtown Filmes, de Bruno Wainer e Marc Beauchamps, a FlashStar, de Salomão Salem, entre outras. O número de empresas foi crescendo e a necessidade de cinemas também. Uma coisa puxou outra. Queríamos ver filmes e para isso abrimos um cinema. Queríamos ver filmes novos e para isso criamos uma Mostra de Cinema. Para manter a mostra, abrimos uma distribuidora. Para manter a distribuidora, aumentamos o circuito, e para administrar tudo isso teríamos que nos profissionalizar. Ao contrário das demais ações, demoramos muito a fazer isso.

51. O Plano Collor quase estraga nossos planos

Parecia uma sina, toda vez que íamos abrir um cinema alguma coisa acontecia. Embora a economia do negócio fosse crescente, sempre tínhamos menos dinheiro do que precisávamos, porque queríamos sempre o que estava ao alcance dos sonhos e não das pernas. Assim, juntamos nossos caraminguás para reformar o Paissandu, o Cinema 1 e o Joia, quando a casa quase caiu.

O Paissandu já estava sem cadeiras e sem projetor quando veio o Plano Collor e o congelamento das contas de todos no país, inclusive as nossas. Não tínhamos mais dinheiro para nada e contratos assinados com valores altos. Nossa sorte foi que já tínhamos dado os cheques das cadeiras e dos projetores e, pela lei, quem deveria ficar com o mico seriam os fornecedores. Após uma negociação tensa recebemos os materiais e abrimos o agora novo, na medida do possível, Estação Paissandu, dotado também de uma videolocadora.

Mas o Paissandu era caro e tinha 450 lugares, um mundo difícil de encher. Precisávamos trazer, no mínimo, 8 mil pessoas por mês, ou pagaríamos o equivalente assim mesmo. Estava óbvio que não teríamos filmes em quantidade com esse potencial.

Naquela época havia circuitos de salas preestabelecidos. Os filmes da Columbia eram exibidos no circuito liderado pela Art Films, completado pelos Brunis Ipanema, Copacabana e Tijuca, além do Pathé, da família Ferrez, na Cinelândia. Os filmes da Fox e da Warner eram exibidos apenas no circuito Severiano Ribeiro. A Art não tinha salas no Largo do Machado e o Paissandu encaixava como uma luva na estratégia. Assim, acertamos com a Columbia a entrada do cinema no circuito e graças à compreensão de Rodrigo Saturnino Braga, diretor da empresa, tivemos a regalia de não sermos obrigados a exibir todos os filmes deles, o que seria a norma. Exibiríamos apenas aqueles com o nosso perfil, como Woody Allen, sem precisar exibir Van Damme, por exemplo. Quando o filme da vez não fosse do nosso perfil, colocaríamos filmes nossos ou de outras distribuidoras, e a estratégia funcionou muito bem, sempre com a espada pesada dos compromissos do aluguel na cabeça. A bola não podia cair, ou o cinema daria prejuízo.

Todas as terças-feiras pela manhã tínhamos uma reunião de programação para decidir as "dobras" e os futuros lançamentos. As reuniões aconteciam numa sala entre a Art Films e a Columbia, que ficavam no mesmo andar do prédio na avenida Rio Branco, em frente ao Palácio Monroe, se ele ainda existisse. Pela Columbia, além de Rodrigo, participavam Jorge Correa e Walter Belcastro, ambos da área de vendas, também chamada "marcação" ou "programação". Pelos cinemas participavam, além de Ugo Sorrentino, pela Art, Roberto Darze e muitas vezes seu filho Miguel, pelo Circuito Star (ex-cinemas Bruni), Edgard Ferrez, do Pathé, eu e Alberto Shatovsky, pelo Estação. Era basicamente uma negociação, na maior parte das vezes civilizada, em que todos tentavam chegar a um consenso.

Além dos filmes da Columbia, alguns outros também conseguiram lotar o Estação Paissandu. Lembro em especial de *Eu sou o senhor do castelo*, da Pandora, mas houve muitos outros, incluídos nossos Truffaut.

Abrimos o Cinema 1 sem grandes intervenções, fomos reformando aos poucos, sempre com o dinheiro contado. Quando chegou a hora de trocarmos as cadeiras, fizemos todo o planejamento para ficar com o cinema fechado o menor tempo possível, mas fomos surpreendidos com um pedido do RioCine Festival, que havia ficado sem a sua sede, o Cine Ricamar (hoje sala Baden Powell) a poucos dias do evento. Não tínhamos como adiar a troca e não podíamos dizer não ao festival, uma sinuca de bico. A solução não foi nada ortodoxa.

O Cinema 1 tinha 435 lugares, 15 a menos que o Paissandu. Montamos a seguinte estratégia: tiraríamos três fileiras de cadeiras intercaladas por dia, instalando logo em seguida as novas. Tudo tinha que funcionar como um relógio suíço. Mas claro que não funcionou. Tiramos as primeiras três fileiras e as cadeiras novas, que estavam prometidas para o dia seguinte, não chegaram. Novamente, tiramos mais três e julgamos que poderíamos substituí-las antes das sessões do festival. Acontece que, de novo, as cadeiras atrasaram. Estávamos com menos cem fileiras na plateia quando a direção do festival reclamou. Mas para o público não havia problema, ainda havia trezentos lugares. Elas só estavam curiosamente mais afastadas, uns 2 metros entre uma fileira e outra. As cadeiras ainda levaram mais uma semana para chegar, esse era o Brasil. Ou ainda é.

Dos três, o Cinema 1 foi o primeiro a fechar. Tinha custos semelhantes ao do Paissandu e ficava na avenida Prado Jr., rua não muito bem-afamada e com estacionamento complicado.

Tínhamos sempre que buscar filmes únicos e de boa bilheteria. Tivemos alguns e o mais célebre deles foi certamente *Asas do desejo*. Mais de 3 mil pessoas foram semanalmente ao cinema durante várias semanas, permitindo que mantivéssemos a média mensal 50% acima do mínimo necessário. Tentamos de todas as maneiras, mas depois de alguns anos foi ficando economicamente inviável, houve o aparecimento de concorrentes e de outras formas de assistir a filmes.

O Joia, com o nome de Novo Joia, funcionava como continuação do nosso circuito. Os filmes saíam de Botafogo, do Paissandu ou do Cinema 1 e acabam passando pelo Joia. Mas teve um caso bem curioso, o do filme *Céu azul*. Era época do Oscar e não havia vaga em cinema algum do Rio de Janeiro. A Columbia trouxe o filme, que tinha a indicação ao Oscar de Melhor Atriz, mas era um azarão. Entrou exclusivamente no Novo Joia na sexta-feira e no domingo ganhou o Oscar. Foi uma loucura, todas as sessões lotadas, quase quinhentas pessoas por dia em um cinema de noventa lugares. Há muitos anos devolvemos o Joia ao proprietário, mas dos três cinemas era o único que ainda estava em funcionamento quando a pandemia começou e com uma programação de qualidade, comandada por um bom tempo pelo cinéfilo Raphael Camacho. Completou 50 anos em 2020 e logo depois, infelizmente, fechou.

Quando assumimos o Paissandu, estava lá o seu Baltazar, gerente do cinema havia décadas, desde a Geração Paissandu. Um velhinho simpático que continuou no cinema até se aposentar, quando quis. Gostava de falar dos tempos de glória do cinema e como foi muito sacaneado quando estreou *A grande testemunha*, cujo título original é *O burrinho Balthazar*. Não é necessário explicar o motivo...

O Paissandu ainda chegou funcionando neste século. Cheguei a fazer um projeto, com dor no coração, para transformá-lo em duas salas, o que viabilizaria o cinema. Mas com a divisão do São Luiz em quatro salas e a abertura do Espaço Itaú com seis, o Paissandu não conseguia mais filmes com exclusividade na área e o público foi desaparecendo. Nossa crise financeira piorou e não conseguíamos manter a qualidade da projeção, o que fez o público diminuir ainda mais. E tivemos que desistir após quase duas décadas cuidando dele.

A sensação com o fechamento dessas três salas e do Estação Icaraí era de derrota e decepção. Pela primeira vez estávamos tomando decisões pensando no bolso, na sobrevivência, e não em expansão ou conquistar novas coisas. Mas se pensarmos bem, demos uma década a mais de vida para o Cinema 1, seguramos o Joia, o que permitiu que ele chegasse até o novo grupo que continuou a tocar o negócio, e por muito pouco não conseguimos manter o Paissandu. Mas o tivemos por quase vinte anos, quantos negócios no Rio duram esse tempo?

52. Rua Augusta a 120 por hora

Em 1994 conseguimos convencer o Banco Nacional de que o Estação precisava ter uma sede em São Paulo. Adhemar, natural de lá, voltou de mala, família e cuia para tocar o projeto de transformar o antigo Cine Majestic, na rua Augusta, em Espaço Banco Nacional de Cinema, hoje Espaço Itaú. Passei um tempo por lá ajudando na obra, dormia em um hotel de reputação duvidosa na mesma rua Augusta, em direção ao Centro. Podia ouvir do meu quarto a negociação das moças que não têm vida fácil reclamarem dos clientes: "Ih, por isso nem boquete" ou então "Vai querer o que hoje, bonitão?". Mas estava sempre tão cansado que em poucos minutos dormia.

Costumava sair bem tarde da obra e, numa noite, fazendo o único trajeto possível, que era descer a Augusta, um carro passou em alta velocidade, gritaram alguma coisa e ouvi um estampido e um barulho metálico. Tudo ocorreu numa fração de segundo. Quando me dei conta, notei um buraco de bala na porta de ferro de uma loja a uns 2 metros de mim. Tinham atirado e erraram ou estavam apenas querendo me assustar. E assustaram, claro. Naquele momento e nos dias seguintes cheguei a temer que o projeto não desse certo, não conhecia São Paulo bem para avaliar. Felizmente foi um episódio isolado, o cinema foi um arraso logo no primeiro mês.

Curioso, notei de cara algumas diferenças entre o público carioca e o paulista. Uma delas foi o ar condicionado. Aqui no Rio, o ar tinha sempre que estar estalando os dentes. Era necessário sentir uma baforada gelada logo na entrada, e se não estivesse assim era porque não estava funcionando direito. Já em São Paulo, não, era constante a reclamação quanto à temperatura gelada. Outra diferença era a pontualidade. No Rio, marcávamos eventos com coquetel às 20h e filme às 21h, porque carioca chega sempre atrasado. Em São Paulo, às 20h o saguão já estava lotado e às 20h30 a comida já tinha acabado. Se a sessão atrasasse, ouviam-se reclamações. No Rio, começar na hora era um espanto para todos.

Foi muito emocionante a inauguração. Ver a foto de Oscarito e Grande Otelo igual à do Estação original em outras terras foi impactante para todos nós. Um sentimento muito forte de sucesso, estávamos todos muito felizes. Não tínhamos ideia do que aquele cinema e a ida de Adhemar para São Paulo iriam significar anos depois, o desmembramento do grupo e um de nossos momentos mais tristes.

53. A combinação do cofre

No mesmo escritório, onde encaramos certa vez uma fera má, que você conhecerá mais tarde, encaramos outro tipo de maldade, de outra categoria. Estava na sala da Ilda conversando com Alberto Shatovsky, de costas para a porta. Olho para Alberto e o vejo olhando por sobre meus ombros. Me viro, vejo um desconhecido e continuo a escrever o que vinha escrevendo e falando. Era normal pessoas estranhas entrarem nas salas procurando alguém, a casa era meio labiríntica. Mas então veio a ordem: "Mãos pra cima, é um assalto." O estranho tinha uma arma e nos mandou levantar e caminhar até uma sala na frente, atrás da recepção, que era um ambiente maior. Lá estavam quase todos os funcionários já sentados no chão, onde mandaram que também ficássemos. Não me lembro de todas as pessoas que estavam naquele dia, acho que Adhemar sim, mas Nelson não, nem Ilda, mas não tenho certeza. Lembro que minha mulher, Tita, não estava, mas Luiz Eduardo e Lili (Eliane Monteiro) sim.

Eles insistiam no cofre. Tínhamos um cofre para guardar documentos e talões de cheque, mas nunca dinheiro, ao menos em quantidade relevante, apenas o necessário para despesas miúdas do dia a dia. Se não me engano, levaram Adhemar para procurar o cofre enquanto um ficava nos observando. Notei que talvez algumas armas fossem de brinquedo porque de tempos em tempos eles as trocavam. O homem que nos vigiava notou que eu observava e, como sou grande, deve ter pensado que oferecia perigo, por isso fui o único a ser revistado. Depois, me deixou em paz. Mas Lili estava a meu lado e muito nervosa, tinha passado por violências traumáticas no passado recente e começava a perder o controle. Começou a falar no meu ouvido para eu abrir o cofre e entregar logo o dinheiro para eles irem embora. Mas não havia dinheiro lá e eu nem sequer sabia a combinação. Tentei discretamente acalmá-la, segurando sua mão enquanto ela agarrava meu braço com força, deixando as marcas das unhas, que felizmente eram curtas. Temia que o sujeito que nos vigiava ouvisse e, como já tinha cismado comigo, a situação ficasse pior.

Não durou muito. Em pouco tempo, trouxeram o Adhemar de volta e mandaram todos irem para a cozinha, se deitarem no chão e não se mexerem. Na saída, pisaram na cabeça do Luiz Eduardo chegando a machucar, não sei por que fizeram isso, um olhar atravessado talvez. Não sei quem teve coragem de se levantar e descobrir que já tinham ido embora. O prejuízo foi pequeno, não havia notebooks na época, todos os computadores eram enormes e pesados. Talvez tenham levado aparelhos de fax ou uma ou outra coisa que tivesse algum valor, além de uns trocados.

Mais tarde descobrimos que a recepcionista tinha participado da ação, ela já não trabalhava mais conosco quando descobrimos. O curioso é que ela era crente, ou falsa crente. Uma vez alguém me ligou e eu mandei dizer que não estava. Ela me respondeu que não poderia mentir. Argumentei que quem mentia era eu e não ela, que só estava dizendo o que eu mandava. Não funcionou, a ligação foi transferida mesmo assim.

54. O arquiteto, o cineasta, o cemitério e o Pelé

A barriga do arquiteto foi um dos filmes badalados de um FestRio nos anos 80, e a partir daí Peter Greenaway viveu anos de glória entre os cinéfilos cariocas até sair de moda, infelizmente. Esse é um problema dos cinéfilos daqui, às vezes cismam com algum diretor e ele cai em desgraça, subitamente seu público desaparece. Mas em 1993, quando abrimos o A Mostra Banco Nacional de Cinema com *O bebê santo de Mâcon*, ele ainda era o cineasta de *Um Z e dois zeros*, *Afogando em números* e, sobretudo, *O cozinheiro, o ladrão, sua mulher e o amante*, todos queridos da crítica e de um público não muito grande, porém fiel. Greenaway desenhou a capa do catálogo do Festival e estávamos muito felizes em abrir a Mostra com um diretor tão importante e que tinha feito a nossa cabeça na década anterior. Quase apanhamos, é verdade, porque o filme era bem pesado para uma festa de abertura no Theatro Municipal. Tem uma das cenas mais violentas que já vi no cinema, embora nada seja mostrado. Chegamos a temer a perda do patrocínio no ano seguinte, mas isso não aconteceu. Só que Ana Lúcia Magalhães Pinto fez questão de ver o filme de abertura previamente. Com razão.

Greenaway era extremamente gentil e estranho. Pediu uma visita ao Cemitério São João Batista e tirou várias fotos de túmulos. Pelos seus filmes e por essa informação, é surpreendente que uma de suas paixões fosse o futebol. E, mais especificamente, Pelé. Estávamos jantando no Satyricon e ele falava de lances e gols de Pelé como se fosse um comentarista esportivo. Em dado momento, perguntou algo sobre ele e, como mágica, como na cena de *Noivo neurótico, noiva nervosa*, em que Woody Allen chama Marshall Mcluhan na fila do cinema para tirar uma dúvida, Nelson se vira para Greenaway e fala: "Por que não perguntamos ao Pelé?" Ninguém tinha notado, exceto Nelson, mas Pelé jantava a uma mesa no fundo do restaurante. Os dois se levantaram, foram até lá e Nelson fez as apresentações. Não testemunhei a conversa, mas vi a cara de Greenaway na volta. Estava mais pálido que o habitual, como se tivesse encontrado Deus.

55. Ganhei um beijo na boca da rainha da Inglaterra

Poderia ter dito que eu era o amante que deu um beijo na boca da mulher do ladrão ou da Fada Morgana, ou ainda na mulher do Calígula. Mas sempre adorei dar títulos e dizer que beijei a rainha da Inglaterra seria mais bizarramente possível e faria com que você lesse este texto. Estou falando de personagens e da boca de Helen Mirren.

Infelizmente não é uma história ardente de paixão. Helen veio ao Rio acompanhando o marido, Taylor Hackford, um cara muito legal, fluente em espanhol e felizmente nada ciumento. Estava aqui no mesmo ano que Greenaway e Louis Malle (ano inesquecível!) para apresentar *Marcados pelo sangue*.

Não tenho muito o que contar exceto que eles chegaram muito tempo antes da sessão e ficamos conversando no bar. Hackford não era um diretor muito prestigiado, somente uma década depois iria ser indicado ao Oscar por *Ray*. Eu ficava olhando o tempo todo para Mrs. Hackford, muito mais próxima dos meus desejos cinéfilos. Nem me lembro sobre o que conversamos, mas lembro de que foi um momento agradável. Taylor apresentou o filme em espanhol e saímos, deixando o filme seguir. Foi quando ganhei meu presente. Na despedida, Helen se virou para mim e disse *"bye, darling"*, e antes que eu pudesse dizer qualquer coisa me lascou um beijo na boca a trinta centímetros do marido. Beijar uma atriz desse nível na frente do marido não era algo que eu estava acostumado. Aliás, não estava acostumado a beijar nenhuma mulher na frente do marido. Mas não beijei, fui beijado. Enquanto entravam no carro, eu, ainda bobo, com a cara roxa e marca de batom na boca, processava o que tinha ocorrido. Na verdade, nada de mais. Mas muito para a imaginação de um cinéfilo.

56. Gay e família

Uma das coisas de que me orgulho nessa trajetória foi ter descoberto alguns cineastas que mais tarde foram reconhecidos por outros filmes. Adorava tentar encontrar algum DNA genial em filmes e diretores ainda oscilantes e apostar neles. Apesar de nunca ter comprado um filme de Alan Rudolph, por exemplo, achava que ele ainda iria fazer um filme espetacular. Não fez, embora tenha vários de que gosto muito. Nessa eu errei, mas acertei outras vezes.

Acertei quando compramos *A viagem da esperança*, de Xavier Koller, filme tristíssimo que meses depois ganharia o Oscar de Melhor Filme Estrangeiro. E também com Stefan Ruzowitzky, de quem trouxemos *Os herdeiros*, que anos mais tarde faria *Os falsários*, que recebeu o mesmo Oscar de *Viagem*. Vi que Tom Tykwer logo explodiria e compramos *Inverno quente*. Tom de fato explodiu no ano seguinte com *Corra, Lola, corra*. A lista é grande e posso até incluir Heitor Dhalia, com a aposta em *O cheiro do ralo*. Mas de todos certamente meu maior gol foi Ang Lee.

Estava no Festival de Berlim para ver mais um filme em competição no Zoo Palast. De repente, começou um filme aparentemente corriqueiro sobre um casal gay, um americano e um chinês, que recebe a notícia da visita dos pais do chinês, que não sabem da opção sexual do filho. E o filme foi crescendo, ficando absolutamente humano e engraçado, com a plateia se acabando de rir. Não sou um especialista em cinema gay, como se falava nos anos 80, mas até então os filmes com essa temática eram militantes, e precisavam ser. *O banquete de casamento* parecia o primeiro filme gay para toda a família, capaz de quebrar preconceitos até de bisavós. Saí do cinema impactado e em franca dúvida se o filme não seria comercial demais para o Estação. E tinha dúvidas também de como a crítica no Brasil o receberia — e isso era fundamental para o sucesso. O filme venceu o Festival, dividindo o prêmio com outro filme chinês lindo, este da China continental, cujo nome em inglês é *The Women from the Lake of Scented Souls*, que nunca veio para o Brasil.

Decidimos comprar *O banquete de casamento* de qualquer jeito. Mas tentávamos fechar o negócio e o preço subia todos os dias. O filme havia ficado muito badalado. Saímos de Berlim com uma proposta posta na mesa e a promessa de que a resposta viria nos próximos dias. E aí veio um pedido bizarro. A distribuidora pedia que trouxéssemos para o Brasil cópias em VHS do filme para mostrar a outros distribuidores. Ou seja, a distribuidora queria que nós ajudássemos a vender o filme para outros! Chegamos no Brasil e mostramos para Alberto Shatovsky, que imediatamente disse "Compra correndo!". Bem, os outros distribuidores jamais viram as fitas que trouxemos e após algumas semanas sem propostas de mais ninguém ficamos com o filme.

O lançamento foi um estrondo, mais de 300 mil espectadores com seis cópias 35mm. Dois cinemas foram construídos em São Paulo com o lucro. Era apenas o segundo filme de Ang Lee e acabou indicado ao Oscar. Compramos e lançamos também *A arte de viver* e *Comer, beber, viver*, todos com relativo sucesso. Em 1995, Ang Lee já era um diretor mainstream e sua carreira só fez crescer até ganhar dois Oscars de Melhor Diretor, o primeiro com *O segredo de Brokeback Mountain* e o segundo com *As aventuras de Pi*.

PARTE IV Um pra lá, outros pra cá

57. Efeito bumerangue

Em 1995, o Estação ainda era uma empresa só. Adhemar em São Paulo e eu, Nelson, Ilda e Adriana no Rio. Mas quando Adhemar convenceu nosso patrocinador, o Banco Nacional, a ter um complexo moderno no Rio e escolheu o antigo Cine Botafogo, a poucos metros do Estação, a coisa ficou estranha. Ele justificava dizendo que a ideia era uma nova Cinelândia. Nós não concordávamos. Nossa relação com Adhemar já estava distante, com problemas, e abrir um cinema muito melhor tão perto do Estação e à nossa revelia parecia uma provocação apenas, e não estratégia. Se todas as salas fossem programadas em coordenação, faria todo o sentido. Mas na prática, embora sócios, éramos concorrentes. Ele seguiu no projeto sozinho, sem nossa ajuda ou concordância. E parte do dinheiro para a construção do cinema vinha dos filmes que compramos e dos cinemas construídos com esses recursos. Mas todos nós respeitávamos o Adhemar como o criador do Estação e, até então, como nosso líder.

Muita coisa deixou de ser falada e muitas outras não deveriam ter sido ditas. Numa tarde sentei com ele no bar do Estação e falamos francamente um com o outro, mas eu o encarava como um mestre e me via como discípulo, não me colocava na mesma altura. Ele olhou nos meus olhos e disse que "nunca iria esquecer quem fez o Estação". Jamais esquecerei essa frase e entendi que falava de mim e de pessoas próximas. Nunca, porém, demonstrou não ter esquecido e a separação era questão de tempo. Com o fechamento do Banco Nacional, o cinema foi inaugurado como Espaço Unibanco de Cinema. Hoje se chama Estação NET Rio.

A abertura do complexo, com três salas novas, tão próximo do Estação e sem qualquer diálogo dentro da empresa foi traumático para o Estação Botafogo. Ficou claro para nós que o objetivo de Adhemar era mostrar a todos que ele tinha feito tudo sozinho, o que não era verdade. A separação, que já existia de fato, começava a ser discutida juridicamente.

A distribuidora Filmes do Estação era nosso braço para a importação de filmes. Nós, do Rio, comprávamos os filmes, pagávamos, importávamos, legendávamos, fazíamos a campanha e os colocávamos em cartaz. Muitos tiveram grande êxito, como *O processo do desejo*, *Salada russa em Paris* e, principalmente, *O banquete de casamento*. Tínhamos que, por contrato, remeter boa parte desse dinheiro aos produtores e fazíamos isso com a periodicidade contratual. O problema é que os filmes começaram a fazer mais dinheiro em São Paulo do que no Rio. E Adhemar não repassava a parte do distribuidor (50% da bilheteria) para a banda de cá, sob o justo pretexto de ampliar o circuito em São Paulo. Fazia todo o sentido, as coisas estavam funcionando bem por lá. Mas ao não repassar o dinheiro para o Rio, nos obrigava a pagar ao produtor sem termos recebido. Além disso, a concorrência do Espaço Unibanco de Cinema com "nossa" própria sala minava ainda mais nosso caixa. O Rio definhava enquanto São Paulo florescia. Para quem via de fora, era o talento do Adhemar contra nossa incompetência.

A gota d'água para nós foi descobrir que parte da equipe de São Paulo recebia salários maiores que qualquer outra pessoa na empresa, inclusive nós, sócios. Isso foi bem duro. Não tivemos escolha a não ser fazer uma intervenção em São Paulo, pois nós detínhamos 65% da empresa enquanto Adhemar tinha apenas 35%. Eu, Nelson e um advogado fomos escalados para fazer essa desagradável ação, uma medida radical entre pessoas que eram muito próximas no passado recente. Nosso objetivo era entender as contas de São Paulo, quanto dinheiro entrava, quanto saía e para onde ia. Em nenhum momento nos passou pela cabeça tirar Adhemar da liderança, e a prova disso viria mais tarde, na hora da divisão dos bens, quando houve a separação definitiva.

O motivo de nossa viagem vazou e provocou uma reação muito forte do Adhemar, que esperava certamente atitudes mais drásticas de nossa parte. Espalhou em São Paulo que iríamos tirá-lo da direção e convocou cineastas para defendê-lo, procurando dificultar ao máximo que entrássemos nos espaços, que eram nossos também. Restringiu o nosso acesso aos números no banco e o gerente praticamente exigiu teste sanguíneo para nos fornecer os extratos. Todos nos olhavam como se fôssemos vilões e tudo que queríamos eram as informações que não vínhamos recebendo.

Estávamos em 1998, poucos dias após minha filha nascer. Tinha sido eu a levar de carro Patrícia e Adhemar ao Hospital Silvestre para o nascimento de Ana, a primeira filha deles, alguns anos antes. Em dado momento pedi uma conversa a sós com a Patrícia e ela aceitou. Minha intenção, e foi o que disse, era falar que jamais faríamos algo que prejudicasse a vida ou a sobrevivência deles. Ela me olhou com ódio nos olhos e nada falou. Quando contei que minha filha havia nascido, ela se limitou a dizer "parabéns" em tom irônico. Nessa hora, percebi que não tinha mais nada a fazer, ela conhecia a história apenas do ponto de vista do Adhemar e certamente essa história não era de todo verdadeira, ou não haveria tamanha reação da classe de jornalistas e cineastas paulistas. O que fizemos foi deixar meu pai, que todos respeitavam, em São Paulo acompanhando o que acontecia para nos passar as informações. Adhemar continuou a ser o Adhemar, administrando e programando as salas sem qualquer alteração. Nunca mais exibiu filmes da própria distribuidora, para não ter que enviar dinheiro para o Rio. A partir daí a conversa passou a ser somente entre advogados.

58. Hearst, São Francisco e uma baleia de boca grande

Apesar das tristezas eventuais, houve muitos momentos felizes nessa aventura. A jornada de Marcelo, Nelson e Ilda de Los Angeles para San Francisco em 1996 ou 97 foi um deles. Lembro de que meu filho Theo, na época com 2 anos, me pediu do jeito dele para trazer uma baleia de boca grande. Trabalhei todos os dias no American Film Market pensando em encontrar tempo para ir comprar uma baleia de boca grande, e achava que isso seria fácil. Terminado o dever, alugamos um carro grande, éramos três com muitas malas e caixas de materiais. Chegou para nós um carro rosa choque. Nada contra, mas podíamos ser vistos a quilômetros de distância, se cometêssemos uma barbeiragem não haveria possibilidade de fuga. Eu era o piloto e Nelson, o copiloto. Fomos em direção a Shangri-lá...

San Simeon, em San Luis Obispo, era o destino para ver o Hearst Castle, do verdadeiro Kane, um gigantesco museu, não só no interior do castelo, mas também no entorno, com suas piscinas e os jardins, peças raras de todos os cantos do mundo. Intacto com suas colunas gregas e romanas originais, é uma visita de mais de um dia.

O cineminha particular do magnata, onde muitos dos filmes da época de ouro dos estúdios tiveram pré-estreias privadíssimas para convidados, é um cinema de verdade. É uma extravagância onde se respira história americana. Saindo de lá e com planejamento errado, tomamos a bela Big Sur da qual não vimos nada. Era noite.

San Francisco é uma cidade linda, lembra de certa forma o Rio, com a baía e as montanhas. É claro que o programa era ver os pontos turísticos fílmicos, e assim fomos logo para baixo da Golden Gate procurar o local de *Um corpo que cai*. Também procuramos outros, como Alcatraz. Um alívio turístico em meio à rotina do caos do trabalho. Fizemos algumas viagens assim ao longo desse tempo e elas são sempre boas de se lembrar.

Em todo o trajeto foquei em achar uma baleia de boca grande, mas não a encontrava. Comecei a me despreocupar, achando que Theo, de tão pequeno, não se lembraria do pedido. Mas inesperadamente ela apareceu. Já tinha até comprado uma de emergência, de inflar, com a boca grande desenhada, mas eu sabia que não era isso que ele tinha pedido, serviria apenas em último caso. De repente, ela estava lá de boca aberta me olhando. Tecnicamente, não era uma baleia, mas uma orca. Mas Theo não iria saber a diferença, eu mesmo só soube outro dia. Ela viajou comigo no avião, pois já tinha despachado a bagagem. Cheguei em casa e, antes de botar as malas no chão, Theo me perguntou: "Trouxe minha baleia de boca grande?" Sorri vitorioso e lhe entreguei a baleia. No entanto, a cabeça de dinossauro que engolia a mão, que também trouxe para ele, fez mais sucesso — tenho ambos na estante da sala até hoje. A lembrança de chegar de viagem e ver meu filho andando em minha direção e olhando o dinossauro e a baleia de boca grande jamais vou esquecer, um final perfeito para dias felizes.

59. Uma pizza que é um *must*!

Onde hoje existe o Café do Estação, bem na porta da galeria, existia originalmente o Bar e Lanchonete Porto Feliz, mais conhecido como Bar do Júlio ou Bar do Miguel. O nome dependia do horário frequentado: Miguel cuidava da manhã e da tarde e o Júlio da tarde até o último freguês. Era um típico pé-sujo carioca, da melhor tradição, incluídos ovos coloridos, cerveja de garrafa estupidamente gelada e a pizza do Ximenes. O cinéfilo-raiz não ia ao Estação sem parar ali, na entrada ou na saída.

O boteco matou a sede de muitos famosos nacionais e internacionais, incluídos Werner Herzog, Rosa von Praunheim, Marco Bellocchio, Jim Jarmusch, Chico Buarque, Renato Russo, uma legião de cineastas e futuros cineastas brasileiros. Atores, diretores, escritores, músicos, todo o universo cultural carioca passou por ali, até porque não havia outro lugar mais próximo ao Estação. Nós, é claro, também. Incontáveis foram as noites em que terminamos tomando a saideira enquanto Júlio empilhava os engradados com cascos de cerveja vazios.

A pizza do Ximenes era a melhor opção de comida. Repleta de muçarela, orégano e de fios pretos que podiam ser alecrim ou os pelos da mão peluda do cozinheiro, não importava, todos comiam e adoravam. Chegou a sair no jornal como um *"must"* e tivemos que explicar ao Ximenes que isso era um elogio porque ele já queria passar a peixeira no jornalista pelo xingamento. Nós não tínhamos a menor vontade que Miguel ou Júlio saíssem dali e muito menos de administrar um bar.

Em 1994, na época da renovação do contrato com o Banco Nacional, nosso patrocinador há quase uma década, houve o pedido para incluir o bar no complexo do Estação. Já ocupávamos toda a galeria, exceto o bar. Na visão do banco, o pé-sujo bem na frente do cinema desvalorizava a marca do Estação e do patrocinador. Não tivemos escolha, procuramos o Júlio, que já estava cansado de tantos anos de trabalho e vivia às turras com o sócio, e colocamos a questão.

Mas Miguel não queria vender e tivemos que fazer uma proposta irrecusável, consumindo boa parte do patrocínio na compra e na reforma. Mas precisávamos preservar a relação com o patrocinador que tinha sido tão importante não só para o Estação, mas também para a criação do festival que anos depois se transformaria no Festival do Rio. Por fim, conseguimos fechar o negócio.

(Ocorreu-me agora que é importante dizer que até esse momento todos os nossos patrocínios tinham sido ações de marketing sem incentivos fiscais. Na verdade, excetuando o Festival do Rio e o Odeon, ambos a partir de 1999, todos os patrocínios que o Estação conseguiu, inclusive Vivo e NET, foram contratos assim, sem incentivos fiscais.)

Miguel fez questão de assinar e receber o dinheiro no banco em que ele tinha conta, o Banco Econômico. Negócio fechado e pago, cada um foi para o seu lado e fiquei com a certeza de que Miguel tinha vendido sem querer vender. Imediatamente começamos uma reforma e em pouco tempo já estávamos funcionando. Ximenes, o funcionário símbolo do velho boteco, mas sem utilidade para o novo modelo, foi contratado como faxineiro e depois virou operador de projeção. Está lá até hoje e vimos suas filhas e netas crescerem ao longo dessas décadas.

Pouco tempo depois, o Banco Econômico quebrou e levou quase todo o dinheiro de Miguel e Júlio. Ficamos perplexos e arrasados, mas não havia nada que pudéssemos fazer porque tínhamos pagado um valor muito acima do valor comercial e novamente estávamos duros. Vi, diversas vezes, seu Miguel passar do outro lado da rua e olhar seu velho e amado bar, que não se parecia mais em nada com o que tinha sido. Tenho certeza de que ele o via como era. Um tempo depois faleceu.

Em 2014, quando estávamos preparando a festa de 29 anos do Estação e comemorando o novo patrocínio que salvou o Estação da falência, a NET enviou uma representante para ajudar na organização. Coincidência ou destino, era a filha de Miguel. Embora eu soubesse que não tinha culpa de o Econômico ter quebrado, senti vergonha do que acabamos fazendo com o pai dela.

Um ano depois de comprar o bar e fechar um novo contrato de patrocínio com o Banco Nacional, foi a vez de o Banco Nacional fechar. Ou seja, por muito pouco o Bar e Lanchonete Porto Feliz poderia estar no mesmo lugar até hoje ou o negócio poderia ter sido feito mais tarde e eles não teriam perdido o dinheiro. Se soubessem do futuro, Miguel e Júlio não teriam passado pelos seus duros destinos. Um pouco como eu.

60. *Rosebud*

Numa quinta-estranha-feira dos anos 90, precisamente às três da tarde, o casal Roberto e Lily Marinho fez um programa excêntrico: um cineminha no Estação Botafogo 1. O filme? *Cassino*, de Scorsese.

Chegaram e compraram seus ingressos como simples mortais que eram. De uma certa distância, alguns homens de preto observavam os dois pombinhos entrando na galeria e devem ter pensado o que estavam fazendo ali, em um lugar como aquele. Dois carros, também pretos e com vidros escuros, os aguardavam em frente à Gávea Veículos, ao lado do cinema. Dr. Roberto entregou os dois ingressos para o porteiro como fazemos todos nós, e o casal desceu a pequena ladeira à direita que dá acesso ao interior da sala, como eu, você e milhares de pessoas já fizeram. Sentaram-se em cadeiras onde eu curiosamente nunca sentei, nem longe nem perto da tela. Já não me lembro se compraram pipoca, uma pena, a informação seria do maior interesse. Após o filme de três horas, aconteceu uma coisa fantástica: assim como entraram, saíram do cinema como seres humanos, percorrendo toda a distância da galeria sem levitar ou serem carregados. Era início de noite e os carros, sem batedores, enfrentaram o mesmo engarrafamento que todos os outros!

Nosso escritório ficava em cima de onde hoje é a Livraria da Travessa e todos correram para as janelas para ver a cena quando o gerente do cinema avisou — afinal, nunca tínhamos recebido Kane em pessoa. Mas a grande questão que por dias nos perturbou de curiosidade e até hoje me daria satisfação em saber era: dr. Roberto Marinho e dona Lily, idosos, pagaram ingressos inteiros ou fizeram questão do benefício de 50% de desconto?

61. Cheiro de enxofre

Muitas vezes tive que lidar com situações bizarras. Essa história não é longa, mas diz muito sobre o nosso tempo. Aconteceu em 1995, mais uma vez no Estação Botafogo, e o filme era *O dia da besta*, de Alex de la Iglesia.

Sempre me divirto muito com seus filmes, desde *Acción mutante*, de 1993, o primeiro que vi. Uma mistura furiosa de John Waters com Almodóvar, temperado por um Tarantino, embora

Tarantino, cinéfilo do jeito que é, possa ter visto os filmes de Iglesia antes de Iglesia ter visto os dele. Talvez por gostar do diretor tenha apostado em *O dia da besta* para lançamento na sala maior do Estação.

Quando os materiais de divulgação chegaram, notei um clima pesado. Um enorme display com um belzebu gigante tomou conta do saguão e o operador toda vez que passava por ele se benzia, se encostava na parede e subia as escadas, sem lhe dar as costas. Achava estranho, mas todos somos estranhos em algum momento.

O problema aconteceu no dia do lançamento. Recebo um telefonema e o gerente me fala que o operador se recusava a exibir o filme. Eu perguntei "Como assim?", e o gerente disse que ele não queria invocar o capeta, era crente, temente a Deus e que podiam demiti-lo, mas não faria a projeção. Voei até o cinema para ver com meus próprios olhos. E vi a cara de pânico do homem. Não houve jeito, tive que trocar o filme para a Sala 3, onde o operador ateu não deu a mínima. Foi uma bênção mudar para uma sala bem menor, o filme foi um fracasso.

62. Carnossauro de bundas na praia de Ipanema

Tenho o hábito de começar um texto pelo título, me dá o rumo do que quero e de como quero falar. Mas confesso que gastei toda a minha criatividade para unir Roger Corman, bundas e praias na mesma frase, não sei se funcionou...

Corman esteve conosco nos anos 90, quando fizemos uma retrospectiva em sua homenagem. Eu não vivia muito o lado badalado dos festivais junto aos convidados pelo meu jeito de ser e pelas obrigações que tinha durante o evento, como programar, legendar, fazer catálogo, revista, vender ingressos etc. e, é claro, ver filmes. Mas sempre acabava indo a um ou outro jantar e algumas das histórias que conto são observações desses encontros. Foi assim com Roger Corman, com quem jantei uma vez junto com sua esposa, filhas e mais umas dez pessoas.

Tive a duvidosa sorte de me sentar ao lado da sra. Corman, Julie, que estava na sua frente. Eu estava, portanto, bem próximo. Tinha muitas perguntas a fazer, mas não tinha ensaiado. Um ensaio seria necessário pelo meu inglês sofrível e pelo pouco tempo que certamente teria com ele, não imaginava que iria ficar tão perto e por tanto tempo. O que acabou sendo uma verdadeira sessão de tortura para mim.

Um cara muito simples e simpático, que me lembrou fisicamente o Jack Lemmon de *Missing*, só que feliz. Um blazer com cara de antigo, calça social e sapatos gastos, enfim, um americano médio padrão (quem leu Tintim talvez se lembre do sr. Carreidas). Tínhamos oferecido duas passagens de executiva e ele pediu que trocássemos por quatro econômicas para incluir as filhas. O cara tinha vendido a produtora New World por uns 20 milhões de dólares alguns anos antes e nos fazia um pedido assim. Lembro de pensar que devia ser como nós, fazia filmes para pagar os filmes anteriores.

Antes de chegarem as entradas, Corman já havia me fuzilado com uma pergunta surpreendente: *"Marcelo, where my daughters can buy Bumbum bikinis?"* Após alguns segundos de perplexidade, respondi que certamente havia lojas nas redondezas, uma vez que estávamos em Ipanema, e que a equipe iria checar e depois informaria qual era a mais próxima. Todos sorriram satisfeitos. Em seguida veio a pergunta difícil: *"And what does Bumbum mean?"* Bem, eu estava em frente a sua filha mais velha, que devia ter uns 16 anos, que por sua vez estava ao lado da mais nova, de uns

14. Não tinha ideia de como falar bunda em inglês sem dizer "*ass*" e não sabia se isso seria grosseiro. Ele me olhava nos olhos e eu olhava para a sra. Corman. Com um vocabulário limitado, comecei a descrever como se usava um biquíni, tentando fazê-los entender o que era. Me enrolei todo. No meio da narrativa a sra. Corman me interrompeu e disse "*Oh, you're talking about ass!*". Respirei aliviado e concordei. As meninas ficaram rindo. Catherine, a mais velha, usava um vestido que devia ser da mãe de Corman, e não pude deixar de notar que estava descosturado na altura do ombro, de velho mesmo, não por acidente. Estavam felizes por estarem no "*Brazil*".

A sra. Corman parecia uma americana saída de um filme para te oferecer torta de maçã. Muito simpática, inteligente, falava barbaridades sobre monstros, corpos mutilados e extraterrestres da mesma maneira que podia descrever a receita de um muffin. Além de esposa, era sua produtora há algum tempo, e depois se tornou professora de cinema. Descreveu *Carnossauro* como se não existisse *Jurassic Park* (acho que os dois são do mesmo ano, mas *Carnossauro* estreou antes, pela velocidade com que Corman sempre filmou e pelo custo infinitamente inferior. Era, com certeza, uma malandragem oportunista deliciosa). Já o sr. Corman, pelo jeito, estava mais interessado em bunda mesmo. E aí veio mais uma sessão de constrangimento.

Lá pelas tantas me perguntou sobre as praias, a qual eles deveriam ir. Antes que eu pudesse começar a falar, ele me interrompeu e pediu a atenção da mesa: "*Attention, please, Marcelo will talk about the beaches of Rio de Janeiro*", ou coisa do gênero. Eu, que nem sabia se a praia de Ipanema ainda estava realmente lá, tinha agora que descrever em inglês para Roger Corman e sua família as praias cariocas.

Parece que Corman gostou da minha descrição de como vestir um biquíni, e não se importou com meu inglês de Tarzan. Me olhava novamente nos olhos — todos me olhavam nos olhos! —, e as meninas pareciam salivar aguardando minha descrição. Eu não tinha o que dizer em português, quanto mais em inglês.

Mas uma luz subitamente brotou na minha cabeça e me lembrei de um vídeo da RioTur que passou num avião durante uma viagem que fiz. E então soltei seguidamente todos os clichês que lembrei: Copacabana, Princesinha do Mar, Réveillon, um milhão de pessoas, Ipanema, Garota de Ipanema, Bossa Nova, Tom, Vinícius, Pepê e por aí foi. Ao fim, exausto, disse para não irem às praias da baía de Guanabara (isso não estava no vídeo da RioTur). Pareceram felizes com a descrição e eu fui para casa pensando nas perguntas que não fiz e rezando para eles não verem o mesmo vídeo no hotel.

63. Uma atriz nada comum, embora comum

Isabelle Huppert veio ao Brasil no início dos anos 90 para a Mostra Banco Nacional de Cinema. A abertura foi em grande estilo, terno e gravata, no Theatro Municipal. Era o maior acontecimento da noite cultural carioca e os convidados usavam roupas adequadas para uma noite classificada como elegante. Huppert apareceu de vestidinho de alcinha estampado e Melissa nos pés. Problema nenhum, Isabelle, apesar de pequena e bem magra, brilha com qualquer roupa. O problema foi que sentiu frio e saiu da sala, dando de cara comigo no saguão. Sempre tenso e vigilante, dificilmente via os filmes de abertura na noite de abertura. Estava ali como um cão de guarda, quando Isabelle me encontrou e pediu que desligasse o ar do Theatro. Expliquei que isso era um tanto complicado, mas ofereci meu paletó. Ela aceitou e vestiu o que nela mais parecia um capote, pela diferença dos nossos tamanhos. Só fui ter meu paletó de volta depois, vindo do hotel, com cheiro de bom perfume francês. Felizmente me lembrei de esvaziar os bolsos antes, pegando a minha carteira e as chaves de casa. Durante o tempo que esteve aqui seu motorista foi Beto Santiago, que a levou até a Pousada Vila do Mar, do ator e cinéfilo Mario José Paz, em Búzios. Beto contou que quando ela entrou no quarto do hotel, ainda no Rio, a primeira coisa que fez foi correr para o banheiro para dar descarga, queria mostrar à filha pequena, que a acompanhava na viagem, como a água rodava ao contrário no Hemisfério Sul. Apenas historinhas comuns de uma atriz nada comum, que já merecia há muito tempo o Oscar que veio a ganhar.

64. Anos de chumbo

Cinéfilos cariocas com cabelos brancos certamente se lembram dos festivais dos anos 90. Talvez se lembrem do dia e da hora que viram um ou outro filme e em que cinema. Talvez se lembrem de cópias meio riscadas ou com traduções ruins, e isso talvez tenha sido motivo de discussões de bar. Mas talvez não tenham ideia de como era o processo de legendagem desses filmes e certamente os cinéfilos de agora não têm mesmo. Hoje, qualquer pessoa legenda um filme em casa em um computador não muito especial. Mesmo que não saiba farsi, por exemplo, pode jogar a tradução no Google, e em pouco tempo tem tudo pronto e, ainda que com qualidade duvidosa, é possível assistir e entender. Num passado não muito distante, não era assim.

Os filmes chegavam na maioria das vezes poucos dias antes ou até mesmo durante o festival. Eram cópias 35mm e cada uma pesava entre 20kg e 30kg. Só havia um laboratório que fazia legendas no país e poucos tradutores. O laboratório era a Titra Films do Brasil e ficava em São Cristóvão. Tinha capacidade para legendar entre dois e três filmes por dia, dependendo da duração de cada um. Era um serviço manual-mecânico-químico que envolvia muita gente. Dessa forma, o processo de legendagem dos filmes para um festival, para qualquer festival, era uma operação de guerra.

Funcionava assim: antes das cópias, recebíamos por correio os roteiros geralmente sem marcação alguma, apenas uma lista dos diálogos em inglês e na língua original. O pobre tradutor muitas vezes traduzia sem ter visto o filme. Por isso era comum haver erros de gênero, por exemplo, uma vez que em muitos casos não havia como identificar se era um homem ou uma mulher falando simplesmente pelo diálogo, sem a descrição da cena. Por esse e por outros motivos era preciso haver algumas revisões.

(Todos os tradutores eram guerreiros, mas tenho que mencionar S. da Rocha Spiegel, o decano, e um outro, um louco francês que não dormia e traduzia um filme apenas na metade de um dia. Nunca soube se seu nome era nome mesmo ou apelido: Le Roi. Os tradutores tinham nomes de personagens.)

O tradutor entregava a tradução datilografada em papel. Quando a cópia chegava e havia tempo, podíamos assistir para corrigir eventuais erros. Muitas vezes não havia esse tempo e o texto seguia para o sr. Alcides, na Titra Films. O sr. Alcides era um gênio no ofício e deveria haver uma estátua em algum lugar em sua homenagem. Tinha que pegar o texto e a cópia, colocá-la em uma moviola e apenas pelo som, já que ela não tinha imagem, identificar onde cada legenda entrava, escrevendo os minutos e segundos de entrada e saída ao lado de cada fala do texto.

O sr. Alcides era capaz de fazer isso em quase qualquer idioma. Russo? Mole. Japonês? Facílimo. Assim, quando o sr. Alcides não dava conta do idioma, o que era raro, minha tarefa era encontrar alguém que se dispusesse a ir até a Titra, se sentar ao lado dele e ouvir o filme todo, avisando os momentos certos. Lembro-me de um em especial, *Paisagem na neblina*. Era um filme muito aguardado e tínhamos pouco tempo para encontrar alguém que falasse grego. O sr. Alcides tentou, mas jogou a toalha. Mesmo sem redes sociais consegui achar uma santa pessoa, no caso a atriz e diretora Helena Varvaki, que com uma boa vontade infinita e sem ganhar nada se dispôs a fazer o serviço.

Após essa etapa, o texto já marcado seguia para as datilógrafas, que o copiavam para um outro papel que serviria de base para fazer os clichês. Sim, clichês de chumbo, como os de tipografia. Antes, porém, era aconselhável passar por uma revisão, e é dessa revisão que gostaria de falar.

Nesse momento eu entrava novamente em ação, sempre acompanhado do auxílio luxuoso de Alberto Shatovsky. Cada um de nós tinha que revisar dois filmes ao mesmo tempo. Essa revisão consistia em verificar erros de digitação, de gênero — pois em geral tínhamos mais informação sobre os filmes — e o tamanho das legendas, que não podiam passar de um determinado número de caracteres por linha. Eu usava dois lápis, um em cada mão. E tudo tinha que ser muito rápido, era um processo em que não podia haver atrasos ou as máquinas paravam por falta de serviço.

Estava tranquilamente enlouquecido quando me apavorei. Na minha mão direita, um texto com a palavra Tara, com T maiúsculo, indicando um nome próprio. Na mão esquerda, no outro filme, no mesmo momento, a mesma palavra, também grafada com T maiúsculo. Gelei. Achei que tivesse embaralhado as páginas dos dois filmes, foi um desespero. Se não fosse tão jovem na época, teria enfartado. Alberto entrou em ação e começamos a ler os dois filmes, cada um com um.

A personagem principal do filme *Romance proibido* chamava-se Tara, em homenagem à fazenda de ...*E o vento levou*. Em *Simples desejo* há um barco com o mesmo nome. Quis o destino que eu, sem ter visto nenhum dos dois, tivesse que revisá-los simultaneamente.

Esclarecida a ausência de erro e refeitos do drama, os textos seguiram para serem impressos em chumbo, para depois serem carimbados, fotograma por fotograma, no momento exato que o sr. Alcides havia marcado, arrancando quimicamente da película a parte da imagem em que entraria a legenda. A legenda nada mais era que a falta do filme naquele pedaço. Não sei quantos banhos químicos cada cópia tinha que tomar, já estava revisando outros dois filmes. Até hoje penso em como essa coisa toda podia funcionar daquele jeito. Não me lembro de um filme não ser exibido porque o laboratório não deu conta do riscado. O sr. Pontes, o sr. Alcides e toda a equipe sempre conseguiram fazer milagres.

65. O Visconde de Cataguases

Na época das privatizações, durante o governo FHC, muitas empresas estatais elaboraram planos de demissão voluntária e descobri que muitos funcionários públicos eram cinéfilos. Recebia semanalmente contatos de pessoas que queriam pedir demissão, mudar para o interior e abrir um "Estação" por lá. Poderia ter aberto uma franquia se visse futuro nisso ou se fosse desonesto.

Estávamos com grande dificuldade para manter o Estação Icaraí, situado em ponto nobre de uma cidade grande, Niterói.

O cinema só funcionava com filmes maiores, e a situação piorou quando o Cine Arte UFF passou a fazer sessões a um real de filmes que poderíamos exibir. Novamente, como no Paissandu e no Cinema 1, os custos fixos, como aluguel e IPTU, pesavam muito, e o público não correspondia. Mais ou menos na mesma época, se a memória não falha, programei cinemas em Volta Redonda, no SiderShopping. Os cinemas pertenciam ao casal Ricardo Seles e Fatita, que era cinéfila. Como eles não entendiam do negócio no início, por um ano tratei de orientá-los e de indicar os filmes. Era impensável colocar filmes do perfil Estação lá, ou eles não pagariam as contas.

Pensando nessas duas situações não tinha como recomendar a alguém que gastasse suas economias construindo "Estações" pelo interior do Rio ou de Minas, seria condenar pessoas à falência. Várias vezes sugeri abrirem pousadas ou restaurantes no lugar de cinemas e algumas vezes ficaram putos comigo. Chegou um momento em que parei de atender a esses telefonemas, o dia a dia do Estação, como sempre foi, continuava estafante. E ainda vivíamos os primeiros anos "depois de Adhê".

Mas havia um certo Simão Silva, de Cataguases, que insistia muito, e um dia o atendi. Do primeiro telefonema até finalmente atendê-lo deve ter passado um trimestre, ou seja, ele queria muito falar comigo. Eu o ouvia com descrédito enquanto fazia outras coisas. Ele me contava que queria ter sido ator de teatro, mas, como era rico, acabava sendo o produtor das peças. Falou que amava as artes e havia comprado um imóvel num leilão e seu sonho era transformá-lo em um teatro. Mas quando ficou sabendo da história do Estação, viu que talvez um cinema fosse mais viável, pois sabia que era difícil manter um teatro. No meio da conversa, ele pediu que eu fosse ver o espaço, que ficava na rua Visconde de Pirajá. Disse que seria difícil ir a Cataguases e ainda brinquei com o fato de ter uma Visconde de Pirajá por lá. Ele me respondeu que o espaço não ficava em Cataguases, mas em Ipanema mesmo. Meu queixo caiu.

Tinha do outro lado da linha um homem milionário que havia aguardado com infinita paciência três meses para nos oferecer um cinema em Ipanema, local que obviamente essa iniciativa funcionaria. No dia seguinte, eu estava lá.

Era um espaço "no osso", na alvenaria, mas com arquibancadas, e nunca tinha sido usado. Foi construído para ser um estúdio auxiliar da TV Excelsior, que ficava no prédio ao lado. Antes da Excelsior, o prédio foi o Cine Astória, inaugurado em 1953 com mais de 2.400 lugares. Quando a TV acabou, em 1970, voltou a ser cinema com o nome de Super Bruni 70, que eu cheguei a frequentar na infância. Lembro dos tapetes fofos nos corredores, que de tão grandes tinham pilastras. Foi lá que completei meu primeiro programa duplo de cinema com um filme dos Trapalhões, após ter visto *Digby* no Leblon, bem próximo. Nada disso existe hoje, apenas um prédio que foi batizado com o mesmo nome: Astória.

Mas no prédio ao lado, o Astor, curiosamente o estúdio auxiliar, semiconstruído, resistiu todo esse tempo e estava lá diante dos meus olhos. De cara vi que seria possível dividir o espaço em dois e chamei o Pablo Benetti, nosso eterno arquiteto, para bolar o projeto. Em paralelo, fui me encontrar com Simão Silva na Urca, o rico empresário que queria ser ator.

(A Fábrica Arquitetura foi, desde o início, responsável por quase todos os nossos projetos. Na reforma original do Estação Botafogo, com os arquitetos José Pina, português, e Ruby Yallouz e, mais tarde, a partir dos anos 90, com Pablo Benetti e Solange Libman.)

Simão era uma figura incrível. Dono de indústria química, tudo que sempre quis foi ser artista, e assim continuava tentando. Facilitou ao máximo a assinatura do contrato, teve paciência com o atraso das obras e, posteriormente, de aluguéis. Estava muito feliz na inauguração e, enquanto esteve vivo, nos ajudou muito. E continuou ajudando mesmo depois de falecer, pois, graças à sua memória, os herdeiros sempre tiveram muita paciência conosco.

66. Antes de AD, depois de AD

No fim de 1998, assinamos o nosso Tratado de Tordesilhas. Adhemar, apesar de ter formalmente apenas 35% das empresas, ficou certamente com mais da metade do patrimônio. Os cinemas de São Paulo ficaram com ele, enquanto eu, Nelson, Adriana e Ilda ficamos com os do Rio. São Paulo rendia muito mais que o Rio, mas todos queriam encerrar a pendenga que se estendia havia vários anos. Além disso, as questões afetivas eram muito mais importantes que as econômicas. Sabíamos que era duro para ele abrir mão do Estação Botafogo e do ainda novo Espaço, mas não havia alternativa, uma vez que continuarmos juntos seria impossível. Os dois lados teriam que ter condições de sobreviver e prosperar, e por isso também acordamos que por dois anos que um não entraria na cidade do outro, para não haver disputas de imediato, enquanto todos se reestruturavam.

Se qualquer um de nós não tivesse existido, se eu tivesse estudado geologia, Nelson seguido na economia, Adriana não tivesse vindo de Petrópolis ou Ilda tivesse se tornado cantora, ainda assim, apenas com Adhemar, o Estação teria existido, tamanha sua capacidade de trabalho, reflexão, criatividade e habilidade para entusiasmar as pessoas a sua volta. Isso nenhum de nós jamais questionou e foi por isso que todos concordaram com o acordo, aceitando o mínimo que era possível para continuar. Àquela altura, o Estação do Rio já tinha dívidas internacionais de filmes lançados no Brasil e sabíamos que tanto o Paissandu quanto o Cinema 1 e o Joia não iriam muito longe.

Mas sem nós quatro o Estação teria sido outro Estação, não sei se melhor ou pior, mas outro. Também não sei se teria durado tanto. Cada um de nós deu contribuições gigantescas, desde o nome, que foi sugerido pela Ilda, até milhares de cruzeiros, cruzados ou reais levantados por Adriana, passando por todas as soluções heterodoxas criadas por Nelson que muitas vezes nos salvaram ou divertiram.

Já caminhávamos de forma separada havia alguns anos quando nos separamos formalmente, mas é claro que não deixou de ser um marco. Adhemar chegou a citar alguma frase psicanalítica como "ter que matar o pai para crescer" na época da briga, mas na verdade ninguém queria matar o pai, só queríamos que o "pai" escutasse. Adhemar, depois do meu pai de sangue, foi minha referência de pai ideológico, meu ídolo concreto e acessível. Muito do que aprendi na vida, aprendi nos anos que caminhamos juntos. Foi meu amigo, confidente e conselheiro. Infelizmente, optou por se tornar um feroz inimigo e nos anos seguintes iria demonstrar isso.

PARTE V   A vida continua

67. Metamorfose

Dizem que quando um festival de cinema chega em sua sétima edição, não acaba mais. Bem, a Mostra Banco Nacional teve exatamente sete edições e acabou, em 1995, com a quebra do Banco Nacional. Tivemos que ir a campo novamente porque não queríamos que ela acabasse. Assim nasceu a MostraRio, evento que teve três edições, em 96, 97 e 98, dando continuidade à mostra anterior, como se fosse a mesma, apenas com novo nome e outros patrocinadores. Ou seja, a mostra morreu e ressuscitou.

Na MostraRio, tive a ideia de criar um evento exclusivamente nacional, ainda não competitivo. Dei o nome de Première Brasil e o nome pegou, continua até hoje no seu sucessor, o Festival do Rio, assim como o Midnight Movies, de Fabiano Canosa, e o Tesouros da Cinemateca, de Cosme Alves Netto, o que me coloca no seleto grupo de inventores de mostras que se perpetuaram para além do autor dos eventos. Minha inspiração foi o Festival de Gramado, onde estive apenas duas vezes, como já disse, a primeira como montador de dois filmes na competição 16mm que acabaram levando os prêmios de Melhor Filme e Melhor Direção. Infelizmente não havia prêmio para montagem, pois quem sabe eu teria chances de ganhar, já que os filmes fizeram sucesso no festival. Adoraria ter um Kikito. Na segunda vez, fui acompanhando meu irmão, David, agora no júri. Posso dizer que é a melhor maneira de se ir a um festival, as mesmas regalias sem ter que fazer nada. Só duas vezes fui convidado a festivais fora do Rio, uma pelo mitológico crítico Valério de Andrade para o Festival de Natal e outra por Marcus Farani para o Festival Internacional de Brasília, ambos para compor o júri.

Sempre foi muito duro levantar recursos para a MostraRio, assim como para o RioCine, que heroicamente continuava a existir. Assim, após três edições, a MostraRio acabou, juntando-se ao RioCine para virar o Festival do Rio, que existe até hoje e do qual fui diretor de programação por 13 edições. Juntos seria mais fácil conseguir os recursos, em vez de disputá-los. E assim foi.

68. O Brasil é um país negro, disse o presidente branco

Certa vez, fui júri no Festival Internacional de Cinema em Brasília. Éramos apenas três jurados e, como em todo festival, tínhamos que cumprir uma agenda oficial. E assim me vi numa noite jantando ao lado do então vice-presidente Marco Maciel, espécie de padrinho do evento.

Como nunca tinha estado numa situação dessas, perguntei ao cerimonial como deveria me dirigir a ele, pois seria inevitável conversar. Chamá-lo de "vice" me parecia estranho e não sabia se na ocasião cabia "excelência" ou coisas do gênero. Fui orientado a chamá-lo de presidente. Segundo me explicaram, uma vez que um cidadão tenha assumido a Presidência alguma vez, ainda que temporariamente, deve ser chamado assim. Para sempre. Entendi por que o presidente era aquela figura esguia, tão magra que parecia uma caricatura. Simplesmente não comia. Tudo que lhe era oferecido encaminhava para dona Ana Maria, sua simpática esposa, sentada à sua frente.

No mesmo evento, em outra situação oficial, acompanhamos o ator Morgan Freeman ao Palácio do Jaburu. Havia cerca de trinta pessoas e o vice-presidente, quer dizer, presidente, discorreu por uns trinta minutos, em português com tradução simultânea, sobre como o Brasil era um país de negros, sobre as influências africanas e coisa e tal. Freeman ficou calado, educadamente. Ele, a esposa e o rapaz do cafezinho eram os únicos negros no local. Fiquei envergonhado.

69. A chegada do trem no Estação Laura Alvim

Senhores engravatados e senhoras vestidas para festa fugiram apavorados ao ver a imagem de um trem se aproximando. Nunca tinham visto imagens em movimento e imaginaram a tela como uma janela, por onde a locomotiva passaria e atropelaria todos. A história da primeira sessão de cinema é bem conhecida, se ocorreu com mais ou menos dramaticidade não se sabe. Talvez, para nós, assolados por tantas imagens em tantas telas, seja um tanto difícil entender o que realmente passou pela cabeça das pessoas que viveram esse momento, no fim do século XIX. Ou talvez não.

Corta, saltamos cem anos no tempo. Homens e mulheres tão bem-vestidos e informados quanto aqueles considerando os padrões de cada época, fogem do Estação Laura Alvim ao ver fogo na tela do cinema. Bombeiros são chamados e ameaçam interditar o cinema e as pessoas têm de ser acalmadas do susto. Assim como na sessão do trem, ninguém se machucou.

Não houve fogo real na tela, assim como não houve trem. A pequena chama, uma fagulha, estava no projetor e um fotograma dos 24 que compõem cada segundo do filme derreteu. Na época do cinema analógico, o filme precisava passar rapidamente pela luz de projeção, caso não, o calor da lâmpada o derretia. Foi o que aconteceu. O filme arrebentou, um fotograma ficou preso na janela do projetor e o resultado foi projetado na tela, ampliado dezenas de vezes.

Nada como a experiência de estar numa sala escura cheia de gente com uma tela como janela. Espero que isso não acabe nunca.

70. Uma jovem tão jovem quanto eu

Tem realidades que parecem sonhos e sonhos que parecem realidades. Era uma jovem atriz, tão jovem quanto eu. Talentosa e linda, me impactou com um filme doído, daqueles que a gente gosta de ver, mas não pretende rever. Razoavelmente desconhecida, podia transitar sem assédio pelas ruas de Berlim, e foi numa dessas, dentro de um quase cassino precário, que a vi pela primeira vez. Eu estava com Nelson, que não a viu. Do alto dos seus pouco menos de 1,60m, seus olhos eram paralisantes, e por isso não tive coragem de ir falar com ela.

No dia seguinte, voltei sozinho, e sozinha ela lá estava novamente. Dessa vez perdi a vergonha e falei, como fã, como tinha gostado do filme. Se seus olhos davam frio na barriga de tão lindos, seu sorriso convidava a um drinque, que tomamos. Ela alguns e eu só um — porque era o que o dinheiro permitia. Conversamos na língua possível, nem minha nem dela, em um país que também não era de nenhum dos dois. Usava uma maquiagem carregada, como costumam usar as mexicanas, e era de uma cafonice arrebatadora seu vestido florido com menos 5° no termômetro. Inteligente, não teve vergonha de me contar que precisava de ajuda para decorar os textos, porque tinha dificuldade de memorizar pela leitura. "Problema genético", disse. Contou dos sonhos e desejos e eu tinha certeza de que ela realizaria todos. Perguntou sobre o Brasil e tentei explicar o inexplicável, principalmente com o pouco vocabulário numa língua formada por várias línguas misturadas.

Amanheceu e tomamos um café na padaria em frente. Trocamos telefones que nunca usamos. Ela virou estrela e eu, telescópio. Voltei para o hotel-pensão e tentei não dormir, com medo que fosse sonho e não realidade. Mas o telefone estava no meu bolso. Está guardado junto com meu pedaço do Muro de Berlim e com meus marcos orientais.

71. O caçador de obras-primas

Muitas pessoas foram importantes na minha trajetória pessoal no cinema e espero conseguir falar delas à altura que merecem, o que muitas vezes será difícil. Como resumir mais de sessenta anos de cinema em poucas linhas?

Posso começar por dizer que ele substituiu Fernanda Montenegro e Fernando Torres no rádio em um programa dedicado a trilhas sonoras de cinema a partir dos anos 50 até 1989. Foi assistente de Alex Vianny, roteirista de *Brasil bom de bola*, jornalista e crítico de cinema e simplesmente a pessoa que apresentou Steven Spielberg para os brasileiros com a exibição de *Encurralado*, filme considerado não comercial e que jazia encostado na prateleira de uma distribuidora. Exibidor e distribuidor, chegou a ter três cinemas, os Cinemas 1, 2 e 3, localizados respectivamente na avenida Prado Júnior, na rua Raul Pompeia, em Copacabana, e na rua Conde de Bonfim, na Tijuca. E foi no Cinema 2, na primeira metade dos anos 60, quando eu ainda era criança, que minha história com ele começou.

Graças a ele tive a rara oportunidade de ver *O grande ditador* pela primeira vez na vida e em um cinema com uma cópia nova, embora na época não soubesse o que uma cópia significava. Eu já era cinéfilo sem saber e via um Chaplin pela primeira vez. Nunca me esquecerei daquele admirável e leve mundo novo flutuando na tela gigante.

No início dos anos 80, como diretor da Gaumont do Brasil, trouxe alguns daqueles filmes que todos nós levamos no lado esquerdo do peito, como *E La Nave Va*, *Fanny e Alexander*, *Fitzcarraldo* e *Crônica do amor louco* — os quatro muito especiais para mim —, além de muitos outros. Na Gaumont, eu conseguia clandestinamente cartazes dos filmes para vender no Cineclube Macunaíma e com isso fazia algum caixa para a Federação dos Cineclubes do Rio, onde era tesoureiro. Até hoje tenho, em algum lugar, um cartaz de *E La Nave Va* com erro de impressão em que as cores estão trocadas. É um cartaz único de um filme que marcou minha vida. Mas até aí eu não sabia que Alberto existia.

Apenas quando o Estação abriu, em 1985, o conheci. Lembro que entrei na Gaumont pela primeira vez para uma reunião oficial e lá estava ele, a uma enorme mesa branca fumando seu Chanceller. Jean-Gabriel Albicocco, o diretor-geral, não nos alugava esses filmes maravilhosos porque pagávamos preço fixo e ele só aceitava percentual da bilheteria. Mas a habilidade para escolher os filmes e pagar pouco por eles era o nosso principal trunfo para conseguir sobreviver. Se naquela época pagássemos 50% da bilheteria, as contas não fechavam. E ele, sempre amável, tentou interceder por nós porque, dez anos antes, tinha sido como nós.

Quando a Gaumont fechou no Brasil, ele migrou para a Skylight, que começava a importar filmes para distribuição. É dele o título mais genial da história da distribuição no Brasil: *Daunbailó*. *Down by law* havia sido exibido com extraordinário sucesso no FestRio e todo o Rio de Janeiro já tinha ouvido falar. Como traduzir esse título e, principalmente, como fazer o público entender que se tratava do mesmo filme? Se lançado com o título original, poderia ser lido como "Dounbilau", e você há de concordar comigo que não dava pé. Encontrou uma solução genial que mantinha a sonoridade, já que as pessoas ouviram falar do filme e nem sabiam como se escrevia. E ainda por cima provocou o debate — falem mal, mas falem de mim —, promovendo seu lançamento. O que importa é que ninguém deixou de assistir pelo nome exótico, pelo contrário, foi um sucesso ainda maior do que tinha sido no Festival. *"I scream, you scream, we all scream for ice cream"*, como esquecer?

Se você não sabe de quem estou falando, precisa conhecer melhor a história do cinema no Brasil. Falo de Alberto Shatovsky, pai afetivo, mestre, amigo, psicólogo e outras tantas coisas mais para mim. Quando saiu da Skylight, veio trabalhar conosco no Estação, me ajudando na programação dos cinemas e dos festivais, isso foi no início dos anos 90. Até hoje, tenho certeza, vê todos os filmes exibidos nos nossos cinemas.

Sabe o anjo bom do desenho animado que fica brigando com o anjo mau nos ombros dos personagens? Ele era meu anjo bom, enquanto eu mesmo era o meu anjo mal. Não precisava de outros diabinhos, já tinha os meus. Eu e ele batizamos centenas de filmes nossos e de outras distribuidoras, além dos filmes de festivais. Me orgulho especialmente de *O processo do desejo*, título muito melhor que o original *La Condanna*. Com ele criei um trailer para *Buena Vista Social Club* e centenas de cartazes de filmes. Com ele convenci Carla Camurati a lançar *Carlota Joaquina* em vários cinemas, o que ela não queria temendo o fracasso. Com ele vivi tantas histórias que só caberiam num livro inteiro dedicado a ele. Sem nunca ter sido capaz de levantar a voz para quem quer que seja, sempre ponderado e educado, é a pessoa mais correta que conheci na vida, no cinema e fora dele.

Nos vemos pouco, mas continuamos amigos e admirando um ao outro, trocando zaps periódicos e nos acompanhando pelas redes sociais. Há uma lenda de que foi também caçador de nazistas. Ele ri e nega. Não duvido que tenha sido e que sua modéstia não permita confessar.

72. O último Macunaíma

Se não falasse dele logo após falar do Alberto, certamente ele me obrigaria a cometer um haraquiri baiano e não quero correr esse risco. Brincadeiras à parte, essa figura foi de enorme importância para uma legião ou religião de pessoas no Rio. Foi ele o principal responsável pela Geração Paissandu. Poderia terminar o texto por aqui e já seria mais que a maioria dos mortais.

Educado pela rígida disciplina do Colégio Militar, teve a sabedoria de aprender só o que queria sobre rigidez. Me contou que uma vez, após tomar alguma daquelas coisas que se tomavam nos anos 60, ficou horas segurando um copo na mesma posição com o olhar vidrado no nada. Nesse meio-tempo deve ter sido abduzido pelo espaço-tempo, foi ao futuro e voltou, trazendo coisas que nós, mortais, só veríamos muito tempo depois.

Inquieto, depois de ter apresentado Godard, Truffaut, Bresson e Resnais aos cariocas, deu *Bye bye Brasil* e se fixou em Nova York. Foi fazer o caminho inverso e promover os filmes brasileiros nos Estados Unidos, incluindo a campanha de *Dona Flor e seus dois maridos*, entre muitos outros. Por lá também marcou época programando cinemas e descobrindo diretores, americanos e europeus, cuja lista seria impossível incluir aqui. Seu caderninho de telefones era maior que muitas listas telefônicas de muitas cidades. Espero que tenha digitalizado.

Minha história com ele começa no FestRio, nos anos 80. Inventor dos Midnight Movies, trouxe para cá, em pessoa e filme, jovens diretores como Jim Jarmusch, Spike Lee, Pedro Almodóvar, Dennis Hopper, Laurie Anderson e outros tantos que a minha memória não alcança. Vi tudo que podia ver e cheguei a "trabalhar" no festival, vendo sua figura mitológica de longe. Ao contrário de mim, lembra exatamente que dia, hora e cinema em que assistiu a cada um dos filmes. Se tiver oportunidade, pergunte a ele quando e onde viu *A montanha dos sete abutres*, *Quanto mais quente melhor* ou *O padre e a moça*... Se não souber, inventa como ninguém e você acredita.

A história dele comigo começa quando trouxe o Midnight Movies para a Mostra Banco Nacional de Cinema, depois Mostra-Rio e, hoje, Festival do Rio. Vi com esses olhos que um dia a terra há de comer, ele telefonando, como se fosse para uma farmácia, para um imberbe Leonardo de Caprio, para deuses como Louis

Malle, Bernardo Bertolucci, Martin Scorsese e Jean-Luc Godard e estrelas como Harvey Keitel, Kevin Spacey e Robert De Niro.

Incontrolável, em Berlim, me apresentou a Wim Wenders e a Solveig Dommartin (o anjo de *Asas do desejo*) como o pescoço mais bonito desde Audrey Hepburn, o que além de me constranger ao extremo não é uma verdade. O da Nastassja Kinski sempre foi muito mais bonito.

Enciclopédia ambulante, colecionador enfurecido, especialista em trilhas de cinema, cozinheiro de mão-cheia, este (e muito mais) é Fabiano Canosa, o Cardeal da programação cinematográfica, meu guru, um louco doce ou um doce louco. Ao mesmo tempo gueixa e samurai, Deus e o diabo, santo e pecador. O último Macunaíma a andar sobre a face da Terra.

73. *Razorback*!

Quando entrei pela primeira vez na Livraria da Travessa que foi aberta em frente ao Estação Botafogo, lembrei-me do tempo em que o nosso escritório ficava ali, no segundo andar, em cima da lavanderia Jandaia.

Havia nos fundos um pequeno pátio retangular no nível da rua, onde se chegava por uma escadinha de cimento. Dando para esse pátio, seis simpáticas casinhas geminadas faziam parecer que se estava numa vila. O pátio ainda está lá e se podem ver as janelas e as portas dessas casinhas por entre as estantes de livros.

No fundo, onde é a seção infantil da livraria, ficava nosso arquivo de cópias 35mm, transferido anos depois para o Santo Cristo, depois de passar pelo Estação Rio, e agora está no MAM.

As outras casinhas abrigavam diversas coisas: editoração eletrônica, onde diversos catálogos do Festival do Rio e das mostras anteriores do Estação foram criados, por Tita Nigrí, Bruno Sá, Cristiano Terto e tantos outros; o projeto Oficina Cine Escola, liderado por Felícia Krumholz; a coordenação de legendagem eletrônica, que já foi de Clarice Goulart, além de outras atividades esporádicas. Como havia apenas uma grade separando esse pátio dos fundos da lavanderia, não era raro sentir o odor dos produtos usados no processo de limpeza de lençóis, fronhas e roupas em geral dos habitantes de Botafogo e arredores. E como essa parte era no nível da rua, também não era raro avistar um ratinho ou outro, é claro.

É muito importante conhecer a geografia dessa casa para entender e aproveitar a narrativa que virá mais para a frente. Descrevi os fundos do escritório, agora vamos para a parte da frente.

Te convido a fazer uma viagem.

A porta do sobrado está lá, com outra cor. Esqueça a parte da livraria e me siga. Abrindo a porta vê-se uma escada de madeira comprida o bastante para vencer um vão de uns 5 metros de altura mais ou menos. Ainda estamos no nível da rua, acabamos de passar pela porta. Olhe em volta. Esse local será muito importante no futuro próximo. Observe bem como a porta praticamente encosta no chão, há apenas um vão minúsculo.

Subimos. Bem aqui no meio da nossa subida há um detalhe que você vai fingir que não viu para ter o prazer de se surpreender depois. Finalmente chegamos no alto, você para e respira — eu subi tantas vezes essa escada que sei exatamente como subir sem ficar sem ar. Você se recupera e te mostro que podemos virar à esquerda, entrar na recepção e a partir dela escolher entre três portas que levam a três diferentes salas que se interligam. Ou seguir reto. Como nessa parte só nos interessa a recepção, seguimos reto. Mas antes note o belo guarda-corpo de madeira que divide o vão da escada da recepção e que, fazendo uma bela curva, se transforma em corrimão da escada.

Seguimos reto e te mostro um longo corredor. Você vê que lá no fundo há um cômodo com ladrilhos na parede e me pergunta se é a cozinha. "Bom observador", respondo. Só que antes dessa cozinha há várias salas. A primeira, logo no início, é a minha, onde a maioria dos acontecimentos da história macabra que vou contar ocorreu. Você vê, parado à porta, duas mesas, armários, computadores, tudo meio caótico, com algumas coisas parecendo esquecidas há tempos, espalhadas por sobre os móveis e até pelo chão. Felizmente, como iremos ver.

Mais alguns passos pelo corredor e passamos pela sala da Ilda, que também será importante, mas não há necessidade de saber o que há lá. Seguimos pelo corredor e este se abre num salão que dá acesso a duas outras salas. A da esquerda, que já foi do Adhemar, agora é do Nelson. Na da direita, ficam Maria Cláudia e Luiz Eduardo. Saindo do salão, há outro pátio onde por algum tempo houve uma mesa. Nesse tempo, o pátio tinha o nome de "beleza roubada", batizado assim por Adriana Rattes ou Isabela Santiago, já não me lembro. Se não saímos para o pátio, seguimos o corredor. Chegamos na cozinha e depois dela há mais duas salas geminadas. Por toda a lateral da cozinha e dessas duas salas, há um corredor aberto, que vem da "beleza roubada" e termina na escadinha de cimento, de onde se chega no pátio com as casinhas, um andar abaixo.

Deu para entender ou precisa desenhar?

Pouca coisa disso nos interessa hoje. Nossa história acontece numa parte pequena da casa, mas achei importante você conhecer o nosso sobrado, cenário de tantas histórias que ainda podem ser contadas. Você notou como as salas se conectam, as portas altas e antigas, várias se abrem em duas abas e algumas ainda têm as maçanetas de louça. O chão de madeira que range, as paredes brancas e os portais e portas verde-escuros. Você reparou num aviso na porta do banheiro masculino, perto da cozinha, que dizia algo como "Me dê descarga", ou coisa do gênero, acho que escrito pelo Marcos Silva? Viu tudo isso e prestou muita atenção? Agora você está entrando no clima. Esqueci de dizer: anoiteceu e a luz de vez em quando pisca. Pode ser que chova.

Embora exista uma lenda de que o sobrado é mal-assombrado, nunca vi nada parecido com fantasmas ou almas penadas — e cansei de virar noites trabalhando por lá. Mas tenho ao menos uma história de terror para contar, embora as lembranças desse episódio não sejam tão cristalinas como as de outros. As memórias do pesadelo vivido naquela noite ainda assombram algumas madrugadas, e já não sei mais o que aconteceu ou não. Me perdoem se os fatos parecerem improváveis, pois eu simplesmente não sei muito como explicar. Sei que muita coisa do que vou dizer é verdade, mas talvez outra boa parte seja apenas fruto da minha imaginação e do tempo, que distorce as lembranças.

Foi mais ou menos assim. Estávamos apenas eu e Nelson trabalhando no escritório naquela noite, debruçados sobre a minha mesa, analisando não me lembro o quê. À esquerda, onde ele estava sentado, ficava uma das portas que davam para o comprido corredor que leva até a cozinha, que você já conhece bem. Tudo estava tranquilo até que tivemos a impressão de ver passar um grande vulto. Nos olhamos como quem pergunta se tínhamos visto a mesma coisa. Tínhamos.

Passamos por um assalto desagradável certa vez e o primeiro pensamento foi que estava acontecendo novamente. Saímos da minha sala assustados, viramos para a direita na direção da porta de saída, pois foi nessa direção que a sombra se moveu. Demos dois passos e, após alguns segundos, olhamos ao redor e nos deparamos com o vulto em pessoa, quer dizer, um "ser". E digo "ser" porque ainda hoje não sei definir exatamente o que era aquela criatura medonha. Não podia ser um rato, muito embora tivesse características da espécie. Também não era um gato porque gatos não andam pelas paredes. Não tenho como explicar, não parecia com nada que já tivesse sido catalogado em qualquer enciclopédia que eu conheça. Mas posso dizer três coisas sobre esta criatura: era grande, feia e... vingativa.

Nelson saiu devagar em direção à cozinha em busca de instrumentos que possibilitassem, em primeiro lugar, nossa autodefesa e, em segundo e último plano, o ataque. Eu fiquei vigiando aquilo e rezando para que não se movesse. Mas ele parecia mais interessado em comer algo como uma caixa de Toddynho, que muito provavelmente pertencera ao Guilherme Tristão. De repente, ele parou e me encarou. Ele lê pensamentos, pensei. Não me movi. Torci para que ele também não fosse capaz de perceber o pânico que ia subindo pela minha espinha, como no filme com Vincent Price.

Nesse momento, Nelson voltou com duas vassouras e um pequeno extintor de incêndio. Nos olhamos, não dissemos nada. Mas o diálogo que travamos em pensamento foi: "Não é o suficiente" e "Eu sei, a cozinha tá trancada".

Munidos com duas vassouras e um pequeno extintor de incêndio que mais tarde descobrimos extinto, fomos corajosamente fugir. Mas, quando demos o primeiro passo, o bicho se moveu rapidamente e se posicionou entre nós e a salvação, subindo no corrimão da escada. Não tivemos escolha, vimos que ele não pretendia deixar sobreviventes. Como não há maior perigo que um bicho acuado, atacamos, pois acuados estávamos. A besta se surpreendeu com o gesto tresloucado daquela dupla despreparada. Tentou fugir descendo as escadas, e com isso ganhamos moral. Os passos trêmulos deram lugar a largas e decididas passadas e nossa expressão de pobres coitados havia ficado para trás. Me senti o Mel Gibson em *Coração valente* descendo a colina e encarando uma força muito maior, mas decidido a sobrepujá-la. Era tudo ou nada.

O monstro desceu rapidamente as escadas, se detendo por um breve momento diante da porta de ferro que havia no meio do caminho, antes da porta da rua. Pois é, há uma porta de ferro no meio da escada que você fingiu não ver lá no início da descrição. O buraco das grades por onde passaria um bebê foi quase insuficiente para deixá-lo passar. Mas ele passou pela porta de ferro. Não passou pela de madeira.

Roeu — ou mordeu — a porta com violência, mas os dois escoceses desciam a escada cada vez mais convictos de que tinham a situação dominada. Mas, novamente, como não há maior perigo que um bicho acuado, o bicho parou de tentar passar pela porta e se virou. Nesse momento sentimos que o jogo tinha mudado. A coragem rapidamente virou apreensão e, logo, medo. O animal, como que catapultado, voou em nossa direção com a boca cheia de dentes escancarada. Vi a morte, ou pelo menos algo que iria me gerar uma dor lancinante, se aproximar rapidamente pelo ar. Você já se sentiu caça?

Mas, num golpe de sorte, a coisa entalou na porta de ferro. Aproveitamos o momento para subir a escada e buscar refúgio.

Não sei quem passou por cima de quem, mas em três pulos entramos corredor adentro, viramos à esquerda na minha sala e fechamos a porta. Pudemos ouvi-lo passar galopando, escorregar e voltar farejando. Agora acho que era ele que pensava ser o Mel Gibson. Sentimos a pressão na porta e as unhas tentando vencer a madeira, mais fina que a da rua. De repente, tudo parou. Nos olhamos e logo pensamos: a outra porta.

Minha sala tinha uma porta que dava para o corredor e outra que conectava com a sala da Ilda, que também dava para o corredor mais adiante, como você sabe. Percebemos que ele tinha entendido o caminho e pulei para fechar a porta no mesmo momento que, do outro lado, a fera fez o mesmo. Felizmente a porta abria para o meu lado, o que me permitiu jogar o peso do meu corpo, ainda vivo, de encontro a ela. Mas o bicho era pesado e seu encontrão com a porta gerou uma onda de choque que foi descarregar a tensão na minha testa. Fiquei tonto, mas meu corpo bloqueava a porta.

Não fiquei tonto o suficiente para deixar de ver a cara pálida do Nelson olhando para a terceira porta, escancarada. Havia uma terceira porta que levava a um pequeno pátio, que tinha outra porta também para a sala da Ilda com suas três portas. Deu pra entender?

O importante não era o pátio e sim que ele era outro acesso da besta para o seu alimento, que éramos nós. Virei o rosto ainda tonto, senti um fio de sangue escorrer pela testa e mesmo diante daquela situação me lembro de ter pensado que o sangue iria estimular ainda mais nosso algoz. Mas ele olhava fixamente para o Nelson.

Ao contrário de mim, Nelson estava em poder de suas faculdades mentais e percebi que ele procurava ao redor algo que pudesse usar, uma vez que nossas armas — as vassouras — tinham ficado na escada. Felizmente o extintor estava caído ao lado da porta, nem sei como chegou ali. Nelson imediatamente o acionou, e foi aí que descobrimos o que falei antes: o extintor estava extinto. Mesmo extinto serviu como um torpedo ao ser arremessado contra a ameaça. Não passou nem perto. Pode parecer estranho, mas tenho certeza que o bicho riu.

Depois do sorriso de desdém, começou a caminhar lentamente, como que saboreando o momento da vitória. Eu caído, tonto e ensanguentado, e Nelson acuado, com uma porta fechada atrás dele. Mas Nelson não desistiu. Enquanto o cramulhão caminhava, continuava a buscar salvação. Telefone, livros, não havia nada que parecesse capaz de deter o avanço do destino. O monitor do computador era uma boa opção, imagino que ele tenha pensado, mas estava preso ao próprio computador inacessível embaixo da mesa. Foi nesse momento que avistamos algo capaz de ao menos atrasar os planos de nosso carrasco. Algo grande e pesado, e que já havia sido tirado de uso por equipamentos do mesmo tipo mais modernos, mas que sem nenhum motivo jazia ali sobre um móvel: "O fax!", gritamos. Ainda encontrei tempo para refletir sobre a ideia de uma coisa extinta acabar por extinguir outra, como um cadáver sendo arremessado e produzindo outro cadáver. Talvez tenha sido um delírio.

O bicho sentiu que o jogo tinha mudado novamente e se preparou para o tudo ou nada. Pulou. Pulou e foi de encontro ao fax, disparado em sua direção. Ambos caíram, o animal ainda inteiro, o fax não. Pude perceber uma fina linha de sangue escorrendo pelo que parecia ser a testa dele, e notei que, embora fosse uma criatura estranha, tinha algo comum a muitos habitantes do nosso planeta: tinha tetas.

Não foi o suficiente. A fera bambeou, mas se levantou. Espumava. Destruiu com uma mordida a bobina de papel que havia pulado de dentro da máquina. Mas a meu lado havia outra peça bem mais pesada e tão inútil quanto o fax naquele momento. Ou até aquele momento. Um nobreak quebrado.

Não sei de onde tirei forças para levantar aquilo, deve ter sido a história do Hulk. Só sei que mesmo deitado levantei o nobreak por sobre a cabeça. A fera se moveu rápido e mordeu meu pé. A dor foi extrema. Joguei com toda a minha força a pesada peça inútil desejando que ela inutilizasse de imediato a criatura e em seguida a minha dor. Não foi o que aconteceu, a dor aumentou. Isso porque ele caiu no alvo, mas o alvo estava com meu pé na boca. Foi quase insuportável, mas o animal me largou e pareceu seriamente prejudicado. De imediato, Nelson começou a golpeá-lo com um pesado catálogo do mercado do Festival de Cannes. Ele urrava.

Levando uma surra e ainda tonto e ferido pelo nobreak, que por sinal resistiu muito bem ao embate, a criatura nojenta se arrastava pelo chão. Eu, já parcialmente recuperado e tendo a certeza de que a vitória se aproximava, peguei novamente o nobreak, até com certa facilidade, movido pelo ódio de ter um enorme galo na cabeça e um pé que eu nem sabia ao certo o estado.

A criatura conseguiu chegar até o pátio, o que era conveniente porque o chão era de cerâmica, mais dura que o piso de madeira da minha sala e mais fácil de limpar. Olhei para ela e ela me olhou. Ainda tentou fazer carinha de bicho carente, tipo gatinho do Shrek, clamando por clemência.

O governador não telefonou, como acontece em filmes americanos antes da execução. Naquela noite, a clemência não viria de minha parte, que já imaginava a quantidade de injeções que teria de tomar por causa daquela mordida e temia que precisasse até de cirurgia.

Manquei em sua direção e o bicho parecia imóvel. Morreu? Por um momento senti pena. Seria o último exemplar da espécie? Teríamos nós, usando máquinas inúteis como pedras e o poder do mercado de Cannes como pau, tirado da face da Terra o último exemplar do que poderia ser um elo perdido da evolução? Senti remorso.

Quando já me preparava para abaixar a guarda e o nobreak, o infeliz rosnou e tentou pegar meu outro pé. Estava vivo e achando que sua farsa de nada adiantara, mostrou sua real face. Seus pelos se arrepiaram. Da boca, um misto de baba e sangue jorrava e suas garras saltaram para fora de suas patas. Não tive dúvida.

See you in hell. Não joguei o nobreak. O usei como martelo. Nunca tinha matado um mamífero antes.

As memórias daquela noite macabra assombram minha mente desde então. Lembrando de tudo isso agora, tantos anos depois, acho que não aconteceu exatamente assim. Outras imagens de situações vividas naquela noite voltaram e me lembrei de coisas que alteram consideravelmente a narrativa acima. Como já disse, o tempo distorce a memória e talvez tudo tenha sido bem diferente.

"Se eu pensasse em você, eu o desprezaria." Frase que sempre adorei de Bogart para Peter Lorre em *Casablanca*. O problema é que revi o filme e não ouvi novamente a frase. Teria eu imaginado? Inventado a frase? Ficaria feliz de descobrir que a criei, pois é uma frase muito boa. Mas o autor deve ser algum tradutor, devo ter visto uma versão que tinha essa frase e outras traduzidas de outra maneira. Alguém aí, por favor, pesquise isso.

A questão é que a memória é assim. Lembramos muitas vezes de coisas que jamais aconteceram, ampliamos sensações, aperfeiçoamos frases, enfim, criamos um filme na cabeça para tentar juntar as partes que realmente não esquecemos. Assim como nesse pesadelo, que de fato aconteceu.

74. Gemendo com Madonna

Paissandu glorioso com seus 450 lugares lotados. Na tela, o documentário *Na cama com Madonna* e, na plateia, no meio da multidão, havia Jabba, cujo nome real não é esse, mas não sei qual é o verdadeiro. Como o nome é uma ficção, melhor um nome de ficção que ajude a visualizar o ocorrido.

Tudo corria bem até Jabba resolver ir ao banheiro. Lentamente se levantou, assim como toda a sua fileira para que ele pudesse passar. Ia andando praticamente de costas para não perder nada do filme. E foi sem problemas, a questão foi na volta. O Paissandu tinha uma curta, porém um tanto íngreme, rampa entre a sala de fumantes, também lotada, e a plateia propriamente dita. Jabba, que continuava caminhando e olhando para a tela, escorregou. Foi um tombo espetacular e extremamente ruidoso. Se estivéssemos em *Matrix*, as ondas sonoras teriam chegado até a tela e ela teria balançado. Talvez até tenha balançado e não chegamos a perceber. Na mesma hora Jabba gemeu de dor. A sessão foi interrompida e o gerente e o porteiro foram acudir. Mas Jabba era muito, muito obeso. A rigor, não tenho ideia de como coube na poltrona. Os dois nada conseguiram fazer e ele continuava a gemer. Algumas pessoas tentaram ajudar, mas ele era pesado demais. E todos acharam por bem deixá-lo imóvel, pois poderiam agravar seu estado. Uma ambulância foi chamada enquanto toda a plateia, de pé, olhava perplexa as providências que estavam sendo tomadas.

Na mesma hora o gerente decidiu anunciar o cancelamento da sessão. Não tinha como continuar com um ser humano caído no chão gemendo e a ambulância certamente iria demorar. Todos civilizadamente conformados, o gerente se preparava para devolver 450 ingressos em dinheiro ou vale-ingresso quando uma frase gutural é ouvida: "Bota o filme!" Era Jabba pedindo que a sessão continuasse. "Bota o filme, porra!", insistiu Jabba.

Todos, público e funcionários, se olharam sem saber o que pensar. Jabba, de maneira sensata e fria, explicou que teria de ficar naquela constrangedora posição por mais um bom tempo e preferia terminar de ver o filme do que ter quatrocentas pessoas olhando para ele veladamente e pensando que tinha estragado o programa, além de nos dar prejuízo. Jabba era gente boa. Na posição em que estava poderia continuar a ver o filme muito bem. Na verdade, a rampa lhe dava posição privilegiada para ver a tela e ele estaria confortavelmente deitado no carpete, se não fossem as dores. E assim foi feita a vontade de Jabba, a sessão prosseguiu de onde tinha parado.

Enquanto Madonna gemia em sua encenação na tela, Jabba gemia na plateia. Depois de algum tempo as pessoas começaram a rir, incluindo o próprio. O clímax aconteceu quando Madonna simulou sexo oral com uma garrafa de refrigerante. Nesse momento, toda a plateia gemeu em solidariedade.

A ambulância chegou quando faltavam menos de dez minutos para o filme acabar. De nada adiantou os paramédicos quererem removê-lo, ele não quis de jeito algum. Tiveram que ver o fim do filme ao lado dele. E no fim toda a plateia aplaudiu entusiasticamente e Jabba saiu nos braços do povo. Foi preciso muito povo.

75. Dois em um

Na virada do século estávamos em frangalhos. A recente separação do grupo ainda era doída e a luta para manter a MostraRio de pé, inglória. Nesse cenário, Adriana promoveu o encontro com as irmãs Walkíria Barbosa e Vilma Lustosa, Marcos Didonet e Iafa Britz, que realizavam, também a duras penas, o RioCineFestival. A ideia era unir os dois eventos, com o Estação cuidando da seleção e programação de filmes e o RioCine organizando um seminário em paralelo, o Rio Market. Essa foi a divisão básica que existiu desde o primeiro evento, em 1999, até o último em que participei, em 2011, muito embora todos participassem um pouco de cada ação e as coisas fossem decididas de comum acordo. Ilda tomaria a frente pelo Estação e Walkíria pelo RioCine.

Como todo bom evento de cinema, o Festival precisava de um cinema-sede. Por intermédio do saudoso Kiko, Francisco Pinto, procuramos o Grupo Severiano Ribeiro (GSR) para falar do Odeon. E aconteceu que juntamos a fome com a vontade de comer. Ter o Festival cuidando do Odeon era um problema a menos para o GSR. O Odeon seria administrado pelo Festival, mas isso significava, na prática, ser administrado pelo Estação, consequentemente, por mim.

O Odeon tinha problemas gigantescos. Para começar, acústicos. Havia sido construído para o cinema mudo e nunca tinha tido o tratamento adequado. As máquinas de ar condicionado eram do Velho Oeste, enormes, proporcionais às suas ineficiências. Os restaurantes em volta cimentaram passagens de lençóis freáticos, o que fazia com que o esgoto da região migrasse para o Odeon quando havia entupimentos. E problemas também de segurança, pois em dias de pouco movimento tínhamos que manter pessoas nos andares de cima para evitar assaltos no balcão, além de atitudes libidinosas.

Para se ter uma ideia das dificuldades, a máquina que iria permitir melhorar as condições de refrigeração do cinema não passava pelas portas, teve que ser içada até o alto do prédio e depois baixada por sobre a laje da cúpula do cinema. Só esse processo foi tão caro quanto a máquina, o prédio do Odeon tem 11 andares! Durante os quinze anos que o Estação o administrou, deve ter gerado um prejuízo de uns 7 milhões de reais, mesmo com patrocínios. E quem cobriu isso sempre foi o Estação, o Festival entrava com adequações e melhorias sempre às vésperas do evento.

Com o passar do tempo e as dificuldades crescentes em administrar o Estação, fui cada vez mais me distanciando do Festival. Nos últimos anos, eu praticamente participava das reuniões gerais, cada vez mais raras, selecionava filmes para a Première Brasil e organizava a tonelada de filmes que Ilda escolhia para um número cada vez maior de locais de exibição. A cada ano eram mais filmes e mais locais para programar em menos tempo. Durante muitos anos esse foi um ponto de atrito entre nós dois. Sempre defendi que valia mais ter uma programação menor, porém organizada, fechada e divulgada com mais antecedência, que atrasar tudo na esperança de ter o mais novo filme de Veneza ou San Sebastian que chegariam após o início do Festival e iriam embora antes do fim. Achava que ter trezentos ou quatrocentos filmes não fazia diferença, ninguém consegue ver tudo isso mesmo. Ilda não pensava assim, buscava até a véspera do Festival os filmes mais novos e mais importantes, e com isso a programação não podia ser fechada, porque filmes assim mudam tudo.

Dessa forma, meu trabalho era organizar entre trezentos e quatrocentos filmes em cerca de quarenta locais de exibição, cada filme e cada local com suas particularidades e condições técnicas, considerando o período que o filme estaria disponível e quantas exibições estavam autorizadas. Se havia convidados, tudo ficava mais difícil, pois a possibilidade de ter o filme disponível na data que o convidado poderia vir era sempre restrita. Tudo isso em 48 horas, no máximo 72 horas. Houve Festival em que havia exibições em cópias 35mm, arquivos HD, DCP aberto ou fechado, DVD/ BluRay e fitas Betacam. Eram poucas as salas aparelhadas com todos esses equipamentos e isso tinha que ser pensado na programação. Além das questões técnicas de cada filme, havia ainda a própria estrutura do Festival em submostras. Era importante que elas ocupassem cinemas específicos e a sequência das exibições tivesse uma lógica que o espectador pudesse entender. Assim, se ele perdia a primeira exibição de um filme, poderia concluir, sem mesmo olhar a programação, onde e quando seria a segunda. Não sei se alguém notava isso, mas achava fundamental. E isso era mais uma dificuldade em fazer a programação com pouco tempo.

Para que tudo isso funcionasse, criei métodos e um programa de computador, um banco de dados, que servia para checagem, não para a programação em si. Usava um programa chamado FileMaker. O primeiro FileMaker de programação foi feito por Didado Azambuja para a distribuidora. Peguei o que Didado fez e adaptei para o Festival. Mais tarde, Bruno Sá se tornou especialista no programa e foi fazendo melhorias, tanto para o Festival, quanto para a programação do dia a dia e para o financeiro. O FileMaker era usado em quase todas as áreas do Estação. Uma vez fechada, a programação era conferida por Guilherme Tristão e Luiz Eduardo Pereira e tenho certeza que eles podem confirmar que os erros eram poucos. Tudo que pedia a Ilda, para que eu conseguisse fazer essa operação rapidamente, era que o número de exibições autorizadas para cada filme fosse par e que o número de filmes em cada mostra não poderia ser primo. Até hoje não sei se era de propósito, mas as mostras sempre vinham com 11, 13 ou 17 filmes, muitas vezes com três exibições cada.

Após conferir tudo, tínhamos que enviar para o caderno de programação e para o encarte de *O Globo*. Era muito importante que ambos não tivessem erros, por isso eu ia pessoalmente ao jornal conferir se o tabloide estava correto, junto com os dois assistentes, Luiz e Guilherme, e, às vezes, com meu irmão André. Houve anos em que viramos a noite por lá. Passaram alguns editores por esse caderno de *O Globo*, e me lembro em especial de Nani Rubin, que se matava para que tudo saísse bem-feito. O projeto gráfico era sempre de Télio Navega e o tijolinho, como não poderia deixar de ser, de Paulo Senna.

Após todo esse trabalho, era normal Ilda pedir alterações porque um convidado tinha mudado de ideia ou um filme havia sido cancelado. Isso me levava à loucura, meu objetivo era o padrão Festival de Berlim. Obviamente que eu era louco em querer isso, mas não era impossível conseguir se Ilda não fosse mais louca que eu.

Também cabia a mim escolher títulos em português para os filmes que não tinham distribuidores. Em uma mostra tão grande, a escolha do título pode significar o sucesso ou o fracasso do filme. Muitas vezes fizemos divertidas reuniões em que muitas pessoas da equipe davam opiniões e, até hoje, acho que o melhor título escolhido foi o de Marcos Silva: *E o michê vestia branco*. Era da mostra gay, e não há outra explicação para um filme totalmente desconhecido ter lotado todas as suas sessões se não fosse pelo título escolhido.

Fui responsável por criar inúmeras submostras, além da Première Brasil — criada ainda durante a MostraRio —, como a Expectativa, para diretores iniciantes, a Fronteiras, para documentários, ou a Filme Documento, para documentários sobre cinema. A mostra Novos Rumos, dentro da Première Brasil, foi pensada para dar espaço a filmes de novos diretores ou esteticamente ousados, que já não cabiam nos rumos tomados pela mostra principal, mais institucional. Já a Retratos, para abrigar os documentários biográficos, tendência que via crescendo muito, em especial com os filmes sobre cantores e compositores. Também aperfeiçoei a fórmula da votação popular, concebida pela Price Waterhouse para o primeiro ano. Nos anos seguintes, forneci essa fórmula para vários festivais.

Na minha opinião, com o tempo, o Festival do Rio foi se afastando do espírito cinéfilo que criou a Mostra Banco Nacional e fui sentindo que meu espaço e entusiasmo já não eram os mesmos. Eram dois grupos muito diferentes, com propósitos muito distintos. Nos últimos anos que participei, Adriana e Iafa já tinham saído e Ilda parecia mais preocupada com o Festival em si e não tanto com o Estação, e, às vezes, isso era conflitante. Além disso, ela passou a se interessar mais pela imagem do evento do que com a realidade, como a qualidade das projeções. Vivemos um período crítico nos meus derradeiros anos no Festival. Tudo culminou no evento de 2011, quando vi uma obra-prima como *Sudoeste* perder para o "apenas" ótimo *Matraga*. Na época, vi os dois filmes como antagônicos, o que não é verdade. Mas, para mim, a derrota de *Sudoeste* era a derrota do Estação. Houve, ainda, um mal-entendido com a Cinépolis, dona do complexo Lagoon. Existia um acordo feito entre o Festival e o Grupo Severiano Ribeiro, do qual não participei, que não permitia que o Lagoon entrasse no Festival. Após a divulgação da programação, recebi o telefonema de um revoltado Luiz Gonzaga de Lucca, da Cinépolis, amigo de anos, me questionando por que eu havia vetado a Cinépolis. Estava inocente na história e levando a culpa. Imaginei que podia estar levando a culpa de muitas coisas que aconteciam no Festival à minha revelia, pois eu ficava absorvido demais com o Estação e só entrava na organização do Festival nas últimas semanas, como disse antes. Resolvi me desligar do evento e enviei uma carta para todos. Para minha surpresa, não houve resposta ou pedido de reconsideração, acho que estavam mesmo fartos de mim, além de ter ficado claro que não havia mais espaço para o que eu pensava. Durante as 13 edições do Festival do Rio que participei houve alguns atritos com vários dos meus sócios, na maioria das vezes por mal-entendidos que no calor dos acontecimentos eram ampliados.

Somente um ano depois, às vésperas do Festival seguinte, Ilda e Nelson me procuraram para perguntar se eu não iria mesmo fazer a programação. Magoado pelo ano de silêncio, disse que não, ou melhor, cobrei um alto valor que sabia que não pagariam, para que eu não precisasse fazer. Depois de um ano sendo ignorado, minha relação não era mais de amor. Como prêmio de consolação, fiquei sabendo que precisaram contratar quatro ou cinco pessoas para fazer o que eu fazia.

Mesmo estando fora do Festival continuei a manter o Odeon, um trabalho maior que administrar o Estação Gávea. Costumava dizer que o Odeon era o Titanic, só que com *icebergs* por todos os lados. O cinema tinha o mesmo número de funcionários e gastava a mesma energia elétrica que o Gávea, com um público muitas vezes inferior e ingresso bem mais barato. Depois que entramos em recuperação judicial, para renovar os contratos do Odeon e do Espaço (Estação NET Rio) me comprometi com Luiz Henrique Severiano Ribeiro que se não tivesse condições de pagar os aluguéis devolveria os cinemas. Não tinha como dar qualquer outra garantia além da minha palavra. Luiz aceitou e fez constar em contrato que enquanto eu fosse diretor do Estação, a fiança, na prática o fio do meu bigode, estava valendo. Vieram as manifestações de 2013 e o Odeon passou muitos dias fechado, a Cinelândia era o epicentro. Até o Festival do Rio resolveu tirar a sede do Odeon — as manifestações começaram em junho e o Festival foi em setembro, para se ter uma ideia de quanto tempo tivemos dificuldade em abrir o Odeon. Vidros foram quebrados duas vezes e portas metálicas empenadas. No ano seguinte, a Copa do Mundo estava chegando e achei que poderia acontecer o mesmo. A Petrobras oferecia a renovação do contrato pelo mesmo valor, que era insuficiente para cobrir os prejuízos. Sem alternativa, sabendo que o risco de ficar inadimplente era alto, mantive minha palavra, procurei Luiz Henrique e devolvi o cinema, com dor no coração.

O Odeon foi inaugurado exatos 39 anos antes do meu nascimento, no mesmo dia 3 de abril. É minha prova cabal que vaidade não é um dos meus defeitos. Em 15 anos, subi ao palco do Odeon apenas três vezes: a primeira para apresentar Eduardo Coutinho, um sonho que tinha desde que vi *Cabra marcado para morrer*, em 1984; a segunda, com meu irmão, para apresentar seu primeiro longa, *Um romance de geração*, baseado no livro homônimo de Sérgio Sant'Anna; e uma terceira vez para apresentar a vedete Virgínia Lane, que, apesar de ter sido uma honra para mim, só aconteceu por falta de quem pudesse apresentá-la.

Lá vivi momentos antológicos, enquanto o administrei e também muito tempo antes. Lembro de um festival de terror nos anos 80, em que assisti a *Terror em Amityville* quase no lustre do cinema, de tão lotado que estava. Também vi *9½ semanas de amor*, com Cláudia Oliveira, minha namorada na época, e no final da sessão um senhor, distante três ou quatro cadeiras de nós, baixou a cabeça e filosofou: "A vida é foda." No caso do filme, em mais de um sentido.

76. Querido Domingos
Escrito no Facebook em 26 de abril de 2020, 11h33

Já faz mais de um ano que você foi de vez para o futuro. Tentei algumas vezes te escrever, mas, você sabe, é difícil. Tão difícil como mostrar uma musiquinha pro Tom ou um desenho pro Di. Mas as palavras ficaram rodando na minha cabeça, e, como você sempre diz, "é melhor se arrepender de fazer do que de não fazer". Então eu faço, torcendo para que esta carta te alcance numa de suas muitas e generosas voltas pelo futuro próximo, pois o seu futuro pouca gente alcança.

Sabemos que você sempre esteve à frente de nós, mas as limitações da física nos permitiram durante um bom tempo conviver no mesmo terreno. Sorte nossa! Não fosse assim, estaríamos condenados a te ver como as ondas gravitacionais, que não sabemos exatamente o que são nem de onde vem. Sempre deu para ver nos seus olhos que você via muito além dos nossos. Agora, com você aí no seu futuro, temos que correr atrás e tentar algum tipo de comunicação moderna, capaz de frear um pouco seu ritmo para que possamos ter algum diálogo. Acho que essa comunicação só pode ser através de uma carta, pois duvido que você resista a ler uma nos tempos de hoje ou de amanhã.

O motivo desta carta não é outro senão saudade. Já sentia quando você estava mais próximo e agora, milhares de anos-luz distante, a saudade aperta. É bem dura essa falta, que sua velocidade nos obriga a sentir. Ontem foi ainda pior. Assisti ao seu mais recente trabalho, *Todas as mulheres do mundo*, a série, e senti saudade também de *Todas as mulheres do mundo*, o filme, que revi em seguida. Já vi e revi o filme muitas vezes, como você bem sabe, sempre tentando te alcançar. Mas quando finalmente alcançava, você já estava longe.

Adorei a série! Mais uma vez, ótimos atores e um texto delicioso, com frases que dizem muito em poucas palavras. Você sempre foi preguiçoso com as palavras, sempre usou poucas para dizer muito. Nem imagino como seria se usasse muitas e pudesse uni-las para criar outras, como em alemão. Mas você jamais seria alemão, sei disso. Poderia ser uma mistura de russo com italiano, mas duvido que você teria sido tão você se não fosse carioca. Nossa sorte fez você nascer aqui, e graças a sua falta de tempo — pois tinha que viver e, sobretudo, amar — teve que ser econômico, afinal, "a vida é um rato passando pela sala". Do contrário, estaríamos falando de ondas gravitacionais e tentando traduzi-las.

Uma vez, vi um homem pintando um Monet. Ele disse que Monet já não pintava mais assim onde estava, mas que de outra maneira não o reconheceríamos. Entendi que Monet não estava parado no tempo de Monet. Ele está por aí com você? Digo isso porque tive uma sensação estranha vendo a série: era você mas não era você. Ou pelo menos não era o Domingos do tempo do Domingos. Já deve ser você, inquieto como sempre, procurando maneiras diferentes de berrar nos nossos ouvidos os sentimentos que você sempre quis nos mostrar. Agradeço, do fundo do coração, a todos os homens e mulheres que, na falta de melhor palavra, te "psicografaram" para que a gente te visse como está. Fiquei feliz de ver que está em plena forma, com saúde.

Lembro de um dia, na sua casa, que me emocionei vendo você se emocionar com o que você mesmo tinha escrito. Fiquei maravilhado com sua autossuficiência. Imagina ter o poder de quando se está mal simplesmente escrever e ler o que acabou de escrever e ficar bem? Imagina querer chorar e apenas com um lápis provocar o próprio choro? Esse é você, e, enquanto eu apenas imagino, você sabe como é, faz tempo.

Não vou torturá-lo com um texto longo. Era só para falar da saudade e da felicidade de te rever. Queria terminar dizendo que outro dia encontrei a turma num bar. Seus apóstolos seguem firmes pregando seu evangelho, acho que você já sabe disso. Você não estava, mas era quem mais estava. Você é um presente que está sempre presente em nossa vida.

Quando der, manda notícias novas.

Um beijo grande do amigo Marcelo.

(P.S.: Sei que furei todas as vezes que marcamos o xadrez, mas, quando puder, estou às ordens. Eu levo o uísque.)

77. Marcelo, tudo bom?
Recebido por e-mail em 20 de julho de 2018, 14h47

Meio por acaso, fui ver a estreia do filme cubano da Alice Andrade. Aquela plateia não era um cinema — era um mundo, a plateia-alvo ideal, de admiradores do bom e bem-intencionado Cinema. É uma turma preciosa! Talvez um pouco decadente, mas sempre brilhante.

Em agosto, estreio um cineclube em parceria com o Teatro XP e estou estudando quem poderia ter interesse em frequentá-lo. Eu gostaria muito de poder convidar o público do Estação Botafogo e queria falar com você a respeito dessa mala direta — a lista de e-mails dos frequentadores (especialmente os antigos) do Estação. Aproveito também, é claro, para já te adiantar esse convite. As sessões serão às 19h de terças, a partir do dia 7/08 (a princípio, durante cinco semanas), no XP.

Obrigado desde já,

Domingos

(P.S.: Há muito pouca tradição nas salas brasileiras. Quanta tradição existe naquelas paredes e corredores da Voluntários da Pátria! Muita coisa aconteceu ali!)

78. Domingos

Como você deve ter notado, não fui. Você já me conhece, é difícil sair de casa. Estava todo paramentado, barba feita e cabelo penteado, se ainda tivesse. Mas era cedo, liguei a TV e, para nosso azar, estava passando *Era uma vez na América*. Parei para rever um pouquinho e, quando me dei conta, já tinha passado mais de cinquenta minutos, perdi a hora. Tenho certeza que você compreende. Você conseguiu a mala com o pessoal do Estação? Espero que sim!

Queria te contar que estou escrevendo as histórias que me lembro das paredes e corredores do cinema da Voluntários da Pátria! Pois é, segui seus conselhos e me entreguei. Desisti de desistir e o texto está fluindo. Você é, claro, uma inspiração e pensei em contar algumas das nossas aventuras, o que acha? Começaria pelo *Separações*, filme que nos uniu pela primeira vez.

Você, Pri e Clelia Bessa me procuram para falar do filme e assim que você me mostrou, adorei. Adorei logo de cara você e Priscilla também, Clelia eu já conhecia. Felizmente, decidimos lançá-lo em janeiro, mês fervilhante para o cinema no Rio de Janeiro. Lembra que você me ligava após as sessões? Lembra que te falei logo depois da primeira sessão de sexta-feira que o filme seria um sucesso? Pois é, cada um no seu ofício e o meu era conhecer bem essa coisa de programação. E agora, ora vejam só, você programando cineclube e eu escrevendo. Tenho certeza de que você faz o meu trabalho melhor do que farei o seu.

Como o filme *Carreiras*, que você propôs a maluquice de fazer a pré-estreia no Canal Brasil. Eu topei porque sempre topei suas maluquices, mas entramos pelo cano porque muitos exibidores não toparam. E como você é muito querido, todo mundo viu o filme na TV e ninguém foi ao cinema... E ainda teve a história do cartaz, lembra? Você pediu ao Ziraldo, ele fez e eu não gostei. Mas quem sou eu para falar artisticamente de um cartaz do Ziraldo? Não gostei porque não funcionava comercialmente. Pedi que fizesse outro e você, leal como sempre, me disse que perdia o cartaz, mas não perdia o amigo. De toda maneira, não foi o cartaz que fez as pessoas não irem ao cinema.

E a pré-estreia de *Todo mundo tem problemas sexuais* que fizemos em Bangu por sugestão do Pedro Cardoso? Tudo montado, matéria no jornal conseguida pela Cláudia Belém e ele não foi. Foi todo mundo, menos ele. Ainda assim a Cláudia foi brilhante, achou um casal que tinha saído de Cascadura só para ver o filme e a matéria saiu perfeita. E não é que ficamos cinco semanas em cartaz por lá? Quem diria, o rei dos baixos Gávea e Leblon abalou Bangu!

Continuo aguardando você liberar alguns roteiros para eu tentar filmar com outros diretores. Da última vez, você disse que tinha 33 prontos. Te pedi que me mandasse os menos pessoais, aqueles que você não fazia questão de dirigir, e você me mandou três. Mas antes que eu pudesse fazer qualquer coisa, você filmou os três, logo os três! Assim não dá, né?

Bem, quando tiver um rascunho das histórias te mando. Vê se me manda alguma história que você não vá filmar. Mas dessa vez, por favor, me dá pelo menos seis meses pra correr atrás.

Fica bem.

Bj., Marcelo

79. Sem paraquedas na ponte aérea

Logo que entramos no século XXI, e assim que venceu o prazo de "não agressão", estabelecido pelo nosso "Tratado de Tordesilhas", os dois lados começaram a se movimentar para conseguir alguma posição no território do outro. Se, por um lado, Adhemar buscou o Leblon, um local planejado para ser teatro, retomou a sala do Museu da República, culminando com a abertura do Espaço Itaú, nós buscamos um circuito em São Paulo onde pudéssemos exibir os Filmes do Estação, que há dois anos estavam sem opções desde que Adhemar passou a não exibi-los.

Surgiu a oportunidade de uma sociedade com a Alvorada, empresa exibidora de Wilson Rodrigues, administrada por um profissional das antigas chamado Sérgio Cabral, homônimo do ex-governador presidiário. Entramos de sócios nos cinemas deles sem pagar nada, 50% para cada, obtendo os lucros ou cobrindo possíveis prejuízos nessa proporção, ou seja, já não conseguiam administrar as salas com lucro e preferiam dividir o problema, arriscando um sucesso. Sábia negociação para a Alvorada, nem tanto para o Estação.

Os cinemas da Alvorada eram o histórico Belas Artes, ex-Gaumont Belas Artes, cinema de arte marcante da vida paulista e, em princípio, em ótima localização. Os dois Studios Alvorada, dentro do Conjunto Nacional, e os dois Top Cine, ao lado da TV Gazeta. Dez salas capazes de absorver os filmes que importávamos e que ainda poderiam receber filmes de outras distribuidoras. Sabíamos que era um investimento de risco, porque, ao contrário do Rio, estávamos longe da administração e tínhamos concorrentes no nosso segmento, não só nosso ex-sócio.

Como de hábito, não tínhamos dinheiro. Logo, não pudemos fazer as intervenções que de imediato descobrimos necessárias em todas as salas, apenas melhorias de projeção e som, que ainda assim deixavam a desejar. Mas confiávamos nos nossos filmes, nos novos e nas dezenas de clássicos que trouxemos, principalmente franceses, de nomes como Truffaut, Godard, Rohmer e Louis Malle.

E de fato as coisas começaram bem. Para atrair público para os cinemas, lançamos *Buena Vista Social Club* exclusivamente no Top Cine. Se em termos artísticos era quase um assassinato mostrar um filme desses em São Paulo, em salas com som, imagem e conforto a desejar, era também a ponta de lança de um projeto, que se funcionasse traria para a cidade muitos outros projetos e filmes. As duas salas do Top Cine não eram grandes, tinham por volta de 150 lugares, e cada uma delas atingiu quase 3 mil pessoas por semana enquanto os músicos velhinhos cubanos estiveram por lá.

O problema é que não há *buena vista* todos os dias, às vezes ela embaça. Apesar de alguns outros sucessos, como *As coisas simples da vida*, entre outros, a verdade é que na média estávamos pagando para trabalhar, considerando as altas despesas de todas as salas e a remessa de lucro dos filmes aos produtores. Estávamos usando o lucro da distribuidora, quando havia, para manter os cinemas. A primeira providência foi devolver os Studios Alvorada 1 e 2, muito próximos geograficamente do Belas Artes e com custo ainda mais alto. O condomínio custava mais que o aluguel, só seria viável um cinema com patrocínio. Mais tarde, eles passaram a compor o circuito do Adhemar, sempre com patrocínios, até fechar recentemente.

Seguramos os outros um pouco mais e buscamos patrocínios, mas, por mais que tentássemos, o fato de não estarmos em São Paulo fazia uma diferença enorme. Acabamos entregando todas as salas, terminando a nossa frustrada aventura na ponte aérea. O sentimento era de derrota, afinal, alguns anos antes, Adhemar havia feito esse movimento e tinha sido bem-sucedido, com o nosso suporte, é verdade, mas quem conhecia a história?

Decidimos que era hora da profissionalização. Buscar consultorias para decidir os melhores caminhos e concentrar esforços em fortalecer o que já tínhamos, que era muito, antes de pensar em novos voos, como equivocadamente fizemos. A distribuidora, se continuasse, teria que buscar outras saídas em São Paulo, não havia alternativa.

80. Uma geração que estava esperando para ser descoberta

Embora a maior bilheteria dos Filmes do Estação tenha sido *O banquete de casamento*, creio que o auge da nossa distribuidora foi o lançamento do *Buena Vista Social Club*. Houve outros feitos depois, como *O cheiro do ralo* e, em menor escala, *Um lugar na plateia* e *A culpa é do Fidel*. Mas foi na época de *Buena Vista* que tivemos uma operação mais sólida e sistemática, e ainda estávamos inaugurando as salas em São Paulo, com ótimo público. Foi um dos filmes mais caros que já compramos, estratosféricos 20 mil dólares. Uma fortuna para nós, uma pechincha para o mercado. Entre a compra e o lançamento, houve pouquíssimo tempo — não podíamos perder a onda cubana. E eu e Alberto Shatovsky tivemos que botar a criatividade em jogo.

Não havia chegado material de divulgação do filme para nós, o mundo todo estava atrás dele. Como não tínhamos recursos e nem tempo para uma grande campanha e sabíamos que bastava anunciar ao nosso público que o filme estava chegando para provocar a onda necessária que se multiplicaria no boca a boca, focamos em promover o filme em nossas próprias salas no Rio e em São Paulo. Para isso precisávamos de um trailer e não tínhamos acesso nem mesmo a esse material essencial.

Novamente, não havia tempo ou dinheiro para se fazer um trailer bem-feito. Não tínhamos sequer fotos, que dirá imagens em movimento da banda. A saída foi fazer uma espécie de PowerPoint.

Escolhemos algumas poucas frases, como a que batiza este capítulo, colocamos a data de estreia, alguns prêmios e críticas, sublinhados pela música mais conhecida do grupo. Já nos primeiros acordes, ainda com a tela preta, já percebia a mudança na respiração das pessoas, aquela travadinha que sentimos com uma surpresa boa. Funcionou como o planejado, acabamos enviando nosso "trailer" para todo o país e *Buena Vista* é até hoje um dos documentários mais vistos no Brasil, com mais de 225 mil espectadores.

Buena Vista foi objeto de uma querela nossa com o Cinemark. Um diretor do Cinemark na época me ligou querendo exibir o filme e eu expliquei nossa estratégia em São Paulo. Se o Cinemark fosse exibir nossos filmes dali em diante seria uma coisa, mas o interesse deles era apenas no filme de Wenders. Inconformado com minha recusa, escreveu para os produtores dizendo que íamos lançar o filme exclusivamente numa zona de bandidos e prostituição. O cinema ficava na avenida Paulista, ao lado da TV Gazeta, onde hoje é o Reserva Cultural, ou seja, a afirmação era mentirosa. O produtor me encaminhou o e-mail e perguntou quem era o maluco. Expliquei a situação e entrei em contato com Walmir Fernandes, CEO da Cinemark. Walmir veio até o Rio — estava com o braço quebrado, numa tipoia — para pedir desculpas, e esse gesto gentil e político evitou um processo nosso contra eles. Um tempo depois o tal diretor foi transferido para o México (o que na época significava "cair para cima").

Depois que já tínhamos lançado o filme e feito todo o sucesso possível, veio o Oscar. No nosso contrato havia uma cláusula de prêmio, na qual teríamos de pagar mais 10 mil dólares caso o filme vencesse o Oscar de Melhor Filme Estrangeiro. Mas isso não traria benefício algum para nós, já não havia onde faturar mais com o filme. E assim torcemos loucamente contra o nosso filme na cerimônia, que Wim Wenders jamais saiba disso... E felizmente o filme perdeu. Mas ganhou o Grande Prêmio do Cinema Brasileiro. A cerimônia foi no Quitandinha (em Petrópolis!), e rumei para a minha cidade natal com a quase certeza do prêmio e feliz como se o filme tivesse sido realizado por mim, seria uma volta apoteótica após quase vinte anos de minha saída de lá. Mas meu carro enguiçou na subida da serra e perdi a festa. Nem prêmio para os outros consigo receber...

81. Histórias mínimas

Peço perdão antecipadamente porque o final desse texto pode parecer uma propaganda, mas não é essa a intenção. Venho pensando há muito tempo no que chamo preguiçosamente de "parquedediversãonismo" do cinema em geral. Não tenho nada contra, eu mesmo assisto a muitos filmes assim, uma vez que tenho três filhos. Mas o cinema se parece cada vez mais com uma montanha-russa, com milhares de planos, mas todos eles indicando sempre na mesma direção. Não dá para pular do carrinho e sequer cogitar um outro caminho. Ficamos apenas contemplando, tomando sustos, rindo. Não há interação, mas, sim, reação. Tenho muita dificuldade para entender um filme como *Transformers* (só vi o primeiro), por exemplo. Nem sequer consegui identificar para quem torcer. Não entendo também os filmes atuais de super-heróis. Hoje eles são celebrados porque têm dilemas, são mais humanos, têm fraquezas, não apenas a kriptonita, como se existissem super-heróis humanos de capa, máscara, espada, superpoderes, martelo e o escambau. Toda vez que vou ver um filme desses tenho sono, me decepciono.

Prefiro mil vezes um cinema como o de Sorín. Em *Filha distante* (olha a propaganda aí!), Carlos Sorín consegue, com uma economia de recursos que hoje poucos têm (não falo de dinheiro), nos levar bem mais longe e escolher os caminhos a tomar, completando sem qualquer dificuldade a história dentro de nós. É como um passeio no bosque em vez do frenesi de uma Disneylândia. Em *Filha distante*, vemos muito pouco, mas entendemos tudo. Pouco se fala da vida dos personagens, mas tudo compreendemos. E nos emocionamos com sua simplicidade. É um cara hábil esse Sorín. *Me gusta mucho.*

82. Eu queria ver *Iracema*

Subia a serra de Petrópolis, como já tinha feito tantas vezes, parando em depósitos de móveis usados e velharias. Mas dessa vez algo diferente chamou minha atenção, uma cópia 35mm bem antiga e empoeirada, esquecida com certeza há muito tempo embaixo de um sofá, talvez ainda mais velho. Tentando não demonstrar muito interesse, pergunto do que se trata.

Zé, um senhor prestativo, mas um tanto lento, diz que não sabe. Deve ser o calor do verão, penso, sobre a lentidão. Tentei em vão descobrir o que era, mas as latas, muito velhas, não tinham qualquer identificação. Como já conhecia Zé de outras visitas, perguntei se podia levar um dos seis rolos para tentar ver num local apropriado. Zé, lentamente, concordou.

Trouxe o rolo para a cabine do Estação, botei na enroladeira e o único nome identificável era "Iracema". Não era, obviamente, a versão de 1917, de Capellaro, ou a de 76, de Bodanzky/Senna, ou ainda a de Carlos Coimbra, de 79. Era outra essa "Iracema", que eu não conhecia. É importante esclarecer que, na época, não havia o IMDb. Então, liguei para Hernani Heffner, do MAM, a coisa mais próxima que existia do IMDb. É raro!, alertou. No primeiro fim de semana, parti como uma bala: missão dada é missão cumprida!

Só que não deu. Zé disse que o patrão avisara que era no mínimo dez. "Dez o quê?", perguntei. "Dez mil." "Dez mil não dá, Zé." E o diálogo não foi mais profundo que isso. Zé não arredou pé em outras duas vezes que voltei. Pensava no calor e na lentidão de Zé e pensava quanto a cópia devia estar sofrendo embaixo daquele sofrido sofá. Argumentava que cada dia a cópia valia menos, ao contrário das demais coisas dali. Na quarta vez que voltei ela não estava mais lá. Nada estava mais lá. Como num episódio de *Além da imaginação*, tudo havia sumido. O patrão vendeu o negócio, provavelmente com Zé dentro.

Corta, anos depois. Estamos celebrando, Ricardo Cota, Hernani Heffner e eu a parceria Estação/MAM. Hernani me pergunta se lembro de "Iracema" e respondo que é claro que sim. Ele me diz que ela está no MAM. "Como?", pergunto. Um amigo do filho do cara que comprou o negócio reconheceu aquelas latas velhas como um filme e, muito provavelmente iluminado por são Cosme e a luz de seu charuto, conseguiu chegar até o MAM. Naquele momento, ela, "Iracema", repousava secando o suor de anos de abandono.

Tinha sido feito por italianos e era o primeiro trabalho da grande atriz Ilka Soares, nos seus 17 anos. Hernani ainda contou que há a dúvida se ela aparece ou não nua, chegou a telefonar para Ilka e contar a história. Ela riu e negou. Disse que usava um *collant* e a mãe estava com ela. Não há por que duvidar. Mas Hernani falou ou, se não falou, pensou: "Mas *collant* cor de pele na água?"

E assim preservamos nossa memória, ao acaso. O acaso e umas poucas pessoas, como Cosme Alves Netto, salvaram boa parte do que sobrou da história do Cinema Brasileiro. Graças a pessoas assim, talvez um dia, se *Iracema* secar e Hernani acertar a hora exata de desenrolar o filme, saibamos afinal o efeito de Ilka Soares aos 17 anos saindo de um lago com *collant* cor de pele.

83. Profissionalização, cálculos e obras

No início do século, sofrendo das dores de uma tentativa de expansão frustrada para São Paulo e com as contas combalidas, precisávamos nos profissionalizar, como já disse. Tínhamos mais de 15 anos de estrada, mas esta tinha sido percorrida aos trancos e barrancos, felizmente com mais trancos que barrancos. Assim, buscamos ajuda e contratamos a consultoria de Humberto Baranek e Luiz Roberto Barbosa de Oliveira, o Milu, dois profissionais altamente qualificados e muito amigos, que parcelaram o valor dos seus serviços em suaves prestações que cabiam no nosso orçamento. Ambos tinham formação em diversas áreas, de música e filosofia, de matemática e finanças, e a primeira providência foi nos sequestrar para um sítio para fazer um SWOT, uma espécie de terapia de grupo empresarial em que se discutem as fraquezas, forças, oportunidades e ameaças da empresa e tenta se chegar a uma opinião comum entre os administradores. Além de agradável pela localização, foi bastante produtivo. Todos concordavam com a direção, embora depois tenhamos constatado que os caminhos para ir nessa direção divergiam bastante.

A direção era focar em solidificar nosso território, o Rio, antes de qualquer aventura em outras terras. Dentro do nosso território, priorizar áreas com menor risco. Não podíamos errar. Assim, solidificar nossa posição em Botafogo, onde tínhamos construído um público grande e fiel, e buscar outra posição na Zona Sul da cidade, com maior poder de consumo e maior concentração de consumidores culturais, essa seria a receita para crescermos de maneira sustentável e depois alçar novos voos.

Já namorávamos há muito tempo o Shopping da Gávea, desde que programei o Cine Gávea (hoje Teatro das Artes) por alguns meses. Sabíamos que era o local perfeito para experimentar um "multiplex" no perfil do Estação. Mas tudo era muito difícil, a administração do Shopping da Gávea não ajudava. Só quando Hernani Campelo tomou as rédeas do shopping as coisas andaram. Visionário, sabia que um conjunto de salas como as nossas seria um diferencial em um shopping que era por si só diferente dos demais. Assim, nós entramos na sua estratégia de revitalização do Shopping da Gávea e passamos a contar com um aliado lá dentro. Mas a Associação de Moradores da Gávea havia conseguido barrar qualquer novo grande empreendimento na área, por causa do trânsito, e teríamos que conversar com eles. Todos foram receptivos, mas tínhamos que fazer uma pesquisa com moradores da região para saber se concordavam com cinemas do Estação ali. Financiamos a pesquisa que eles fizeram e o resultado foi favorável em mais de 80% para nós. E assim começamos os estudos para a construção das salas, ao mesmo tempo que corríamos atrás dos recursos.

Nessa mesma época, começou a ser construído um grande prédio em Botafogo onde havia uma concessionária, curiosamente chamada de Gávea Veículos, ao lado do Estação Botafogo. Eram três blocos com inúmeras lojas no térreo e uma nova rua seria criada para dar acesso às lojas, ao longo do que já tinha sido o estacionamento da estação do metrô de Botafogo e há muito tinha virado canteiro de obras. Fui até o estande de vendas, me apresentei e conheci o projeto. Era evidente que poderiam caber salas de cinema se juntássemos várias lojas. Em pouco tempo estava sentado com Rogério Chor, dono da CHL, construtora do empreendimento. Ele comprou a ideia, acertamos um valor de aluguel mais baixo, com tratamento de "loja âncora". Começaríamos a pagar o aluguel alguns meses após o prédio ser entregue.

Resumindo muito a saga, com o trabalho de Adriana, Humberto e Milu, conseguimos 4,5 milhões de reais com o BNDES via Banco Real, que não cobriam os orçamentos dos dois espaços, mas eram suficientes para dar início aos projetos e às obras, e contávamos que conseguiríamos mais no decorrer do tempo. O custo total dos projetos estava avaliado em 10 milhões para cinco salas na Gávea e cinco em Botafogo.

Muitos meses de negociação e Adriana conseguiu um contrato de patrocínio com a Vivo, que nos adiantava 3 milhões de reais para as salas se chamassem Estação Vivo Gávea. Não conseguimos para as de Botafogo e, assim, ainda faltavam 2,5 milhões para fechar o valor total dos orçamentos originais. Tudo ia bem até começar a ir mal.

Dando um salto de muitos meses no tempo, a obra do Gávea seguia a todo o vapor e sob controle. Todos os cálculos estruturais foram feitos com o escritório que atendia ao shopping, não queríamos correr riscos. Fizemos absolutamente tudo que foi pedido, inclusive reforçar os pilares. Não é simples reforçar os pilares de um shopping, significa convencer lojistas a perder parte de suas lojas para que os pilares, muitos passando pelo meio de suas áreas, sejam engrossados. Mas conseguimos, sabiam que ter cinemas seria bom para todos e Hernani estava sempre pronto a nos ajudar, convencendo os indecisos. O calculista, porém, nos procurou dizendo que havia esquecido de calcular a estrutura da rampa de acesso dos cinemas. A rampa seria uma laje que taparia o vão central do shopping, que era aberto. Era a única maneira de acessar as futuras salas. Isso não nos assustou, não era uma área grande, aproximadamente uns 200m² de uma obra de quase 2.000m², e ainda não estava na época de construí-la. Mas quando ele retornou com o cálculo, a situação mudou radicalmente.

Em Botafogo, o prédio estava ficando pronto e nós já tínhamos concluído as arquibancadas e os acessos às salas. A obra estava mais adiantada que a da Gávea, mas ainda sem patrocínio e sem previsão de mais recursos. Foi então que surgiu um problema grave. O prédio estava ficando pronto e nada de chegar água nas nossas lojas. Foi então que descobrimos que não havia previsão de abastecimento, uma vez que para as demais lojas do térreo estava previsto que todas teriam caixas-d'água nos seus jiraus, o que era impossível para nós, considerando a altura necessária para salas de cinema. Não havia possibilidade de instalar no telhado, seria uma área grande porque precisávamos de muita água. Além de não haver espaço, a estrutura do prédio não previa esse peso. A solução seria instalar no subsolo, o que obrigaria a ter um complexo sistema de bombeamento, pois além de atender aos banheiros e ao bar, precisávamos de água pressurizada para o sistema contra incêndio. A obra começava a ficar mais complexa e mais cara.

Na Gávea, recebemos com perplexidade a notícia de que a rampa de acesso teria mais 80cm de espessura, um monstro. Não era apenas uma rampa de acesso, era o saguão do cinema, onde centenas de pessoas passariam e permaneceriam. Não passou pela nossa cabeça questionar os cálculos novamente, não iríamos correr riscos dessa natureza. Mas esse aumento inviabilizava completamente nosso projeto, que previa dois andares. Com 80cm a menos, não conseguiríamos isso. Além do custo extra do reforço da rampa, a paralisação da obra em função do problema encarecia ainda mais o projeto. Para piorar, o tempo passava e o início do pagamento das parcelas ao BNDES se aproximava, o que originalmente só deveria acontecer, pelo cronograma, após a inauguração.

O prédio em Botafogo ficou pronto, porém sem rua. Havia apenas um estreito corredor para dar acesso às lojas e ao nosso cinema, já batizado de Estação Mandela. Não podíamos inaugurar assim, nem mesmo a autorização dos bombeiros teríamos. Começamos a renegociar com Rogério Chor a situação, pois os aluguéis já começavam a vencer. Para nós, ele tinha nos entregado lojas sem água e sem acesso. Ele compreendeu a situação e foi paciente, assim como nós. Enquanto tentávamos contornar os problemas, buscávamos mais dinheiro.

Estávamos com as duas obras paradas, sem solução à vista, e com o caixa zerado por causa dos sucessivos problemas e atrasos. O cenário era desolador. E nesse ambiente chegou o convite para Adriana assumir a Secretaria Estadual de Cultura. Estávamos em meados de 2007.

84. Um final horroroso ou um horror sem fim?

Diante da nossa situação, não havia como Adriana recusar o convite, e recebeu o apoio de todos nós quando decidiu aceitar. Sabíamos que se Adriana fizesse um décimo do que sabia fazer seria bem mais do que qualquer um que já tivesse passado pela cadeira. Por sua vez, já não conseguíamos pagar os salários e quase todos os meses recebíamos menos ou nada para que os funcionários continuassem recebendo.

Fizemos uma reunião dos quatro sócios, Nelson, Ilda, Adriana e eu, assessorada pelos nossos consultores, para decidir o que faríamos. A administração do Estação era feita em quatro núcleos: eu cuidava da programação, Nelson do caixa, Ilda do Festival do Rio e Adriana da expansão. Com sua saída da administração e com a situação de quase insolvência, tínhamos que decidir como funcionaríamos. Um dos nossos problemas era que muitas vezes remávamos em direções desencontradas — a tal diferença de escolhas de caminhos que mencionei. Minha visão era que deveríamos ter uma voz única no fim do processo decisório e, portanto, um de nós teria que ter a palavra final. Como Adriana não poderia mais participar pelo cargo que assumiu, não foi difícil chegar à conclusão de que essa pessoa seria eu. Ilda já há muito não tratava dos assuntos do dia a dia e vivia mais fora do Brasil que dentro, planejando o ano todo o Festival. Como eu cuidava da programação, que era o que determinava a entrada de dinheiro e tinha informatizado a minha área, foi natural que passasse a controlar também as despesas e receitas, pois tinha uma mínima previsão do que vinha pela frente. Assim, por volta de agosto de 2007, virei uma espécie de CEO do Estação e tinha a árdua tarefa de terminar duas obras, equalizar dívidas e modernizar a empresa, tudo isso sem dinheiro.

Para piorar, a ida de Adriana para a Secretaria Estadual de Cultura fez com que Cesar Maia, então prefeito do Rio, cancelasse o patrocínio de 2,5 milhões de reais para o Festival do Rio. O Festival era organizado meio a meio entre nós e a Total Filmes, produtores de *Se eu fosse você*. Todos os anos, levantávamos os patrocínios e, se conseguíssemos terminar sem dívidas, as receitas comerciais eram divididas igualmente. Mas foram vários os anos em que tivemos que botar dinheiro do próprio bolso para fechar as contas do Festival, sem receber nada pelo trabalho. Com o fim do patrocínio, estava claro que naquele ano o Festival nos deixaria dívidas e não ajudaria a resolver os problemas do Estação.

Tive que inventar dinheiro. Uma das maneiras de conseguir receita é gastando menos. E em um cinema o gasto principal é o filme, que leva entre 40% e 50% da bilheteria, mais para 50% que 40%. E isso é uma negociação entre cinema e distribuidor. Pensando nisso, promovi uma mudança de funções na equipe e trouxe Luiz Eduardo Pereira do financeiro para a equipe de programação, que já contava com Guilherme Tristão e Alberto Shatovsky. Minha ideia era que Luiz, acostumado a lidar com os departamentos financeiros das distribuidoras, ajudasse a reduzir o custo dos filmes.

Tínhamos um diretor financeiro profissional, indicado pelos consultores, que nessa mesma época pediu para sair. Disse que havia recebido uma proposta e não via futuro no Estação com as dívidas e receitas que tínhamos. Era um cara muito competente, tanto que saiu do Estação e até onde sei ficou rico. Para conseguir administrar a empresa, sem um diretor financeiro e sem o Luiz Eduardo, que já tinha passado para a programação, pedi ao meu irmão André que acumulasse a coordenação das videolocadoras com o financeiro, sem qualquer aumento de salário. Era minha única opção, ninguém mais toparia algo assim, só sendo irmão e apaixonado pelo Estação como eu. Além disso, era uma pessoa de total confiança, não queria contratar um desconhecido, e nem tínhamos como contratar ninguém.

Com a casa minimamente arrumada do jeito que dava, buscamos reduzir os custos ainda mais, diminuindo a equipe. Felizmente muita gente saiu por propostas, se não melhores, ao menos mais sólidas; todos achavam que não íamos longe. Enquanto se dava esse processo, voltei minha atenção para as obras, ainda paradas.

Estava claro para mim que não conseguiria inaugurar os dois complexos de uma vez, teria que fazer uma escolha. E sem perspectiva de abertura da rua, não tinha opção, e parti para solucionar o Gávea. Revi o projeto e cortei custos. Rogério Chor havia nos emprestado um milhão de reais para terminarmos o Mandela, mas isso seria, naquele momento, jogar dinheiro fora, porque os custos tinham subido muito e esse valor era insuficiente. Se conseguisse terminar o Gávea, este geraria dinheiro rapidamente, e depois poderíamos terminar o Mandela. Constrangido, usei o dinheiro de um projeto em outro. Também recorri a Hernani e pedi 300 mil reais, a serem devolvidos sem juros ou correção seis meses depois, ou seja, três meses após a inauguração, que defini como o Natal de 2007, quatro meses após assumir a direção geral do Grupo. Só que faltava muito mais do que esses valores para que o complexo ficasse pronto, o que descobri enquanto a obra corria sem freio.

Não tive escolha, parei de pagar tudo que poderia deixar de pagar, e isso incluía os filmes. A maioria das distribuidoras entendeu a situação, afinal, uma vez inaugurado o complexo todos se beneficiariam. Mas como todo mundo tem boletos para pagar, a relação era tensa e desgastante. Eu tocava a obra de forma insana, *à la* Fitzcarraldo, e se não fosse a ajuda de Vera Saboya, que virou mestre de obras, não teria conseguido. Não pagávamos mais nada, exceto salários e contas de luz e água. O resto era atrasado, renegociado, o tal aos trancos e barrancos, dessa vez muito mais para barrancos. Terminar a obra do Gávea foi a origem dos nossos grandes problemas financeiros que culminaram na recuperação judicial, anos mais tarde. Mas não finalizar a obra significaria terminar o Estação ali mesmo, em 2007. Optei pelo horror sem fim, embora achasse que para mim, pessoalmente, teria sido melhor um final horroroso.

85. Gávea, glória e buraco

Contra todos os prognósticos, a data de inauguração foi cumprida, não sem uma emoção final. No dia anterior à inauguração, o calor era intenso. Era dezembro e estávamos nos retoques finais quando ouvimos um estouro. De repente, começou a chover litros de água por todas as partes do cinema. Um rio se formou e desceu pelas escadas rolantes do shopping, invadindo algumas lojas. Outras, sofreram com grandes goteiras. Parecia um castigo divino.

Os sensores contra incêndio, localizados logo abaixo da claraboia, atingiram, com o calor do sol, a temperatura que indica presença de fogo e automaticamente, sem que pudéssemos fazer nada, acionaram os *sprinkers*, pequenos pontos de água espalhados por todos os 1.800m² quadrados do complexo. Serviu para ver que o sistema contra incêndio era bastante eficiente, mas alagou tudo, dos projetores aos produtos do café. E não havia registro para fechar a água, porque num incêndio ninguém quer que ela seja fechada. Só nos restou aguardar o reservatório secar.

Assim como na inauguração do Estação Botafogo, viramos a noite para aprontar o Estação Gávea para a abertura. Foi novamente uma operação de guerra, mais uma vez bem-sucedida.

O cinema rapidamente mostrou que a estratégia estava correta. Foi um sucesso imediato e conseguimos pagar ao Hernani no tempo planejado. Mas muitas dívidas ficaram para trás e foram sendo administradas com enorme dificuldade. Enquanto todos desfrutavam os cinemas que viviam cheios — distribuidoras, filmes, cinéfilos, além do shopping, que teve a frequência de público muito aumentada —, eu passei a viver um inferno diário que durou uma década. Uma década de muito trabalho, de extrema criatividade para vencer obstáculos, muito estudo de coisas que não queria aprender e, também, de muita solidão. Embora estivesse sempre cercado de pessoas da equipe, advogados, contadores, arquitetos etc., só eu sabia da extensão dos desafios e recaía em mim a responsabilidade do sustento de muitas famílias, inclusive a minha e a dos nossos mais de cem funcionários, fora os terceirizados.

86. A vida é dura

Quando vi *O cheiro do ralo*, em DVD, na seleção para a Première Brasil de 2006, fiquei pasmo. Revi imediatamente e tive certeza de que ali havia algo bem especial. Já tinha gostado de *Nina*, do mesmo diretor, Heitor Dhalia, e Selton Mello estava espetacular. Telefonei para a Andrea Cals, que coordenava a Première, e perguntei se tinha distribuidor. Não tinha. Eu buscava bons filmes brasileiros para distribuir, filmes especiais que tivessem o "perfil do Estação". Ele era perfeito.

Na mesma hora passei o filme para o computador e editei no iMovie um trailer simples, que aproveitava os créditos iniciais que eram intercalados com a bunda da atriz caminhando com seu short florido. E simplesmente troquei o texto, o meu começava assim: "Lourenço é um escroto." Um pouco audacioso para um trailer e, de certa forma, um risco definir como escroto o personagem principal. A ideia era ir na contramão do lugar-comum.

Heitor comprou a ideia e em pouco tempo eu já conhecia todos os demais produtores: Rodrigo Teixeira, Matias e Joana Mariani e Marcelo Doria, além do próprio Heitor e do Selton. Todos embarcaram com entusiasmo no caminho proposto. Cada dia me parecia mais estranho aquele roteiro ter sido recusado por todas as distribuidoras e os patrocinadores, e depois, o filme já pronto, também ter sido ignorado por eles. Para mim, era evidente o potencial do filme, além de ser tragicamente engraçado e emocionante.

Tudo mudou com a primeira exibição, que aconteceu na sessão popular do Festival do Rio no Cine Palácio, na Cinelândia. Eu estava assistindo ao filme de pé, ao lado do Selton, e mesmo com o som ruim a plateia caía na gargalhada. E quanto mais o público ria, mais o Selton se recolhia. Não parecia ser a reação que ele esperava. E o público ria absolutamente de tudo, até da emocionante cena em que Lourenço "reconstrói" o pai com um olho e uma perna mecânica. Selton saiu antes de o filme terminar, e eu, apesar disso, tive certeza de que o filme era ainda maior do que eu havia imaginado.

Quem leu o livro sabe que não se trata de uma comédia rasgada, nem de longe. É muitas vezes trágico, como muitas vezes é a literatura de Lourenço Mutarelli. Mas creio que a imagem de Selton na época, ator de comédias como *O Auto da Compadecida*, grande sucesso do cinema e da TV, forjaram a cabeça do público para sua interpretação. *O cheiro do ralo* foi vital para uma mudança radical em sua carreira, que ele buscou intensificar com seus trabalhos seguintes, principalmente como diretor.

O filme ganhou o prêmio de Melhor Ator no Festival e, se não me engano, do Júri Popular. Diversas distribuidoras nos procuraram querendo investir no lançamento e isso nos levou à euforia. Mas baixada a bola, apresentei as contas aos produtores. Qualquer investimento de uma distribuidora no lançamento significaria reter esse investimento para a própria distribuidora em prioridade. Assim, poderia acontecer de o filme alcançar algo como 400 mil espectadores e ninguém ver a cor do dinheiro desse sucesso, dependendo do investimento que fosse feito no lançamento.

Os produtores pensaram e concluíram que esse não seria o caminho. Todos que trabalharam no filme o fizeram sem receber nada, apenas a participação nos resultados. Como poderiam explicar um sucesso sem dinheiro? Assim, resolvemos lançar com apenas 150 mil reais de patrocínio da Petrobras, mais 90 mil reais do Estação, que voltariam como retenção prioritária, mas que era um valor muito menor do que havia sido oferecido pelas demais.

Havia muito trabalho a fazer, a começar pelo título que não era convidativo. Estava no escritório quando o Luiz Fernando Carvalho apareceu. Eu o chamei para ver o trailer e ele perguntou qual era o filme. Quando falei o título, ele disse "nem a pau", ou algo que o valha. Só topou quando soube que era um filme com o Selton, e depois que viu, adorou. Isso evidenciava mais uma vez o que já sabíamos e nos obrigava a transformar um título, em princípio ruim, em um ativo para o filme. Mas o fato de ser um título tão difícil nos dava a chance de torná-lo único, e esse era o caminho.

O trabalho de todos foi intenso, em especial a dedicação de Selton, que peregrinou pelo país como se fosse uma peça de teatro, e de Joana Mariani, que junto comigo e agências de publicidade amigas bolamos a campanha. O resultado foi um enorme sucesso para as pretensões iniciais e o investimento feito. Cento e setenta mil espectadores e todo o dinheiro da produção (que havia sido bem barata) de volta aos produtores, um caso raro de filme que se pagou na bilheteria do cinema.

O caso virou um *case*. Pouco tempo depois, Bruno Wainer confessou que copiou a estratégia com *Estômago*. Eram filmes "primos". Não fez o mesmo sucesso, embora tenha ido bem. Não por culpa do Bruno ou pela falta do meu talento. Acontece que João Miguel ainda não era João Miguel, estava muito longe da projeção de Selton Mello. *O cheiro do ralo* foi um momento de glória para todos os envolvidos.

87. Fabricando Shampoo

Mais ou menos na mesma época do lançamento de *O cheiro do ralo*, lancei *Fabricando Tom Zé*, dirigido por Marcelo Doria, um dos produtores do *Cheiro*. Um filme delicioso, bem filmado e com um Tom Zé inspirado. A primeira exibição foi na Première Brasil, e a mim cabia, como diretor de programação do Festival, escolher o curta que o acompanharia. E achei que dentre todos da seleção, o mais apropriado era *Mauro Shampoo*, e acertei em cheio. A sessão foi uma delícia. E antes dela ainda pude promover o encontro dos dois para fotografias, em que Mauro Shampoo propôs cortar a cabeleira de Tom Zé. Tom Zé educadamente recusou e propôs o inverso. E assim presenciei Tom Zé cortar o cabelo de Mauro Shampoo em plena Cinelândia.

88. Os cartazes e as planilhas

Já contei que adquiria clandestinamente cartazes da Gaumont para vender no Cineclube Macunaíma. Contei que tenho um cartaz especial de *E La Nave Va*, assim como outro francês, enorme, de *Jour de fête*, que está sempre exposto em qualquer lugar onde eu more há três décadas. Sempre tive uma relação muito forte com materiais gráficos e sempre observei muito a relação das pessoas com anúncios e com qualquer comunicação visual. Gosto de olhar para as pessoas enquanto elas olham os cartazes ou até os filmes, aprendi isso no Cine Ricamar, provavelmente num RioCine, vendo o filme *Vocês*, de Arthur Omar. Também me lembro de João Luiz Vieira falando de *Janela indiscreta* e pude constatar que João estava certo quando revi o filme no Cine Veneza. Quando o fotógrafo vivido por James Stewart é descoberto pelo assassino e olha diretamente para a câmera, a plateia do cinema recuava, dando um pequeno pulo para trás, como se também tivesse sido descoberta. Sempre tento perceber o que chama a atenção ou o que passa despercebido num cartaz. O que convida e o que afasta. Talvez isso explique o fato de eu ter sido casado com uma designer gráfica.

Criei junto com muitos designers, incluindo aí minha ex-mulher Tita Nigrí, uma enorme quantidade de cartazes, convites, catálogos, revistas e jornais. Às vezes dando a ideia inicial, outras sugerindo caminhos e mostrando referências, ou simplesmente colaborando, mas, em quase todos os casos, aprovando. Fiz capas de VHS também, estas do início ao fim. Com o passar dos anos e a experiência adquirida por centenas de trabalhos, em que pude avaliar a concepção da campanha e do material em função do resultado econômico, fui notando algumas regras básicas e passei a segui-las, embora muita gente achasse que era pura superstição.

Por exemplo, tinha como regra que não poderíamos ter cartazes com fundo escuro. O fundo escuro ou totalmente preto remete imediatamente a filmes de ação, suspense ou terror, gêneros não muito queridos do público do Estação. Todas as vezes em que fui voto vencido ou não havia alternativa em função dos materiais originais do filme, coincidência ou não, o filme fracassou na bilheteria. Ninguém nunca levou isso a sério até aparecer uma cartilha do CNC francês (Centre National du Cinéma et de l'Image Animée) em que essa era a primeira regra.

Sempre que possível coloque a foto do ator ou da atriz, ou do casal, bem grande, em close, para se ver de longe. Se não tiver um rosto conhecido, busque um ícone como a Estátua da Liberdade, a Golden Gate, o Empire State, o Cristo Redentor, qualquer coisa que seja conhecida de um grande número de pessoas. No meu caso, essa coisa foi quase sempre a Torre Eiffel. Em dúvida do que colocar no cartaz? Coloque a Torre Eiffel. Imediatamente o público entenderá como um filme romântico, o que é bom, e passado em Paris, o que é melhor, principalmente para o público acima de 30 anos. Para esse público, se tiver uma criança, melhor ainda. Evite imagens divididas, diminui o cartaz. E, acima de tudo, o título precisa ter boa leitura e, se possível, uma tipologia ou uma logo que já indique o caminho da história. Para o cartaz de *A culpa é do Fidel*, por exemplo, pedi que minha filha Valentina escrevesse o título com sua letra de criança para que o público entendesse imediatamente que a história era contada do ponto de vista de uma. Tudo que puder ser feito visualmente para cortar o caminho entre o cérebro ainda vazio de informações do espectador e os elementos mais importantes da história narrada no filme vale a pena fazer. Mais ou menos como as planilhas, quanto mais seu design informar, melhor ela será.

PARTE VI Lá vem o Estação descendo a ladeira

89. O Mandela me deixou uma cicatriz

Não houve opção a não ser desistir do projeto do Estação Mandela. Ainda busquei, por mais dois anos, uma solução, mas acabei ficando doente. Isso foi durante o Festival do Rio de 2009. Mais tarde, investigando o que poderia ser um câncer de pulmão, descobri que havia tido uma doença chamada histoplasmose, vulgarmente chamada de "doença das cavernas", que adquiri provavelmente nas inúmeras visitas aos escombros do Mandela, levando potenciais patrocinadores e investidores, sem sucesso. O Mandela, com as obras paradas havia muito tempo, praticamente tinha se transformado numa caverna, repleta de morcegos. Essa doença, que pode ser mortal e na época nem soube o que era, deixou uma cicatriz no meu pulmão de meio centímetro. Estranho falar disso durante a pandemia de covid-19, que também pode ter vindo de um morcego.

Hoje, onde seriam os cinemas, há uma Caixa Econômica Federal e, por ironia do destino, foi onde recebi meu Fundo de Garantia quando fui demitido pelos meus sócios, anos depois. A vida pode ser cruel demais.

90. Os canhões de Navarone

Mesmo após inaugurar o Estação Gávea com seu sucesso, nossa situação ainda era muito ruim. Não conseguíamos pagar todas as dívidas, apenas prorrogá-las, e assim elas iam crescendo. Não tardou para concluirmos que o melhor caminho era vender algo que pudesse ser vendido. Começamos a procurar interessados discretamente para não desvalorizar nosso negócio. Houve conversas iniciais com a MK2, distribuidora e exibidora francesa tradicional que havia demonstrado certo interesse em entrar no Brasil. Estávamos no segundo ano do segundo governo Lula e, apesar da crise de 2008, o país ainda decolava. Mas as conversas não avançaram.

Fui então procurado por um exibidor mineiro chamado Cristiano Garcia, que tinha montado um fundo de investimento chamado Culturinvest. A ideia era comprar empresas de cinema em dificuldade e juntá-las para ganhar em escala. Fazia sentido. Fizemos pesquisas sobre o fundo na CVM, estudamos seus recursos e, ao fim de alguns meses, fechamos o negócio. A Culturinvest pagaria todas as nossas dívidas, que foram listadas no contrato, e ainda um valor para cada um de nós quatro por cinco anos, como salário, além de cotas do fundo. Ou seja, nos livraríamos das dívidas, receberíamos um "salário" e ainda seríamos "donos" do Estação, em menor percentual, através das cotas do fundo. O ano de 2010 começou com a assinatura do contrato e o recebimento de um pequeno sinal. Tudo parecia tranquilo.

Sentia um misto de tristeza e alívio. Pela primeira vez, em muitos anos, não tinha que me preocupar em ter dinheiro para pagar dívidas, salários ou viver. Mas havia abandonado o projeto da minha vida, teria que reaprender a viver, já que estava nisso desde os 19 anos e agora tinha 45. Achei que seria de bom-tom viajar, ir aos festivais de Berlim, que tanto amo, e Cannes, como cinéfilo, turista ou só para ver tudo por outro ângulo. Foi ótimo.

Após Cannes, me refugiei por uma semana com a minha mulher numa casa de 700 anos nas montanhas da Córsega, que custou módicos 450 euros. Tinha vendido o Estação, mas não estava rico. Dependia do "salário" pingando todo mês.

Foi uma semana no paraíso, a Córsega é linda. Conheci um dos maiores cuteleiros de facas corsas, dado como aposentado, que fez uma faca especialmente para mim com chifre de carneiro. Eu a tenho até hoje e corta que é uma beleza. Apesar de estar na Córsega e não na Sicília, me senti como Corleone tomando vinho e cortando salame com minha faca personalizada e olhando as montanhas. Rodamos quase toda a ilha e passamos uma noite em Bonifácio, no Sul, de onde se pode ver a Sardenha. Em um passeio de barco, passamos pelo rochedo que serviu de cenário para *Os canhões de Navarone*, o local exato onde ficavam os famosos canhões no filme. Enfim, uma viagem inesquecível.

O início da volta já foi um presságio do que estava por vir. No minúsculo aeroporto de Ajaccio, não queriam despachar nossas malas pelo excesso de peso. Como era uma viagem para Paris, entendiam que não tínhamos direito a duas malas cada um. Eu mostrava a passagem e o destino final para o Rio, além do meu cartão da Gol, que de qualquer forma daria direito àquela quantidade de malas. Mas a senhora do balcão não entendia nada e falava inglês bem pior que eu. Eu explicava que Gol era o novo nome da Varig, mas ela perguntava "*Go where?*". De nada adiantava Ana, minha mulher na época, falar um francês perfeito, pois a atendente falava corso. Depois de quase perder o avião, embarcamos graças a um supervisor mais esclarecido. Como uma pessoa que não fala língua alguma, além do seu dialeto, pode ter um emprego desses? Refleti que alguém já pode ter pensado isso de mim, afinal, décadas no mercado internacional de cinema sem falar inglês direito, e deixei para lá.

Chegando no Rio, descobri que meu "salário" de maio não tinha sido depositado, e não foi até hoje. Soube também que no pouco tempo que o fundo estava administrando o Estação, menos de quatro meses, a situação se agravara. Credores me ligavam dizendo que não tinham recebido e os funcionários reclamavam benefícios perdidos. Um caos que atingiu em cheio também minha vida pessoal, pois estava agora pessoalmente endividado. Não me lembro de ter comido maçãs enquanto estava no paraíso, mas algo devo ter feito a Deus para a queda ter sido tão violenta e drástica.

91. O beiço

É isso mesmo, levamos um beiço. O fundo era um poço sem fundo. Não nos pagavam nem pagavam nenhuma dívida. Até hoje não sei se foi um golpe de início ou um golpe depois que as coisas não deram certo. Além de não pagarem nada do devido para trás, começaram a não pagar nada para a frente, dívidas e aluguéis. Tiraram benefícios dos funcionários, como plano de saúde, e não pareciam preocupados em consertar as coisas. Não davam acesso a nada, nos ignoravam.

Recebemos um telefonema de Paulo Henrique Guimarães, presidente do Banco Bonsucesso, que sabíamos ser um dos cotistas do fundo. Mas não sabíamos que, além de nós, ele era o único cotista, na prática. Ele nos perguntou se o fundo havia efetivado a nossa compra, porque não tinha informações, e nós respondemos que há cinco meses o fundo, ou seja, ele, era dono do Estação.

As tentativas de diálogo com os administradores foram infrutíferas, e assim começamos a discutir o que fazer. Denunciar a quebra de contrato seria um processo que levaria muito tempo, e já sabíamos que eles não pagavam os aluguéis ou as dívidas de aluguéis que deixamos. Haveria processos de despejos que seriam mais ágeis que a nossa retomada da empresa. Não tivemos escolha, aceitamos o contrato de venda, nos tornando cotistas, e começamos, junto com Paulo Henrique e seu grupo, a tentar destituir os administradores. E os valores que deveríamos ter recebido viraram dívidas do fundo, consequentemente nossas. Nos tornamos credores de nós mesmos! Destituir os administradores foi um processo difícil, lento e burocrático. Para dar uma ideia, no dia de uma assembleia os administradores tentaram impugná-la alegando que havia sido subscrita uma nova cota. Havia, portanto, um novo "sócio" que teria que ser convocado, mas não foi. Só que ninguém viu o aporte desse novo cotista e seu endereço era estranhamente na avenida Transamazônica! Tínhamos tomado todas as precauções no contrato de venda, havia até uma declaração de que o fundo tinha 50 milhões de reais em contratos de investimento, o que não se comprovou verdade mais tarde. Mas tudo teve que passar pela justiça e pela CVM, uma vez que agora éramos uma sociedade anônima. Somente no fim do ano conseguimos reassumir os cinemas, agora com complexos em Belo Horizonte e Brasília, cinemas que o fundo já tinha antes de nós. Voltamos para de onde não deveríamos ter saído, com responsabilidades ainda maiores.

Ao reassumir a direção do Estação, agora uma S.A., descobri que todos os cinemas estavam sofrendo processo de despejo e que a dívida visível era de mais de 30 milhões de reais, além dos impostos, quase o triplo da dívida real que tínhamos e o dobro da que listamos no contrato de venda por garantia. Corríamos o sério risco de ficar com toda essa dívida e sem cinemas, ou seja, sem a menor chance de conseguir pagá-la e endividados para o resto da vida. E estava sozinho — Adriana era secretária de Cultura e não podia se envolver, Ilda nunca se envolveu nesses assuntos, e Nelson preferiu não participar, por ele nem teríamos voltado. Acho que foi uma forma de protesto.

Só esse processo já daria um livro, mas seria chatíssimo. Em certos momentos poderia ser até eletrizante, mas não houve romance, felizmente ninguém foi assassinado e tampouco aconteceram episódios engraçados. Com certeza não dá um filme. Em resumo, optei por uma recuperação judicial, que uma semana antes nem sabia o que era. Orientado por vários advogados, aprendi que o pedido nos daria tempo. Tempo para renegociar com os credores e tempo para pensar. Estudei muito o tema em poucos dias. Busquei empresas que fizessem o plano, mas o menor valor do serviço que encontrei foi 150 mil reais, um valor que não tínhamos. Assim, como tudo que fiz na vida, aprendi a escrever um pedido e um plano de recuperação judicial na prática.

A recuperação judicial é um processo no qual, resumidamente, você explica ao juiz que a empresa é boa, saudável, emprega muita gente, é importante para a sociedade e que, se as dívidas forem reestruturadas, você consegue pagá-las. Se o juiz acreditar em você, te dará um tempo para oferecer um plano de pagamento aos credores, e são eles, os credores, que decidem se você vai à falência ou não. O juiz foi convencido pelo meu texto, todos os processos foram paralisados e, assim, tive tempo de começar um processo de convencimento dos credores. Como não tínhamos patrimônio, a saída seria continuar existindo e pagando lentamente. Tentava explicar a situação a cada um dos credores, mostrando também como conseguiria ter caixa para honrar os compromissos, além das ações que faria para tornar a empresa lucrativa, independentemente da obtenção de patrocínios. Na teoria, parece lógico, qualquer um preferiria receber a longo prazo que não receber. Mas na vida real não é bem assim, o processo foi difícil, porque para muitos credores não falávamos a verdade, eles pensavam que estávamos apenas negociando a maneira mais fácil de pagar e não a única. Outra questão era que boa parte dos credores tinha a receber valores baixos, inferiores a 5 mil reais. Quando você pede uma recuperação judicial, todas as dívidas anteriores à data devem ter o mesmo tratamento. Portanto, não podíamos pagar a essas pessoas e empresas antes das dezenas de milhões de reais que devíamos a bancos e fornecedores de grande porte.

Enquanto elaborava o plano, antes de entrar formalmente com o pedido, recebi um telefonema do jornalista Mauro Ventura, que me disse que o Severiano Ribeiro afirmava que iria nos despejar do Espaço e do Odeon e queria uma declaração. Eu tinha praticamente acabado de sentar na cadeira de diretor-presidente, mas há anos vinha negociando um convênio com o Sesc e finalmente tinha acabado de assiná-lo. Declarei que o Estação iria superar as adversidades e que não seríamos despejados. A matéria, que deveria ser negativa para nós, foi amplamente positiva, com o título "Perto de um final feliz". No dia seguinte ao da publicação, recebi um telefonema de Luiz Henrique Severiano Ribeiro me chamando para conversar.

Luiz Henrique era responsável pelos imóveis do Grupo, ou seja, nosso senhorio. Com toda a razão, espumava de raiva. Já devíamos uma boa grana antes da venda, e, passado um ano depois, a dívida ficara bem maior. Tentei explicar, mas ele não parecia disposto a ouvir. Simplesmente dizia que ia me despejar e eu respondia que não. Disse que estava entrando com o processo de recuperação judicial e que isso iria paralisar o despejo. Ele disse que não iria. Garanti que, dali para a frente, não deixaria de pagar os aluguéis enquanto tentava encontrar um caminho de pagar as dívidas, mas a reunião não terminou muito bem. Com o passar dos meses, ele foi vendo que eu estava certo, o processo de despejo havia parado e eu cumpria tudo o que me comprometera com ele, fomos nos aproximando até virarmos os amigos que somos hoje. Ele acabou sendo um dos meus maiores aliados desde então. Acho que quando um endividado se torna amigo do credor no processo de cobrança, isso só pode demonstrar a boa-fé e o bom caráter dos envolvidos.

Logo nos primeiros meses perdemos o complexo do CasaPark, em Brasília, os cinemas mais luxuosos do nosso novo circuito. Não o programei nem por seis meses. O juiz de Brasília ignorou a determinação do juiz do Rio de paralisar os processos e assinou o despejo. Um prejuízo gigantesco, eram dez salas e os administradores anteriores a mim investiram uma fortuna na bonbonnière, semelhante à das salas sofisticadas de hoje, quando já não pagavam o aluguel. Ficamos sem as salas, com as dívidas do complexo e ainda tivemos de gastar por volta de 300 mil reais com o desmonte, transporte e armazenagem do material do cinema. Mas as cadeiras e os projetores serviram para modernizar nosso circuito momentaneamente. Estávamos na virada da tecnologia para o digital, portanto, os projetores 35mm seriam úteis por pouco tempo. Mas veio um projetor digital que instalei no Gávea 5.

Em Belo Horizonte, consegui vender o complexo do Paragem, com cinco salas, um dia antes de sermos despejados. Consegui um acordo no último minuto entre o comprador e o shopping, o que permitiu a venda. Além de receber um valor significativo, nossas dívidas por lá foram zeradas. Enfim, algo de bom nesse horror sem fim que eu vivia diariamente. Mas aí começaram os processos trabalhistas em Brasília... O Estação sempre procurou ser muito correto com seus funcionários e não foram poucas as vezes em que deixamos de receber para não deixar de pagar salários. Sequer atrasávamos. Mas em Brasília aparentemente não tinha sido assim antes da minha entrada. Nem me lembro do número de processos, certamente foram dezenas. Como representante da empresa, eu era o vilão, lidava novamente com a infelicidade alheia sem ter culpa na história.

92. Eu tô Tristão
Escrito no Facebook em 28 de fevereiro de 2013

Hoje é um dia muito importante! Hoje é o dia da renúncia... de Guilherme Tristão do cargo de programador do Grupo Estação, função em que está há quinze anos. Gostaria de fazer essa homenagem pública a um cara que conheço há exatos 31 anos, que respeito e admiro. Que você tenha sempre sucesso nos seus novos planos, mas saiba que a porta do Estação estará sempre aberta para você. Um grande abraço!

Atualização em 22 de agosto de 2020: Hoje já o conheço há 38 anos e não poderia dedicar apenas o parágrafo acima a essa figura peculiar, sempre com opiniões fortes, por mais polêmicas que sejam. Um cara, acima de tudo, íntegro, correto e amigo. Eu o conheci no IACS como meu "chefe", pois era ele quem liberava os equipamentos, e, anos depois, me tornei seu chefe, no Estação e no Festival. Suas implicâncias ranzinzas comigo e com os colegas divertiram muito os tempos sombrios pelos quais passei.

93. A presidenta cinéfila

Escrito no Facebook em 16 de agosto de 2013

Estava eu tranquilamente engarrafado no Zuzu Angel quando recebo um telefonema de Brasília: a presidente Dilma (não consigo dizer presidenta, me lembra a peça homônima do Jorge Doria...) quer ver *Hannah Arendt*! Não é o tipo de telefonema que se recebe todo dia. E, convenhamos, não é qualquer país cuja presidente é cinéfila e ainda por cima gosta de Hannah Arendt — a maioria (dos presidentes) nem deve saber quem ela é. Mandamos o filme, claro.

94. O fim de uma era

Eu me lembro do primeiro filme que vi em VHS. Foi no início dos anos 80, em um aparelho gigante alugado para o cineclube O Ébrio. Como o aluguel valia por um dia, dava para usar em casa antes ou depois da sessão, antes da devolução. O filme foi *Cinzas do paraíso*, uma cópia pirata, alugada oficialmente em uma moderna videolocadora. Não tem muito como explicar para alguém dos dias de hoje a emoção de poder escolher um filme e ver em casa. Li as instruções do aparelho, razoavelmente simples, mas que era uma novidade para todos. Por exemplo, para mim, rebobinar significava recondicionar um motor de carrinho de autorama. Quando o filme apareceu na tela, com som original e legendas, o que nunca tinha visto na TV, uma nova era se abriu.

Uma década depois, quase virei um *homeless* em Los Angeles para conseguir comprar um aparelho de videolaser. O primeiro disco que vi foi *A bela e a fera*, em cores e extras deslumbrantes, infelizmente sem legendas, porque nunca foram lançados discos com legendas em português, e com o estranho incômodo de ter que trocar o lado, como fazíamos com o vinil. Parecia um retrocesso nesse sentido. Logo depois aposentei o equipamento para comprar um de DVD e, para minha felicidade, o primeiro filme lançado nesse formato no Brasil foi *Era uma vez na América*, que já tinha em laser e VHS e revi na nova tecnologia.

E aí chegou o BluRay, melhor que os antecessores. Lá fui eu aposentar mais um aparelho e comprar outro, só que dessa vez precisei trocar também de TV para aproveitar toda a qualidade oferecida. Não me lembro qual foi o primeiro filme que assisti, as tecnologias se misturavam, pois eu ainda via filmes em DVD e até em VHS porque vários só existiam nesses formatos ou por questões de trabalho. Em todo esse tempo, a única coisa que não mudou era onde conseguir os filmes.

Com o aumento das TVs por assinatura e a chegada dos streamings, as videolocadoras foram perdendo espaço, até não fazerem mais sentido. O Estação chegou a ter quatro lojas, nos cinemas Estação Botafogo, Paissandu, Cinema 1 e Ipanema, todas administradas pelo meu irmão André. Foram 28 anos desde que ela abriu suas portas, e com isso a cabeça de muita gente, como a do filósofo Roland Corbisier. No dia 2 de dezembro de 2013, quando começamos a vender nosso acervo para fechar a última loja, meu irmão escreveu um texto triste de despedida no Facebook. Eu entendo ele, a maior parte de sua vida foi passada dentro dessas lojas e sei como é essa sensação.

A parte boa disso tudo é que ele e eu temos "videolocadoras" em casa. Antes de colocar os discos à venda para o público, nós e meus sócios pudemos comprar de nós mesmos parte do acervo. Assim, sou o feliz proprietário de uma "cinemateca" de quase 4 mil títulos, hoje devidamente compactada em pastas, em um móvel que construí com as próprias mãos — meu pai teria mais orgulho de mim por esse móvel do que por toda a minha carreira.

Para nós, nos desfazer da videolocadora foi o fim de uma era. Fui o primeiro balconista da nossa primeira locadora por um bom tempo e tenho isso em comum com Tarantino. No balcão, sugerindo filmes e ouvindo comentários, aprimorei no corpo a corpo minha habilidade em escolher filmes para os outros. Era uma relação mais próxima do que a de gerente do cinema, porque não era no "atacado", mas, sim no "varejo". Fiz amigos, namoradas, me diverti. A vida era bem mais simples dentro da videolocadora.

95. Anos vegetativos

A partir da recuperação judicial e das ações iniciais, vivi anos inúteis, do ponto de vista profissional. A vida era negociar dívidas e buscar saídas. Tive que me afastar da programação e praticamente parei de ver filmes. Não dormia, andava pela casa buscando os caminhos, tentando juntar palavras e números como notas musicais para que pudessem ser ouvidas e aceitas, enquanto aguardava a data da assembleia de credores. Dia após dia pagava e deixava de pagar de acordo com a entrada de caixa, já não havia mais o que fazer para cortar custos. Os projetores digitais, ainda em full HD (depois chamados de e-cinema), começavam a pifar e as projeções iam ficando cada vez piores, porque já não havia cópias 35mm em quantidade suficiente para atender aos nossos cinemas. A história do "horror sem fim" martelava na minha cabeça e eu torcia, cada vez mais, para que tudo acabasse logo. Mas a assembleia nunca era marcada, havia sempre algum problema. O tempo passava e a situação piorava, não entrava dinheiro suficiente, era como se afogar aos poucos. Havia pressão de credores por toda parte, o processo do Ecad apertava, as dívidas fiscais ameaçavam e eu me sentia extremamente só com toda a responsabilidade. Ninguém tem ou terá ideia de tudo que passei porque não há como explicar. É preciso viver esse horror para saber como é. E então, em um dia qualquer, igual ao anterior, enquanto eu refazia planilhas mal feitas, recebo um telefonema. Um "presente de aniversário" antecipado.

96. Contigo, Lili Marlene

Vi *Lili Marlene* no Gaumont Catete porque o Gaumont Copacabana era muito caro. Nenhum dos dois cinemas existe mais. Até hoje, Hanna Schygulla cantando repetidamente a canção título não me sai da cabeça. Era linda, uma Marlene Dietrich mais bonita, que me perdoem alguns. Depois a vi em *Casanova e a revolução, Antonieta, Um amor na Alemanha* e em *Berlin Alexanderplatz*. Não digo que era uma Nastassja Kinski porque, para mim, só existe uma Nastassja Kinski. Mas mexia com o coração.

Não me lembro em que ano foi, pois ela esteve por aqui algumas vezes. Mas me lembro bem de que almoçamos juntos no antigo Sol e Mar, à beira da baía de Guanabara. Ela já estava por volta dos 50 e eu quase 20 anos menos. Olhou maravilhada para o Pão de Açúcar e disse: "A pedra mais famosa do mundo." Não era de falar muito, eu também não. Quem mais falava era Ilda, estávamos os três. Eu só ouvia *"wie einst Lili Marleen, mit dir Lili Marleen, wie einst Lili Marleen"* hipnotizado. Em uma outra vez que veio nos encontramos rapidamente e ganhei um simpático selinho. Tess, que amo tanto, nunca me deu um beijo, no máximo um cabelo passando perto do rosto. Mas Lili, que adoro, não me deixou a ver navios.

97. Fumando no céu

Ter visto *Cabra marcado para morrer* no FestRio de 1984 foi uma das experiências mais marcantes da minha vida. Felizmente pude dizer isso a Eduardo Coutinho no palco do Odeon, quando fiz a apresentação de um dos seus inúmeros filmes que exibimos. Nunca fomos amigos próximos — a reverência que tenho por ele e seus filmes nunca me permitiu tal intimidade. Se existe um céu, ele está lá agora, por tudo que realizou. Certamente negociando com são Pedro uma área para fumantes.

98. "Presente" de aniversário
Escrito no Facebook em 12 de fevereiro de 2014
(Post histórico que deu origem a tudo)

Mudando de assunto para algo menos importante para a sociedade, mas bem importante para a minha vida. Em 2010, afundados em dívidas fitzcarraldianas pela construção do Gávea e pelo beiço dado do Cesar Maia no Festival do Rio de 2007, vendemos o Estação para um fundo de investimentos. A esse fundo cabia pagar as dívidas, fazer investimentos e, como é normal nesses casos, um salário mensal por determinado período para que ficássemos (os donos originais) à disposição. Encurtando, voltei um ano depois (janeiro de 2011) porque o fundo não cumpriu nada que assinou e ainda triplicou as dívidas. Sem saída, pedi recuperação judicial.

E nesses últimos três anos tenho lutado para manter abertas as salas enquanto aguardamos o juiz marcar a assembleia dos credores, ocasião em que nossa proposta de pagamento será votada. Se for aceita, ok. Se não for aceita, fechamos. Simples assim. A assembleia finalmente será marcada e entre tantos dias no ano parece que o juiz escolheu a data de 3 de abril. Ou seja, no dia 3 de abril saberei se sou um empresário falido ou não. A vida é realmente muito estranha. Esse é o dia do meu aniversário, farei 49 anos de vida, trinta de Estação.

99. Histórias do Estação
Escrito no Facebook em 17 de fevereiro de 2014

Amigos, muita gente tem escrito oferecendo ajuda ao Estação, querendo comprar cadeiras, ingressos, assinaturas etc. Mas só posso fazer isso depois de ter certeza de que não fecharemos — não vamos vender o que não temos, né? A dívida é grande demais para ser resolvida com ações pontuais, mas elas serão muito importantes após a aprovação do nosso plano, no dia 3 de abril, para garantir a continuidade do trabalho e a melhoria das salas.

Mas há algo que qualquer um pode fazer JÁ. Quem quiser ajudar, por favor, escreva na sua página um texto de como o Estação é importante para você ou alguma boa história que tenha acontecido em uma de nossas salas. Mostrar que não somos irrelevantes pode sensibilizar quem tem que ser sensibilizado. Vale texto de qualquer tamanho.

As melhores histórias tentaremos colocar em um livro, se acharmos uma editora parceira interessada. Assim, se as coisas não correrem bem teremos ao menos uma recordação coletiva bem legal.

Que tal? Só não esqueçam de me marcar para eu poder ler!

Bjs e abraços

100. Num cinema perto de você
Escrito no Facebook em 18 de fevereiro de 2014

Juro que é verdade, aconteceu comigo. Não me lembro mais do ano, mas estava na entrada da galeria do Estação, ao lado da bilheteria, quando uma senhora chegou e pediu ingressos para *Esqueceram de mim 2*. Ouvi a bilheteira explicar que o filme não estava sendo exibido conosco, mas a senhora insistiu que queria ver. Me aproximei e disse calmamente: "Senhora, esse filme não está sendo exibido aqui." Mas ela respondeu prontamente: "Está, sim!" Insisti: "Senhora, não exibimos esse tipo de filme." "Que tipo de filme?", perguntou a senhora. Sem saber direito como explicar em rápidas palavras, peguei o jornal e mostrei os tijolinhos. Ela não se deu por vencida e declarou bombasticamente: "Este jornal é velho, tá errado. Tá passando, sim! Eu acabei de ver na TV que estava 'num cinema perto de você'. Este é o cinema perto da minha casa, então está passando. Quero dois ingressos!"

101. O doido e o maluco
Escrito no Facebook em 19 de fevereiro de 2014

Herzog esteve algumas vezes no Estação. Tinha fama de maluco, mas conosco foi sempre amável e com uma paciência infinita.

Na primeira vez que esteve aqui, fizemos uma sessão especial de *Fitzcarraldo*, com debate após a sessão. Mais de quatrocentas pessoas espremidas dentro da sala e outras sei lá quantas tomando a galeria do início ao fim. Eis que o próprio diretor, com pena que tanta gente não poderia ver o filme e o debate, propõe conversar com o público que não entrou enquanto o pessoal via o filme lá dentro. Foi lindo ver a galeria cheia, todos sentados no chão ouvindo suas histórias. Com serenidade, respondeu às perguntas uma a uma, que nem sempre eram inteligentes. Lá pelas tantas, alguém perguntou: "Por que você escolheu um nome tão feio para o seu filme *Nosferatu*?" Nesse momento pensei que o verdadeiro Herzog ia aparecer e pular no pescoço da menina. Mas não. Ele a olhou com uma expressão quase papal e começou a explicar toda a lenda. Na saída (ou teria sido na entrada?), aparece o Julio (o tal do "tá todo mundo na preguiça") e o abraça fortemente, levantando Herzog no ar. Antes que disséssemos qualquer coisa, Herzog nos olha e diz: "Não tem problema, na Alemanha, todo cinema que se preza tem ao menos um maluco."

102. A velha senhora dos lábios leporinos
Escrito no Facebook em 20 de fevereiro de 2014

O telefone tocou no mesmo dia e na mesma hora de sempre:
— Estação Botafogo, boa tarde.
— Que filme está passando?
— Hoje temos quatro filmes...
— É pornô?
— Não, senhora, nenhum deles é pornô.
— Então é brasileiro?
— Não, senhora, por acaso nenhum é brasileiro.

Durante os vários anos em que estive diariamente no Estação Botafogo era normal atender a esse telefonema. Quando não era eu, outra pessoa atendia essa senhora, que ligava todas as semanas. Sabíamos quem era porque ela tinha um problema de dicção facilmente identificável. Mas ela não sabia que sabíamos.

O Estação estava preparado para a chegada de Gérard Depardieu, para a pré-estreia de *Meu marido de batom*, trazido por Bruno Stroppiana e Alberto Shatovsky. As pessoas ocupavam toda a galeria, mais uma vez chegando até o metrô. E quem era a primeira pessoa dessa longa fila? Justamente ela, que com a demora da chegada do Depardieu começou a tocar o terror gritando em voz alta que se ele não chegasse logo iria quebrar tudo. E ele não chegava. Foi aí que tive a ideia de falar bem baixinho: "Se a senhora não parar de fazer bagunça, nunca mais atendo a seus telefonemas." Numa fração de segundo, a senhora passou de surpresa a desconcertada e depois a irada. Seus olhos me fuzilaram. Mas ela acalmou, ainda que resmungando. Pouco depois, Depardieu chegou, para delírio de todos. Final feliz. E a senhora continuou a ligar todas as semanas.

103. O corte do projecionista
Escrito no Facebook em 21 de fevereiro de 2014

Foi em janeiro de 1987, em pleno Plano Cruzado. O Estação Botafogo bombava com força e feliz, tínhamos sessões da meia-noite todas as sextas e aos sábados e era comum ter que fazer sessões extras às duas da manhã.

Nesse clima, marcamos com a distribuidora Artenova a exibição de *Vidas sem rumo*, do Coppola, para ser exibido numa dessas meias-noites. Mas quando fomos buscar o filme, a encarregada tinha cometido um erro e havia alugado essa única cópia para o Cine Íris. Não tinha a menor lógica um filme como esse no Íris, especializado em filmes pornôs. Não podíamos deixar de exibir, sabíamos que haveria mil pessoas à nossa porta. Então, conversamos com o gentil pessoal do cinema e combinamos de buscar a cópia às 23h30, quando a última sessão acabava.

Assim, por volta das 23h, eu saía do Estação quando encontrei o Luiz Fernando Carvalho à porta da galeria. Contei a história e ele foi comigo. Já tínhamos nos conhecido quando exibimos o programa Curtas Premiados em Gramado, uma safra inacreditável de filmes que revelou, além do Luiz Fernando, Jorge Furtado, Maurício Farias, Cecílio Neto, entre outros.

Chegamos ao Íris na hora prevista, fomos bem recebidos e encaminhados para a cabine de projeção. Chegando lá, vimos que tínhamos um grande problema: a sessão tinha atrasado e faltavam ainda 40 minutos para o filme acabar. O operador vendo a nossa perplexidade, olhou para nós, olhou para o projetor e decretou: "Ok, a sessão acaba agora!" E na mesma hora botou o último rolo do filme, que para nossa sorte era curto. Ou seja, ele editou o filme em meia hora mais ou menos.

Antes que alguém reclamasse saímos correndo de lá com a cópia, descendo aquela maravilhosa escada de ferro em aproximadamente três segundos, como se estivéssemos cometendo um crime. Se houvesse algum cinéfilo por lá, cabeças rolariam. Naquela noite, tivemos sessão lotada também às duas da manhã.

No dia seguinte, voltei ao Íris para entregar a cópia, pois teríamos que repetir o processo. Ninguém comentou absolutamente nada sobre o ocorrido na noite anterior, parecia que tinha corrido tudo bem. Mas dessa vez a sessão acabou na hora prevista e não houve necessidade de edição. Há o *producer's cut*, o *director's cut* e o Íris inventou *projectionist's cut*.

Como é bonito aquele cinema!

104. Carlota Joaquina e Fernando de Noronha
Escrito no Facebook em 22 de fevereiro de 2014

A história de hoje era outra. Mas, inspirado por um post da Bianca de Felippes, resolvi falar de *Carlota Joaquina*, marco zero da retomada e um dos muitos momentos que adoro lembrar.

Carla Camurati me procurou para falar de seu primeiro filme como diretora e de seus planos para o lançamento em algumas semanas. A ideia era estrear apenas no Cine Gávea, antigo Cine Rio Sul, onde hoje é o Teatro das Artes. Carla tinha conseguido duas semanas mínimas de exibição garantidas e queria que o Estação desse a continuidade da terceira em diante.

Logo que eu e Alberto ouvimos o que Carla tinha a dizer, percebemos que estava sendo modesta. Já era uma atriz famosa de TV e cinema, o filme era uma comédia com grande elenco e nos parecia óbvio que ela teria apoio da imprensa, uma vez que os filmes brasileiros tinham praticamente sumido das telas pós-governo Collor.

Insistimos muito que o filme merecia estrear mais "aberto", como se fala no meio. Mas Carla tinha medo que o filme ficasse pouco tempo em cartaz e não desse tempo do boca a boca, o que com certeza seria forte (e bom) para o filme.

Felizmente ela resolveu arriscar, e aí a responsabilidade passou para o nosso lado — e se desse errado? *Carlota* estreou no Cine Gávea, no Estação Botafogo e no Estação Icaraí, e ainda falei com o Ugo Sorrentino, dono da Art Films, que tinha as salas do Fashion Mall e do Casapark. A partir daí, o resto é história, todo mundo sabe o que aconteceu.

Eu e Alberto temos muito orgulho de termos participado desse momento chave do Cinema Brasileiro. Mas claro que nós dois nunca imaginamos que o filme iria tão longe, o que só aconteceu porque tanto Carla quanto Bianca de Felippes, sua produtora, deram o sangue por ele. Correram atrás de cada canto deste país, audaciosamente, indo aonde jamais ninguém tinha ido antes.

Passados alguns meses, Carla me liga. Comemoramos o sucesso do filme e ela me contou, feliz, que estreariam no Acre. Eu ri, quase não acreditei, e brinquei que "agora só falta Fernando de Noronha". Imediatamente sua voz ficou séria do outro lado da linha e, como que se censurando por não ter pensado nisso, perguntou: "E tem cinema lá?" Não tinha (como não tem). Mas se tivesse, com certeza, lá iriam Carla e Bianca cruzar o mar no sentido contrário de *Carlota* para mostrar seu filme inesquecível.

105. Meu jantar com Louis
Escrito no Facebook em 23 de fevereiro de 2014

Em 1993 tivemos o prazer de receber ninguém menos que Louis Malle no Rio, que veio para a V Mostra Banco Nacional de Cinema. Lembro bem dos intermináveis telefonemas de Fabiano Canosa para Louis tentando convencê-lo a vir. Era Louis mesmo! Para o Fabiano não tinha essa de Monsieur Malle.

Ele veio. Nossa estrutura, porém, era minúscula e com pouco dinheiro. Não havia uma equipe de recepção adequada, éramos nós mesmos que nos revezávamos no acompanhamento dos convidados junto com a assessoria de imprensa. E olha que não foram poucos nesse ano. Nessa mesma edição, recebemos Peter Greenaway, Helen Mirren e seu marido, Taylor Hackford, e acho que até Stephen Frears (não tenho certeza se ele veio no mesmo ano), além de muitos outros.

Logo que chegou (ou terá sido quando estava indo embora?), havia uma manifestação na avenida Brasil. Malle não pensou duas vezes, mandou parar o carro e sacou uma câmera para registrar os acontecimentos. Andou conosco pelo Rio inteiro e fez questão de ir ao Parque Lage, porque queria ver o lugar onde Glauber tinha filmado *Terra em transe*. Observou todos os cantos muito respeitosamente, como se estivesse em um templo. Quando se deu conta de que ali também havia sido filmado *Macunaíma*, pareceu ficar perplexo e ainda mais reverente.

Organizamos uma palestra no MAM que deu a maior confusão. Esquecemos de contratar um intérprete, e por isso pedi a ele que falasse em inglês, para a maioria poder acompanhar. Ele concordou, mas parte da plateia se revoltou, queria ouvi-lo na língua original. A outra parte se revoltou mais ainda, já que era maioria e não falava francês. E Louis Malle lá sentado, esperando a "assembleia" terminar. Como não havia tecla SAP, o jeito foi negociar e felizmente os "francófonos" aceitaram o inglês pelo bem de todos, já que eles também compreendiam.

Depois de dias com Malle no Rio, estávamos exaustos e duros! E ele tinha uma característica especial. Era muito gentil na maioria das vezes... se estivesse alimentado. De estômago vazio, era insuportável.

Assim, ficamos aliviados quando ele foi para São Paulo participar do Programa do Jô com a Sandra Villela, que era a nossa assessora de imprensa. Eu e Nelson Krumholz resolvemos tirar o dia de folga e fomos comer uma feijoada. Quando já estávamos terminando e pensando numa boa noite de sono, tocou o telefone. Era Sandra dizendo que eles estavam voltando no mesmo dia porque Malle achou São Paulo chata, era 7 de setembro e não havia ninguém nas ruas. E ela ainda completou: "Ele está faminto!"

Com a barriga entupida de feijoada, fomos para o Santos Dumont e de lá direto para a Adega do Valentim, um restaurante que havia na rua da Passagem, que nós considerávamos muito bom, embora um tanto caro para nossas posses. Não podíamos ir a qualquer lugar com Monsieur Malle, principalmente faminto. Era preciso ser um lugar perto e farto.

Aquela foi uma das noites mais inacreditáveis da minha vida, jantando com Louis Malle, Sandra e Nelson apenas. Conversamos sobre filmes e o vi se surpreender quando Nelson perguntou se determinado personagem de *Lacombe Lucien* era o mesmo de *Adeus, meninos*, e Malle confirmou.

O problema foi no fim da noite. Já nos preparávamos para pagar a conta quando chegou o garçom com uma enorme bandeja com dezenas de doces portugueses. Malle entendeu que era uma degustação e, antes que disséssemos que não, começou a provar todos!

É, não existe jantar grátis. Ainda mais um jantar inesquecível como esse!

106. Pororoca ou tsunami, a ira do cinéfilo é
Escrito no Facebook em 24 de fevereiro de 2014

O cinéfilo em fúria é uma das forças da natureza mais perigosas que existem. Como na pororoca ou no tsunami, não dá para encarar, o jeito é tentar surfar a onda do cidadão.

Logo no ano seguinte ao que inauguramos o Estação, conseguimos alugar a primeira loja ao lado do cinema. Pegando uma parte do antigo saguão, criamos uma sala minúscula, onde nem cabiam equipamentos 35mm — por isso instalamos projetores 16mm. Assim, a sala que hoje é a de número 2 do Estação, foi batizada inicialmente de Sala 16.

Além de filmes brasileiros nesse formato, como *Imagens do inconsciente*, exibíamos filmes de consulados e até de colecionadores — e foi justamente uma das cópias de um colecionador que quase determinou meu destino, pela revolta de um velho conhecido.

Ele era um cinéfilo das antigas, já devia ter seus 70 anos ou mais, e vinha sempre de bermuda, tênis e uma camiseta tipo Hering, menor que o tamanho dele, que deixava um palmo de barriga para fora. Não era uma visão agradável. Mas ele estava sempre lá e falava muito, com uma bengala e um saco plástico que trazia nas mãos, que, além da barriga de fora, eram sua marca registrada. Já notaram que é normal pessoas idosas andarem com sacolas plásticas? Eu mesmo já começo a valorizá-las.

Tinha programado o filme *A floresta petrificada*, cópia de colecionador. "Barriga" chegou feliz, me cobriu de elogios dizendo que era um filme que ele tinha visto pequeno e jamais esquecera, especialmente pela voz de Leslie Howard, o ator principal. Disse que ficou emocionado por poder tornar a ouvir essa voz e estava ansioso por isso.

Pegou seu ingresso e foi se arrastando e mancando para a Sala 16, e eu fiquei no saguão. Nem cinco minutos se passaram e Barriga saiu da sala completamente transtornado. Já não mancava, uma vez que a bengala àquela altura não era mais uma bengala, mas um cajado! A cópia arrebentou, pensei.

Barriga vinha a passos largos na minha direção, e eu sabia que a coisa era séria. Como não tinha como correr, já que a galeria estava por trás dele, esperei o impacto. Seus olhos estavam esbugalhados, as veias saltavam do pescoço. Fiquei torcendo para que dentro do saco plástico não houvesse nenhum instrumento cortante.

Barriga parou uns 10 centímetros diante de mim e me descascou, ofendeu todos os meus antecedentes e descendentes futuros. Enquanto ele berrava eu me desculpava, com a voz cada vez mais baixa. Ele gritava e eu murmurava tão baixo que nem me ouvia mais. É uma boa tática, geralmente acalma o interlocutor irado. Depois de algum tempo, ele foi cansando de reclamar. Respirei aliviado. Mas até aquele momento eu não sabia o que tinha acontecido de errado e caí na besteira de perguntar qual era o problema. Barriga levantou a cabeça e recomeçou tudo outra vez, até que soltou um berro gutural: "VOCÊ DUBLOU LESLIE HOWARD!"

A cópia do colecionador era dublada, feita para a TV, e ele não nos disse nada quando a emprestou. Após recusar o dinheiro de volta e mais ofensas, voltou e viu o resto do filme. Na saída era outra pessoa, tinha voltado a ser um velhinho que mancava.

107. O maior Otelo de todos
Escrito no Facebook em 24 de fevereiro de 2014

No início dos anos 90, nosso escritório ficava numa pequena casa na rua Paulo Barreto, em Botafogo, que não existe mais. Era uma casa típica da região, com dois quartos e um degrau alto na porta de entrada — imagino que para se prevenir de enchentes.

Estávamos lá, num dia qualquer de agosto, nos preparativos para mais uma Mostra Banco Nacional quando a campainha tocou. Abro a porta e no primeiro segundo nada vejo. Imediatamente baixei os olhos e lá estava ele... GRANDE OTELO! Do alto do degrau e dos meus 193 centímetros, me senti o próprio Gigante Venceslau. Mas Macunaíma não se intimidou e soltou o petardo: "Sou o Grande Otelo e quero saber o que vocês querem de mim."

Bem, o que eu queria do Grande Otelo é que ele fosse da minha família e ficasse conosco o tempo que quisesse contando suas histórias, enfim, só queria ouvi-lo. É claro que não era para isso que ele estava lá. O problema é que eu não tinha a menor ideia do que ele estava falando. Ele entrou, se sentou na minha frente e ficou me olhando. E eu fiquei olhando para ele. Até que, percebendo que eu não fazia ideia do que estava acontecendo, ele disse: "Vocês vão abrir o festival de vocês com o *Othello*, do Orson Welles, e estão trazendo a filha dele. Eu sou o Othello e ele era meu amigo. Então vocês devem estar querendo alguma coisa de mim."

Orson Uéles (como ele dizia) certamente aprovaria abrir o festival com *Othello* e Grande Otelo. E assim foi. Felizmente, pudemos fazer uma linda homenagem a esse ator gigante no Copacabana Palace, local de abertura da Mostra. Pouco tempo depois ele morreu. Mas vai ficar para sempre na história do cinema, na nossa memória, no nosso coração e, enquanto for possível, na parede do Estação Botafogo, ao lado de seu grande parceiro, Oscarito.

108. As Fernandas foram, mas não viram
Escrito no Facebook em 25 de fevereiro de 2014

Começamos poucos meses após Sarney assumir a Presidência da República, marcando formalmente o fim da ditadura, mas ainda havia sobrado muitos "penduricalhos" do período. Por exemplo, toda semana tínhamos que aprovar a programação na censura. Era apenas uma formalidade, nunca tivemos nenhum filme proibido. Depois de um tempo, ficamos de saco cheio e paramos de mandar a programação para eles. Nada aconteceu. Nem sei quando essa obrigação acabou, morreu de velha. Nesse contexto, fazer uma grande mostra de cinema soviético não chegava a ser subversivo, mas era, digamos, uma travessura. Por isso, quando programamos uma mostra assim, com o apoio da Sovexportfilm, tivemos uma avalanche de público. Houve uma sessão antológica de *Vá e veja* em que acho que todo o Rio de Janeiro tentou entrar.

Com a sala completamente desprovida de lugares vazios até para uma pulga e a galeria tomada de zumbis perplexos por não poderem ver o filme, chega Fernanda Montenegro acompanhada de sua filha Fernanda Torres, atriz já devidamente premiada em Cannes. Coube a mim a tarefa de barrar as Fernandas, implorando para que não me odiassem. Fernandona foi, como sempre, uma dama. Fernandinha compreendeu, não havia nem como sentar no chão. Elas partiram e eu fiquei com cara de lamento. Culpa de Susana Schild, que escreveu um texto elogioso sobre o filme e terminava com uma ordem: "Vá e veja!" O Rio inteiro obedeceu. Só uns quatrocentos conseguiram.

109. Os 12 rolos de Dostoiévski
Escrito no Facebook em 25 de março de 2014

Dostoiévski levou 26 dias para escrever *O jogador*, e na nossa mostra de cinema soviético havia um filme, feito em 1981, que narrava essa história. Chamava-se, como não poderia deixar de ser, *26 dias na vida de Dostoiévski* e a sessão estava lotada, como quase todas naquela época. Só que havia um pequeno problema: o operador da projeção estava atrasado. Entre cancelar e devolver os ingressos e fazer a sessão, sabe-se lá como, decidimos fazer. Eu, Nelson e Adhemar tínhamos noções teóricas de projeção, mas nenhuma prática. Decidimos que eu ficaria embaixo, controlando o público, enquanto eles cuidavam da projeção. Mas o problema estava longe de ser resolvido.

Quando chegamos na cabine, vimos que o filme ainda estava nas latas e não montado nos carretéis. E pior, em vez de rolos duplos, de 18/19 minutos, o filme estava em rolos simples, com 7/8 minutos de duração. Eram 12 rolos, portanto, isso implicaria 12 mudanças de projetor. E já estava na hora da sessão, não havia tempo de preparar os carretéis, tudo teria que ser feito durante o filme, ou seja, enquanto um rolo estava sendo exibido, o seguinte deveria ter que passar da lata para uma bobina desmontável, dela para a de exibição e daí montada no projetor. Tudo isso em sete ou oito minutos. O que já seria complicado para um projecionista experiente era uma saga para nós. Enquanto Dostoiévski corria na tela para aprontar o romance, Nelson e Adhemar corriam para aprontar o rolo seguinte.

Bem, um filme de uma hora e meia acabou durando mais de duas horas, porque acabamos tendo que fazer quase dez interrupções, pois nenhuma troca de rolo funcionou e o filme quebrou algumas vezes. E o meu trabalho até que foi mole, o povo daquela época era muito mais educado que o de hoje, havia no máximo uns lamentos. Fosse hoje eu teria que contratar guarda-costas e sair das redes sociais. Ainda bem que Dostoiévski não precisou da gente. Se precisasse, não teria cumprido o prazo.

110. Carl, Nastassja e o Reichstag
Escrito no Facebook em 27 de março de 2014

Não sei vocês, mas minha musa nos anos 80 era Nastassja Kinski. Não era um pedaço de mau caminho, era o mau caminho inteiro! Entendo perfeitamente os personagens que perdiam o rumo por causa dela — foram muitos. Eu mesmo seria capaz de sair andando pelo deserto. Por isso, quando fui ao Festival de Berlim pela primeira vez, no início dos anos 90, e descobri que ela estava lá, resolvi que tinha de encontrá-la pessoalmente. Aliás, resolvi, não, resolvemos. Nelson pensou o mesmo. Era a minha primeira vez no Festival de Berlim, a primeira vez na Europa e a primeira vez que andava de avião. E seria a primeira vez com Nastassja Kinski!

Ficamos sabendo que ela daria uma coletiva em um hotel e para lá rumamos. À porta, dois seguranças do tamanho do Reichstag bloquearam a passagem: "Só pessoas autorizadas." Como nossas credenciais mal permitiam que passássemos pela porta dos cinemas, obviamente não éramos "pessoas autorizadas". Mas Nelson, como de costume, improvisou. Soltou de primeira, em alemão quase iídiche, que tínhamos uma reunião no segundo andar com Carl Mayer.

Ele se referia ao roteirista de *O gabinete do Dr. Caligari*, morto há pelo menos quarenta anos na época. Mas Carl Mayer também é um nome comum na Alemanha, e como os seguranças eram alemães e não brasileiros, no lugar do que seria um "É ruim, hein?" saiu um "Por favor, me acompanhe". Nelson seguiu um dos seguranças enquanto o outro ficou me encarando por longos dez minutos, enquanto eu imaginava que o Nelson àquela altura já estaria sendo deportado para a Polônia. Surpreendentemente o segurança voltou e disse que eu o acompanhasse. Quando cheguei perto dos elevadores ele disse "Por aí não, por aqui", e me levou para os fundos do hotel. Nessa hora, pensei em gritar "Fogo!", como Paul Newman em *Cortina rasgada*, e sair correndo. Mas ele me levou pelas escadas ao segundo andar, onde Nelson já me aguardava, à porta da sala de imprensa onde seria a coletiva. Perguntei o que tinha ocorrido e ele respondeu que não sabia. O segurança tinha mandado esperar ali, falou com alguém da mesa e foi me buscar. Assim, meio perplexos, ficamos parados até eu concluir que se estávamos em frente à porta e Nastassja ainda não tinha chegado, ela teria que passar por nós.

Foi o que aconteceu alguns segundos depois. Me virei e a vi saindo do elevador, caminhando na minha direção. Digo minha porque àquela altura não existia mais Nelson, Carl Mayer ou qualquer um, éramos só eu e Nastassja. E ela veio em câmera lenta, juro! Quando estava há pouco mais de um metro, pensei em tocá-la, mas o segurança que a acompanhava, um pouco maior do que os que estavam à porta, percebeu e fez aquela cara de "nem pense nisso". Fingi que não pensava.

Nastassja, ainda em câmera lenta, passou. Como estava tudo muito apertado pelo tumulto causado pela própria presença dela, foi inevitável que ela esbarrasse em mim. Seu ombro resvalou no meu braço. E ficamos assim, ombro no braço, por uns dez anos na minha cabeça. Ela respondia a todas as perguntas na língua dos jornalistas: alemão, polonês, inglês, francês, italiano, até tcheco — a mulher falava tudo! E era mais bonita pessoalmente, além de falar também em câmera lenta. Mas antes que aparecesse algum Carl Mayer resolvemos sair de fininho, com a missão cumprida.

Depois disso, voltei várias vezes ao Festival de Berlim, visitei vários países na Europa e andei muito de avião. Mas Nastassja nunca mais andou na minha direção. Tenho uma foto com ela no Museu Madame Tussauds e outra autografada conseguida pela amiga Mariana Rondón, diretora do lindo *Pelo malo*.

111. As 7 vezes do Príncipe Valente
Escrito no Facebook em 29 de março de 2014

Príncipe Valente era um cara de estatura mediana, por volta dos seus cinquenta e muitos anos, que sempre vestia calça jeans afivelada na altura do umbigo, sapato e camisa social, esta arregaçada até o meio do braço e com dois botões abertos no peito. Carregava uma bolsa de couro, do tipo que hoje poderia portar um notebook, e ele realmente carregava um, ainda que uma outra espécie de notebook: um caderno de notas. Vamos chamá-lo assim, Príncipe Valente, pelo cabelo anacronicamente cortado, em especial para alguém da idade dele.

Certo dia me contou que tinha o hábito de ver Sessão da Tarde todos os dias. Naquela época, não era muito fácil ver filmes antigos, e essa sessão que a Globo exibia todos os dias na TV permitia isso, sobretudo num horário onde não havia mesmo outras opções. Como a Sessão da Tarde era conhecida por reprisar muitas vezes cada filme, isso lhe servia para um projeto pessoal que explicarei mais adiante. O único dia em que ele não assistia ao seu filme após o almoço era às terças-feiras. Nesse dia, a Princesa Valente, sua senhora, passava aspirador de pó na sala, o que o impedia de ver TV.

Numa certa terça-feira ele apareceu transtornado. Perguntei o que tinha acontecido e ele contou que tinha se separado. Caí na besteira de perguntar por quê, mas se não tivesse perguntado não teria essa história para contar. Me disse que foi por culpa do seu Manuel.

Falou que pela manhã leu no jornal que o filme da Sessão da Tarde seria *7 noivas para 7 irmãos*, que ele tinha visto apenas seis vezes. Esta poderia ser, portanto, a sétima vez, o que para ele era muito importante, já que estávamos falando de *7 noivas, 7 irmãos*. E lhe faltava um pequeno trecho do filme que precisava ver, explico depois. Mas era terça-feira e a sua senhora certamente usaria o aspirador de pó. Tramou um estratagema: desligou o disjuntor das tomadas da sala (como ele pretendia ver TV assim, não sei). A mulher, após insistentes pedidos para que ele visse o que ocorria, devidamente ignorados, resolveu chamar o porteiro, o tal seu Manuel. Este resolveu tudo em dois segundos e o aspirador começou a sugar as pretensões do Príncipe. Não adiantou ele explicar a importância do acontecimento — a mulher não parou. Sem alternativa, decidiu se separar. "Você não faria o mesmo?"

Essa história toda foi necessária para explicar o real projeto do Príncipe Valente. Ele via os filmes inúmeras vezes, não só por gosto, mas porque precisava anotar todo (eu disse TODO) o crédito final dos filmes no notebook. Após anotar, transcrevia para fichas de filmes e depois para fichas de pessoas. Sua intenção era acompanhar as carreiras dos técnicos, atores, diretores, para ver se algum assistente de câmera se tornaria fotógrafo famoso, por exemplo. Ou seja, mais de 20 anos antes, o Príncipe Valente inventou o IMDb!

Descobri isso um dia em que entrei na sala e só havia uma pessoa, sentada na primeira fila. Quando me aproximei, vi que era ele e o cumprimentei. Ele se distraiu, se perdeu em suas anotações, e acabou precisando ver a sessão seguinte. Pensando nele hoje, parece um esquete de Mr. Bean. Ele precisava, portanto, ver mais uma vez *7 noivas para 7 irmãos* para terminar de anotar os créditos.

112. O apoio do Grupo de Apoio

A partir do post que publiquei falando sobre a possibilidade do Estação fechar em 3 de abril de 2014, meu aniversário de 49 anos, das histórias que postei e da consequente campanha de apoio no mesmo Facebook e no mundo real, a mobilização de todos surtiu efeito. Em pouquíssimo tempo me reuni com mais de dez empresas interessadas em patrocinar ou ajudar de alguma forma. Reuniões que demorariam meses para conseguir, marquei em horas.

A NET foi a empresa em que as coisas caminharam mais rápido e em pouco tempo as conversas ficaram sérias. Em meados de abril, menos de dois meses após o post, já tínhamos a base do contrato fechada, mas ainda teríamos de ultrapassar alguns obstáculos. Um deles era a área jurídica da NET. Pudera, estavam prestes a patrocinar uma empresa que podia falir. A cada questionamento, respondia com laudas de argumentos. Eu tinha convicção de que o patrocínio nas bases acertadas, somado ao plano de investimentos que havia apresentado, faria com que o Estação mudasse de patamar e se reequilibrasse. Estava repleto de argumentos em nossa defesa, me preparei para isso nas noites em claro em que andei pela casa buscando soluções, no estudo de todos os cenários possíveis que minha cabeça treinada de enxadrista amador conseguiu projetar. Então, tinha respostas, respostas para tudo.

Quando fui questionado sobre a crise que se iniciava, se ela não levaria o Estação à falência mesmo com o patrocínio, demonstrei com o exemplo concreto da Argentina do início do século que, na verdade, uma crise poderia até ajudar. Apresentei planilhas (minhas planilhas!) que comprovavam meus argumentos, porque meus argumentos vinham justamente a partir da análise dessas planilhas ao longo de muito tempo. Comprovei, com base em períodos passados, que, em certa medida, uma queda na atividade econômica gera aumento no fluxo de pessoas aos cinemas. Cinema ainda era uma atividade cultural e de lazer acessível e de consumo imediato. No caso do Estação, onde os frequentadores são *heavy users* e vão várias vezes ao cinema por mês, um aumento do poder econômico dos seus clientes pode provocar maior investimento em outras atividades, como viagens, por exemplo, e consequentemente menos tempo para ir ao cinema.

Mesmo superados todos os obstáculos e acertadas todas as contrapartidas e garantias contratuais, no qual até o meu nome foi colocado como fiador, ainda assim ficou combinado que o contrato só seria assinado depois da assembleia de credores e após aderirmos ao Refis. Eram dois problemas grandes, mas havíamos superado inúmeras etapas. Quanto à assembleia, remarcada para o início de agosto, estava trabalhando há muito tempo e estava confiante em conseguir convencer a maioria. Já quanto ao Refis, que é o parcelamento de impostos, ainda não tinha sido aberto e, dependendo das condições, não teríamos como fazer — em geral, era pedido um valor inicial entre 10% e 20% da dívida. E isso, no nosso caso, poderia ser mais de um milhão de reais!

As negociações do patrocínio seguiram ao mesmo tempo que as negociações das dívidas e da administração das salas, com os cinemas caindo aos pedaços. Estávamos correndo contra o tempo.

113. Respeitável público

Lidar com consumidores no Brasil nunca foi fácil. Muitos já saem de casa com a convicção de que serão roubados ou sacaneados por empresários mal-intencionados. Muitas vezes isso pode acontecer, mas não na maioria dos casos. Ser comerciante ou dono de empresas de pequeno e médio porte neste país é bem complexo.

Exagero de leis subjetivas e sobrepostas, impostos em cascata, imprevistos como enchentes, internet ruim, luz oscilante, educação de péssima qualidade, o que acaba gerando funcionários com limitações, além de corrupção em todos os níveis da esfera pública, violência, falta de financiamentos para capital de giro e empréstimos com elevadas taxas e garantias draconianas, e ainda ter que lidar com alguns consumidores que deveriam estar presos, sem meias palavras.

Estação NET Gávea, um dia qualquer à tarde, uma jovem senhora na faixa de 40 anos entrou no banheiro para deficientes físicos. No Gávea, esse banheiro é um lugar amplo, separado dos demais. Maior que muitos quartos de apartamentos apertados. Não havia problemas no banheiro comum, mas ela optou por usar o banheiro específico para deficientes. Alguns minutos depois, saiu gritando, seminua, suja de fezes. Dizia que a privada tinha explodido, jorrando merda em suas roupas. Gritava que tinha parente desembargador e que isso não ficaria assim. A equipe, perplexa, tentou prestar todo o auxílio, mas ela estava incontrolável, saiu indignada, suja e parcialmente vestida pelo shopping junto com uma amiga. A gerente entrou no banheiro para ver o problema e constatou que a cliente tinha entupido a privada com todos os rolos de papel higiênico que havia, defecou e deu descarga. Logicamente, a privada transbordou. Mais tarde, veio o processo e o pedido de indenização. A cliente alegava danos morais e materiais; que teve de comprar roupas porque perdera as dela. De nada adiantou a amiga confessar que não havia motivo para ela ir naquele banheiro, o banheiro comum funcionava sem problemas. De nada adiantou ela ter apresentado notas fiscais de roupas caras compradas horas depois em outro shopping. De nada adiantou os depoimentos dos funcionários afirmando que ela mesma havia entupido o sanitário. De nada adiantou isso não fazer sentido, porque privadas não explodem assim, a não ser que estivessem entupidas há muito tempo e a pessoa insistisse em continuar dando descarga mesmo com ela transbordando. E, por último, menos ainda adiantou argumentar que nenhuma mulher sentaria numa privada nitidamente entupida, e ficaria sentada enquanto ela transbordava. Perdemos a ação e o juiz ainda afirmou que deveríamos ter um funcionário à porta do banheiro de deficientes, orientando que aquele era um banheiro para deficientes.

Novamente Estação NET Gávea, um outro dia qualquer, primeira sessão. Faltou luz, o filme foi interrompido e cancelado. Os poucos frequentadores procuraram a bilheteria e o dinheiro foi devolvido. Não há como devolver dinheiro para quem não procura a bilheteria. Semanas depois, um novo processo. Um casal apresentou uma nota de táxi de uma cidade a três horas de distância, comprovante de residência da cidade e afirmou que foi de táxi até o Gávea apenas para ver o filme e não teve nem o dinheiro do ingresso devolvido. Pedia o reembolso do táxi, dos ingressos e mil reais de danos morais. Pelo código do consumidor, o cliente que se sentir lesado numa cidade pode processar o estabelecimento na sua cidade de moradia. Ou seja, você sai de férias, vai a Manaus, almoça no bar do seu Zé, volta para casa e diz que teve dor de barriga. E o seu Zé tem que vir ao Rio se defender. Era mais caro mandar nosso advogado para lá ou instituir advogado na cidade do casal que pagar os mil reais que pediam. Pagamos.

Nunca tivemos casos assim no Estação Botafogo, que eu me lembre. No Gávea, com frequência. Esses são só dois exemplos. No Odeon, vez ou outra acontecia.

Odeon, uma tarde qualquer, um casal de amigos entrou para ver o filme e não é percebido que sobem para o balcão. O segurança, em sua ronda habitual pelo segundo andar, não pode deixar de notar que um amigo massageava o pênis do companheiro com a garganta. Imediatamente pediu que botassem as coisas para dentro e os colocou para fora da sala. Mais tarde, processo. Foram constrangidos e tratados com preconceito. Um entrou com o processo e o outro foi testemunha. Em seguida, a testemunha entrou com outro processo e o amigo foi testemunha. Uma espécie de meinha jurídica. Esse eu não sei que fim levou, pois saí da direção do Estação antes da conclusão.

Mas há problemas que não são resultado de má fé. O Estação Ipanema é um cinema geriátrico. O público é formado majoritariamente por pessoas da terceira idade. Pessoas da terceira idade precisam ir ao banheiro com frequência e algumas usam fraldas descartáveis. Pessoas da terceira idade andam devagar e às vezes não chegam a tempo ao banheiro. E fraldas vazam. Lavar e desinfetar as cadeiras e os carpetes desse cinema era uma constante. Tivemos que trocar o tecido por couro impermeável, mas ainda assim às vezes era difícil tirar o cheiro. Cheguei a ponto de programar apenas filmes curtos para tentar amenizar o problema.

Comerciantes lidam com problemas que os clientes nem podem imaginar. Sou um arquivo vivo de todo tipo de questão, e se fosse falar de achaque, bem, teria que ter um guarda-costas. Durante um ano tive carteira assinada na RioFilme e não precisei me preocupar com essas coisas. Garanto que é melhor ser empregado com carteira e direitos que dono de um pequeno ou médio negócio comercial. Se puder, não seja comerciante no Brasil.

114. Poucos dias antes da assembleia de credores
Escrito, mas não postado, no Facebook em 1º de agosto de 2014

Eu ia postar, mas achei melhor não. A assembleia de credores não ocorreu no dia 3 de abril por questões que desconheço. Foi remarcada para 5 de agosto, daqui a poucos dias. As últimas semanas foram tensas. Cometi o erro de falar para o Rogério Chor que estava tudo encaminhado com a NET e ele ficou puto. Tem sido um amigo em todos esses anos e eu tenho sido dele. Da mesma forma que ele aturou nossa dívida, eu o apresentei ao edifício onde é nosso escritório, e agora ele vai subir um prédio aqui. Também nunca questionei o valor da dívida, que podia ter sido questionado, por ele ter entregado as lojas sem água, sem entrada adequada, sem rua. Acho que ele pensa que estamos nos dando bem, embolsando um patrocínio e com perdão de 75% da dívida, mas não é assim. O patrocínio, se assinado, pagará apenas os 25% do que teremos de pagar, não há gorduras. Outros valores só viriam nos anos seguintes. Enfim, serão dias tensos. Nossos advogados estão conversando.

115. Na antevéspera da assembleia de credores
Escrito, mas não postado, no Facebook em 3 de agosto de 2014

Não durmo há três dias. O risco de morrer na praia depois de tanto trabalho é inacreditável. Mas parece que nossos advogados entraram em acordo com Rogério, saberemos se vão cumprir apenas no dia. Estamos todos mobilizados para convencer os credores a comparecer, vale o voto de quem for. Em princípio, apenas os bancos Mercantil e Santander vão votar contra, ou seja, pela falência. Somados, eles têm por volta de 43%, precisamos dos votos de quase todos os outros. O voto do Rogério é fundamental.

116. O primeiro (ou o último) dia de nossas vidas
Escrito no Facebook em 4 de agosto de 2014

Alguns dias mudam nossas vidas, o difícil é saber quando eles vão chegar. Sei que amanhã será um desses dias para mim e sei que, em maior ou menor grau, será também para muita gente. Nunca tivemos vida fácil, já disse aqui. Mas os últimos quatro anos foram especialmente difíceis para mim. Primeiro, a luta insana para recuperar o Estação das mãos dos pilantras que se apoderaram dele num verdadeiro golpe cinematográfico. Depois, de volta, descobri a dívida gigante que tinham feito e encontrei um ambiente bastante hostil junto aos credores.

Eu, que queria ser cineasta, tive que estudar direito, ainda que informalmente. Não podia deixar as decisões exclusivamente nas mãos dos advogados, por melhores que fossem, e são. Foi difícil a decisão de pedir a recuperação judicial, mais uma vez nos lançamos no desconhecido. Foi difícil elaborar o projeto da recuperação judicial, um trabalho que empresas cobram mais de 100 mil reais por ele, e eu fiz quase que completamente sozinho. Estudei vários planos e escrevi o nosso. Minha vida tem sido assim, aprendendo enquanto faço, na porrada.

Talvez por isso tenhamos cometido tantos erros de gestão, como é moderno falar hoje em dia. Mas me deixa contar um segredo: se fôssemos bons gestores, o Estação não existiria. O Estação Ipanema não existiria, o Estação Rio também não e o Odeon já teria fechado há dez anos. Ninguém teria construído o Gávea. E sabe por que posso afirmar isso? Porque hoje, com o que aprendi, jamais entraria nessa roubada. Mas o que é ser um mau gestor? Quanto tempo precisa durar um negócio para ele ser considerado um sucesso? Para sempre? Bem, nesse tempo em que fomos maus gestores, vários bancos desapareceram, inclusive dois patrocinadores nossos. E os executivos estão por aí, a maioria bem de vida e respeitada.

Não sei o que vai acontecer amanhã. As chances são boas, bem melhores do que as chances que podia imaginar há alguns dias. Já passei por muitas situações inusitadas, mas essa é nova. De uma coisa tenho certeza, em 24 horas o mundo será diferente para mim. Com qualquer resultado, vou tirar um peso gigante das minhas costas, com a certeza de que fiz tudo — e um pouco além — que poderia ter feito. Não é fácil se sentir responsável por essa grande família, muitos filhos, cem funcionários e outras tantas pessoas e empresas que orbitam as atividades do Estação.

Foram dias e dias estudando, trabalhando, negociando, noites em claro em que ficava andando pela casa tentando encontrar um caminho, tomar decisões vitais, na maioria das vezes sozinho. Não vou te enganar, não, foi foda. Ainda está sendo, mas está acabando.

Está acabando porque desapeguei, desculpem. Pessoalmente, talvez, o melhor seria falir, afinal, não tenho nada mesmo e quem não tem nada, nada pode perder. Com o que aprendi nesses trinta anos posso ser advogado, engenheiro, arquiteto, economista, publicitário e até jornalista, se aprender melhor o português. E se nada disso der certo, posso ser cineasta (brincadeira, hein, amigos).

E se der certo? Se der certo, a vida vai continuar dura. Mas a espada que esteve diariamente no meu pescoço nos últimos quatro anos desaparece. A incerteza de não saber se estará aberto ou fechado no mês seguinte desaparece. E a vida vai seguir. Outras questões vão surgir, outras barreiras. Mas poderemos voltar a fazer planos e sonhar. Sonhar em fazer coisas que ninguém fez antes. Será que ainda existem coisas assim? O sonho não tem limite e limite é tudo que tive nesses últimos anos.

PARTE VII   A hora da virada

117. O rato que ruge!
Escrito no Facebook em 5 de agosto de 2014

Perdoem o exagero porque já tô meio bêbado. O Estação sobreviveu ao fim do seu principal patrocinador, o Banco Nacional, depois ao fim do Unibanco, foi executado pelo BNDES, nosso principal concorrente são as salas do Itaú e agora vencemos de uma tacada só Santander e Mercantil. Não fode, o Estação é *o rato que ruge*!

118. Margem de erro
Escrito no Facebook em 6 de agosto de 2014

Vamos lá, pessoal, já recuperado das comemorações da recuperação, posso dar mais detalhes de como foi e como será.

Oficialmente a vitória foi de 53,47% do total da dívida representada na assembleia a nosso favor e 46,53% contra. Mas, na realidade, deveria ter sido maior. Estavam presentes 37 dos 101 credores e eles representavam, aproximadamente, 90% da dívida. Apenas Santander e Mercantil, como esperado, votaram realmente contra nós. O terceiro voto contrário veio de um representante que disse posteriormente ter se equivocado na hora e votado errado. Entenderam por que eu disse que o resultado era imprevisível? Até votar errado podia acontecer. Parece que esse credor enviará um documento ao juiz alterando o voto dele. Se fizer isso, o resultado passará a ser 57,45% a 42,55%.

Portanto, dos 101 credores apenas dois votaram pela falência, já que podemos presumir que quem não foi não está nem aí para a dívida ou concordava com o plano já apresentado originalmente — que era pior do que o que foi votado, pois pagava a dívida ao longo de 12 anos.

É fácil explicar por que tanta gente não foi. Quando se pede uma recuperação judicial, não se pode pagar nada anterior à data do pedido, ou seja, qualquer serviço prestado a nós antes dessa data que ainda não tinha sido pago, entrou na dívida. Assim, quase metade dos nossos credores era de valor muito baixo. Apenas 13 credores tinham créditos realmente substanciais a receber.

Nosso plano aprovado prevê o pagamento integral de todos os credores com créditos até 5 mil reais, que são 46. Dos 55 restantes, 42 são agentes do mercado, distribuidores, produtores ou fornecedores de cinema, que ganharão muito mais com nossa existência do que os 75% que perderam agora. Não esqueceremos o apoio nesse momento e tenho certeza de que não faltarão oportunidades para retribuir.

Logo, sobra o grupo dos 13 credores poderosos. Esses, em tese, perderam um valor considerável na negociação. Boa parte, porém, dessa dívida já vinha sofrendo reajustes, multas, juros etc. há um bom tempo, mesmo antes de pedirmos a recuperação judicial. Ou seja, o valor atual está longe do valor original e se fosse colocado apenas uma correção nesse valor a dívida seria muito menor. Além disso, os bancos (cinco entre os 13) já lançaram a dívida em seus balanços como prejuízo, o que pode gerar um retorno de quase 40% do valor em economia de impostos para eles.

Mas há alguns poucos credores que realmente abriram mão dos 75% e até de 100% da dívida. A esses vou fazer um agradecimento especial em outro texto.

Em breve falo de como será daqui para a frente.

119. Blefando como Eliot Ness

Não tive coragem de contar na época, a não ser para as pessoas próximas. Mas gostaria de revelar que o filme *Os intocáveis*, de Brian de Palma, teve papel fundamental na nossa vitória na recuperação judicial. Havia o receio de que os advogados do Mercantil e do Santander, do mesmo escritório, pedissem que suas dívidas fossem tratadas em outra categoria, por terem, em teoria, garantias concretas. A questão era polêmica, mas, dependendo do juiz, poderia ser aceita. E se fosse aceita, estaríamos falidos. Para passar pela assembleia de credores, teríamos de ter a aprovação de todas as categorias. Se eles estivessem sozinhos em uma, certamente não a teríamos. Mas havia o boato de que o Mercantil havia comprado a dívida do Santander para nos falir por questões pessoais com o dono do Banco Bonsucesso, nosso acionista. Se isso fosse revelado, eles teriam apenas um voto e não dois. Eu não tinha nada a perder arriscando.

Quando os advogados chegaram, de imediato os abordei gentilmente. Disse que tinha recebido um e-mail de um jornal e jornalista famosos que me perguntava se era verdade que o Mercantil tinha comprado a dívida, o que havia sido revelado a ele por um diretor do Santander. Era tudo mentira. E disse que se eles fizessem alguma intervenção, eu mostraria o e-mail para o administrador judicial e as consequências poderiam ser feias para o lado deles, com a possível caracterização de fraude. Blefei e pela reação deles era verdade. Começaram a dar uns telefonemas, mas era óbvio que não conseguiriam falar com alguém a tempo, a assembleia estava começando. Os dois se mantiveram imóveis, votaram, como previsto, contra nós, mas não se manifestaram. Eu os olhava nos olhos, desafiador. Na verdade, agi da mesma maneira que nos assaltos e contra a fera Razorback — estava acuado como um bicho e resolvi atacar. Fomos aprovados. Tudo improvisado na hora, lembrando da cena do tribunal de *Os intocáveis* — reveja se não a tiver na memória.

120. *Run*, Marcelo, *run*!
Escrito no Facebook em 6 de agosto de 2014

Agora é o seguinte, temos cerca de 45 dias para conseguir 8 milhões de reais. Se não pagarmos, teremos de colocar o Gávea em leilão. O Estação Gávea é o nosso cinema mais rentável, sustenta outros, como o Ipanema. Se perdermos o Gávea, pagamos as dívidas, mas teremos muita dificuldade em manter os demais.

Nesses anos todos, e sobretudo nos últimos meses, venho conversando com patrocinadores e investidores, que estavam aguardando o resultado dessa assembleia para decidir se entram ou não no Estação — convenhamos, quem botaria dinheiro numa empresa que poderia falir a qualquer momento? São nessas negociações que me agarro na esperança de não perder o Gávea. Uma delas tem que dar certo!

Mas também temos desafios mais imediatos. Até o fim do mês podemos financiar nossa dívida fiscal com o Refis. Mas, para isso, precisamos pagar parte dela e não temos esse dinheiro. Além disso, é necessário fazer um aprimoramento técnico das salas, como todos sabem.

Atualização em 22 de junho de 2020: Não podia revelar o acordo com a NET, e, a rigor, nada tinha sido assinado. Como já tinha perdido contratos com a Vivo e com o Sesc, mesmo com minutas de contrato de renovação prontas, não seria prudente falar nada e, de fato, seguíamos dependendo de assinar um contrato de patrocínio.

121. Faculdade de direito
Escrito no Facebook em 6 de agosto de 2014

A maneira mais barata de agradecer publicamente à montanha de gente que nos ajudou é por aqui mesmo, no FB. Como vencemos uma etapa, mas o saldo da conta bancária não mudou, me resta usar esse espaço gratuito. Por isso, vamos começar do começo.

Quando entrei pela primeira vez no escritório Kalache, Chame, Costa Braga Advogados há mais de três anos, não sabia o que iria encontrar. Sabia que eram advogados especializados em recuperação judicial, falências e em direito empresarial, e ponto. Com minhas idas semanais até eles, às vezes várias vezes na mesma semana, e o contato diário, nos tornamos amigos. Deixaram de ser simplesmente advogados e viraram militantes furiosos, brigando pelas salas tanto quanto eu. Busquei especialistas e encontrei especialistas cinéfilos — há cinéfilos por toda parte, felizmente.

Por isso, queria agradecer a toda a equipe de advogados por meio das duas pessoas que me foram mais próximas. Manoel da Costa Braga Filho, que foi um espetacular conselheiro, às vezes terapeuta, e que me ajudou a não deixar a bola cair. Foi dele uma frase decisiva, já bem no final, faltando uma semana para a assembleia, quando um credor muito importante mudou de lado e eu joguei a toalha. Braga então me disse: "Não desista! Você merece pôr essa medalha no peito. Eu mereço pôr essa medalha no peito. Vamos virar o jogo!" E viramos. Tirei forças não sei de onde, e junto com eles convencemos o credor a mudar de opinião. Mas só tivemos certeza disso quando ele votou.

Yamba Lanna é ainda um jovem advogado que, apesar de seus trinta e poucos anos, já apresenta alguns muitos fios brancos na cabeça. Posso afirmar, com toda a certeza, que antes de ele ter a cabeça completamente branca, o que parece que não demorará muito pelo volume de trabalho que tem, Yamba será um dos maiores advogados do Brasil! Seu conhecimento, sua agilidade e sua disposição fizeram toda a diferença.

Deixo aqui registrado o meu agradecimento a esses dois notáveis profissionais, seus sócios e sua equipe. Jamais teríamos conseguido sem eles.

122. Os dois Luízes

"Cinema é a maior diversão." Os primeiros cinemas em que entrei na vida, ainda criança, foram os do Grupo Severiano Ribeiro. Minha primeira sessão dupla foi no Leblon, com um filme dos Trapalhões seguido por um filme de cachorro que, pelo que me lembro, era *Digby*. Tinha 7 anos, talvez. Depois, me mudei para Petrópolis e passei a frequentar os cines Petrópolis e Dom Pedro, na época ambos do GSR. Foi neles que vi *Os embalos de sábado à noite* — com carteirinha falsificada, pois não tinha idade, mas o crime já prescreveu — e *Apocalypse now*, que só entrei por causa da minha altura, que aos 14 anos já era de quase 1,90m, e um cigarro no canto da boca, que nunca tinha experimentado. *Apocalypse* é, até hoje, o único filme que tem gosto de cigarro para mim. Convenhamos, gosto apropriado para o filme.

Poucos anos depois, já com o Estação, conheci o mitológico Luiz Severiano Ribeiro Neto. Já disse isso outras vezes, mas nesse momento é importante repetir: em quase trinta anos de relacionamento, Luiz nunca quebrou uma única promessa, que aliás nunca precisou fazer. Simplesmente, o que dizia cumpria. Simples assim, mas raro hoje em dia.

Quando voltei para o Estação, após a venda frustrada para o fundo de investimentos, a primeira briga, o primeiro obstáculo que encontrei, foi outro Severiano Ribeiro, também Luiz, só que Henrique. O GSR é dono dos imóveis onde estão o Odeon e o Estação NET Rio e era atribuição de Luiz Henrique zelar pelo patrimônio da família. Estávamos há mais de um ano sem pagar os aluguéis, o que você faria no lugar dele? Ele fez o que tinha que fazer, cobrou.

Brigamos por uns três meses até nos conhecermos melhor, e Luiz Henrique, como toda a família Severiano Ribeiro, acabou por se tornar nosso principal parceiro nessa jornada, apoiando, influenciando outros credores, buscando saídas e tendo uma paciência de Jó com nossos constantes atrasos, dada a nossa combalida situação.

Luiz Henrique foi à assembleia, pediu a palavra e disse que queria três coisas: fazer um agradecimento, um apelo e uma declaração. O agradecimento, por termos cuidado tão bem de suas salas por tantos anos; o apelo, para que todos votassem pensando no Estação e na cidade e não no dinheiro; e uma declaração, que após a homologação dos votos abriria mão de receber sua parte. O GSR tem, aproximadamente, 1,7 milhão da nossa dívida e teria direito a receber mais de 400 mil reais pelo acordo.

Aos dois Luízes e a todos do GSR o meu profundo agradecimento por ajudar a iluminar o caminho. Sem vocês, não teríamos nem cinemas pelos quais brigar.

123. Flamengo x Vasco

Certa vez, há muito tempo, havia um funcionário que era um bom funcionário. Gentil, prestativo e honesto. Mas tinha um defeito: volta e meia errava o dia de sua folga e vinha trabalhar, e vice-versa. Fui conversar com ele para saber qual era o problema. Conversa vai, conversa vem, comecei a notar que a questão era que ele não conseguia entender a escala de trabalho. Olhava uma tabela simples de dupla entrada e não conseguia "ler" o que via, embora não fosse analfabeto. Resolvi fazer um teste. Peguei uma tabela do Campeonato Brasileiro, daquelas que tem uma coluna vertical com todos os times e outra horizontal, com a mesma informação. Perguntei se ele entendia aquilo. Também não. Perguntei, então, qual tinha sido o resultado do jogo Flamengo x Vasco do último domingo e, obviamente, ele sabia. Daí mostrei que a interseção das duas colunas era o resultado. E escrevi o nome dele no lugar do Vasco (já que ele era vascaíno) na coluna vertical e substituí alguns times por dias do mês na horizontal. E mostrei que onde as linhas se cruzavam era o que ele devia fazer naquele dia. Ele entendeu e nunca mais errou. E eu finalmente me dei conta para que diabos tinha aprendido, na infância, aquela história de "teoria dos conjuntos".

124. Jovem Indiana Jones
Escrito no Facebook em 8 de outubro de 2014

Estou completamente perplexo e arrasado com a morte de um velho amigo. Não o via há muito tempo, mas ontem mandei uma mensagem pedindo sugestões para uma mostra que pretendo fazer. Essa mensagem não foi e jamais será visualizada. Muito triste. Especialmente porque, nos últimos tempos, acompanhando sua atividade por aqui, parecia feliz como há muito não era. Oswaldo Lopes Jr. escreveu o roteiro do único curta que dirigi, ainda na UFF. A mostra que pretendo fazer não será a mesma sem ele. Enquanto pensava nos filmes, dizia para mim mesmo: "Esse filme vai fazer o Oswaldo descer de Friburgo."

Oswaldo foi meu amigo e colega na UFF, no curso de cinema. Além do curta que dirigi, foi também roteirista de outro que nunca terminei. Escrevia para o *Tabu* e escreveu para o catálogo de alguns festivais. Colecionador compulsivo, fã enlouquecido, tem muitas fotografias de diretores famosos que passaram pelo Estação, que agora, com a sua partida, não temos como saber onde estão. Foi embora muito cedo, e justo no momento em que sua vida parecia finalmente se ajeitar. Ele não virá à Mostra dos Anos 80, mas será parte do Estação para sempre.

125. A festa de comemoração e um outro telefonema

Muito pouco tempo se passou entre a explosão da situação do Estação no Facebook e eu estar sentado em frente à diretoria da NET discutindo o patrocínio, a nossa consequente salvação. Desde o princípio, eles estavam preocupados em saber se o investimento em nós seria suficiente para sairmos do buraco. Os valores e as condições de nossa negociação rapidamente foram acertados, faltava apenas convencer o departamento jurídico. Soube depois que a NET encomendou pareceres a advogados externos sobre a nossa situação e que foram unânimes em dizer que era uma relação de risco. Mesmo assim, a NET se manteve firme em querer nos apoiar e a cada dúvida e questão colocada eu me esforçava para explicar e defender meu ponto. Deve dar um livro, se somar tudo o que escrevi defendendo que era possível pagar as dívidas, reformar as salas e ter uma vida sustentável com o valor acertado, pelo tempo acordado.

Cada obstáculo foi vencido e, finalmente, o contrato foi redigido. Mas antes, como já dito, era preciso passar pela assembleia de credores e fazer o Refis. E assim foi, passamos pela assembleia e nos inscrevemos no Refis. Já estávamos muito próximos da data final dos pagamentos dos credores, que faríamos com o dinheiro da NET, mas, para ter o dinheiro, precisávamos assinar o contrato. Tínhamos apenas 24 horas e estávamos no Rio enquanto eles, em São Paulo. Foi então que a NET pediu que assinássemos nossa via, para depois digitalizar e enviar de volta para eles. Fizemos isso e, em minutos, 8 milhões de reais caíram na nossa conta. A NET foi extremamente parceira nesse processo. Pagamos os credores no último dia.

No mês seguinte, programamos uma festa no dia do aniversário de 29 anos do Estação. Seria o anúncio do que viria, a continuidade do Estação, a reforma das salas, os novos planos. Fizemos uma linda exposição na galeria com a nossa história e no palco reproduzimos a célebre foto com a equipe e amigos que tínhamos feito quase três décadas antes. Foi uma noite muito feliz. Mas faltava alguém.

Alguns dias antes da festa, telefonei para Adhemar. Não nos falávamos fazia muitos anos, e antes que ele falasse pedi que primeiro ouvisse. Disse que tivemos problemas, mágoas e raivas. Mas disse também que tinha conseguido recuperar o Estação, que as dívidas estavam sendo pagas e as salas seriam reformadas. Disse que se ele quisesse voltar para a empresa, eu faria o meio de campo com os demais sócios. Que ele seria bem-vindo por mim se tivesse a mesma postura. "Estamos ficando velhos, Adhemar." Ele ouviu tudo e foi gentil. Disse que dependeria da Patrícia, que havia ficado mais magoada com a história do que ele, segundo disse. "Pois é, Adhemar, ela só sabe o seu lado da história." Desligamos com a promessa de que ele retornaria com a resposta se iria ao aniversário e sobre a sua possível volta. Não foi nem respondeu. Mas minha consciência, se tinha alguma intranquilidade, deixou de ter.

Na manhã do dia 12 de novembro de 2014, em frente ao Estação, eu tirava fotos para O *Globo* com Rodrigo Marques, meu patrocinador, quando ele me conta que vinte anos antes tinha trabalhado na MostraRio. Levei um susto. "O escritório de vocês não era ali, naquele sobrado?" "Sim, era", respondi. "Em 1994 subi aquelas escadas e pedi emprego a vocês." "E nós demos?", perguntei. "Sim, trabalhei no Museu da República", respondeu, parecendo orgulhoso.

Acho que isso explica um pouco o esforço da NET em nos salvar. Por mais profissional que fosse, e estava sendo, Rodrigo tinha aquilo de quem gosta mesmo de cinema: paixão. A paixão dele pelo cinema nos salvou. Mas tive sentimentos conflitantes. Não pude deixar de pensar que enquanto ele, em vinte anos, passou de recepcionista do Museu da República a mandachuva de uma gigantesca multinacional, eu estava no mesmo lugar, em situação bem pior que antes.

126. Sonho ainda não realizado

Entre 2008 e 2010 fui professor de cinema na PUC-RJ, onde permaneço como professor licenciado. Minha tarefa era explicar a jovens cineastas do 7º período a complexidade do mercado e como se movimentar por ele. Nesse processo, dialoguei com pessoas que há muito não convivia: jovens por volta dos 20 anos de idade.

Mesmo a distância já era evidente, naquela época, que esses jovens, ainda que em uma faculdade de cinema, estavam habituados a ver filmes em pequenas telas, como laptops e celulares. Não só viam, como também preferiam ver assim, pela mobilidade. O que me surpreendeu foi notar quase que fisicamente algo que supunha na teoria — o modo de ver estava afetando o modo de criar.

Numa rápida enquete, era possível notar que cineastas como Glauber Rocha, Bergman e Tarkovski, por exemplo, não eram populares, enquanto outros, como Tarantino e Almodóvar, permaneciam em alta. O modo como esses jovens viam os filmes fazia com que gostassem de alguns cineastas e desprezassem outros.

Essa questão permaneceu latente na minha cabeça e foi somente em 2015, com o Estação fora de risco de fechamento, que pude voltar ao tema. Organizei dezenas de exibições de clássicos que até geraram interesse no início, mas que, após o impacto inicial, caíram no esquecimento e o projeto teve que ser descontinuado por seu alto custo. O assunto ficou adormecido por mais um tempo.

Estava claro para mim que, salvo em exibições muito especiais, não é possível — ou necessário — realizar um projeto assim num cinema grande, já que o custo é alto e o interesse é baixo. Comecei a pensar em um cinema pequeno, bem pequeno, onde pudéssemos ter cursos e filmes e que graças ao custo muito baixo poderia arriscar uma programação mais ousada, com filmes que nunca mais seriam vistos ou revistos em cinemas.

Corta, o tempo passa mais um pouco e tenho o duplo prazer de ver minha filha ingressar numa escola de cinema e ficar entusiasmada, a ponto de me pedir a recomendação de 50 filmes importantes da história do cinema para ver antes que a escola pedisse. Imagine a alegria de um pai como eu nesse momento.

Após a alegria inicial e o início da confecção da lista, comecei a lembrar de quando eu tinha visto esses filmes, em que cinemas ou eventos. Me lembrei de todo o ritual envolvido, do ar condicionado gelado, do tapete fofo e da tela descomunal. Lembrei dos filmes que inicialmente odiei e depois passei a amar, só porque tinha pagado e não queria sair no meio do filme. Vários filmes eu amei só porque estava "obrigado" a prestar atenção neles.

Daí pensei nos criadores que imaginavam no momento de suas criações que poderiam contar com determinadas regras. Seu filme deveria ser visto numa sala fechada, para um grupo de pessoas, com uma determinada proporção entre espectadores por tela e com, é claro, escuridão. Também se imaginava que o espectador daria ao menos uma meia hora de chance para ser conquistado. Ninguém ousava pensar que chegaria o dia em que as pessoas iriam aos cinemas e durante o filme escreveriam "cartas" (zap, e-mails etc.) e falariam ao telefone. Também não se imaginava que seria possível ver filmes em casa, parando para ir ao banheiro, buscar algo na geladeira ou conversar entre amigos. As regras mudaram, mas esses filmes não têm como mudar, serão para sempre — na melhor das hipóteses — o que são.

E então voltei para a minha lista e concluí que, mesmo assistindo, minha filha jamais veria de verdade esses filmes porque ela certamente não usaria as condições ideais. Imagine um pintor que escolhe suas cores e busca provocar uma certa reação em você. Só que de um dia para outro inventa-se uma lente de contato que faz até cego enxergar, mas infelizmente tem um problema: a lente altera as cores substancialmente. O quadro desse pintor seria visto, talvez, com mais nitidez que antes, mas não mais como o pintor o pensou originalmente.

Assim, temi que minha filha pudesse não gostar ou mesmo não entender na sua plenitude alguns, talvez muitos, dos filmes fundamentais para a sua formação, por vê-los em condições inadequadas. Foi assim que minha ideia de uma pequena sala com cursos evoluiu. Se não podemos voltar a ver esses filmes como eles deveriam ser vistos, porque infelizmente não há gente interessada em número suficiente para sustentar um cinema com essa programação, façamos um simulador.

Um cinema com dimensões muito reduzidas e baixíssimo custo, que pudesse sobreviver como um cineclube, exibindo o que foi feito de melhor no cinema e que precisaria de uma sala de cinema para ser reconhecido como tal. Podemos tentar simular a experiência novamente, dando oportunidade para novas e passadas gerações verem ou reverem esses filmes de um modo parecido com o que deveriam ser vistos.

Foi aí que surgiu a ESCOLA PERMANENTE DE CINEMA.

Um cinema como sala de aula, a exibição de um filme sempre seguida de uma aula/palestra, como numa visita guiada a um museu. Além disso, a soma de aulas e filmes ao longo do tempo iria permitir que o aluno adquirisse, no ritmo que quisesse, um conjunto de conhecimentos sobre determinados temas, o que poderia dar a esse aluno informações que ele não teria de outra forma, além do reconhecimento por esse saber. E nesse ponto o cinema, o simulador, se transformaria em ESCOLA.

Uma escola porque pretende ensinar a ver, como toda escola. Mas também um clube, um cineclube, ainda que o mais importante seja que ele seria PERMANENTE, porque sempre será necessário rever esses filmes e sempre haverá pessoas para formar e informar.

127. Retribuição

Escrito no Facebook em 4 de novembro de 2016

Vejam só que história legal. Zé Roberto começou a trabalhar na Cinemateca do MAM nos anos 1970 ao lado da figura mitológica de Cosme Alves Netto. Ficou lá por quase 20 anos e, segundo Hernani Heffner, seu sonho sempre foi fazer um pequeno museu de cinema com os equipamentos que a Cinemateca tem, mas não tem onde expor. Por uma mudança na direção do MAM, Zé Roberto saiu de lá e veio para o Estação, onde também trabalhou por quase vinte anos. Aposentado, resolveu passar as tardes como voluntário na Cinemateca cuidando dos equipamentos que sempre amou. Por isso, quando Ricardo Cota e Hernani me propuseram que ele fosse o curador da exposição da Cinemateca que fizemos na galeria do Estação Botafogo, aceitei na hora. Era um ciclo se fechando. As duas casas que ele ajudou por tanto tempo agora poderiam retribuir realizando o seu sonho.

128. Caçadores de sonhos

Cinema é realmente coisa para maluco. Três caras passaram toda a infância refilmando plano a plano *Caçadores da arca perdida*. Um dirigia, outro fotografava e fazia os efeitos visuais e o terceiro era o próprio Indiana Jones. Levaram sete anos para terminar — ou quase terminar. Não conseguiram filmar a cena da explosão do avião. O resultado é assombroso, principalmente se levarmos em conta que no início dispunham apenas da memória, já que nem VHS do filme existia. O documentário da Netflix acompanha as filmagens da última cena em 2014, mais de trinta anos após o início. Nos créditos finais são exibidas, lado a lado, as cenas do avião do filme original e da versão deles, feita com 17 mil dólares. Só o avião do filme de Spielberg custou 800 mil dólares. Vejam. É inacreditável. Se chama *Raiders!: The story of the greatest fan film ever made*.

129. Abraçando a Cinemateca do MAM
Escrito no Facebook em 18 de agosto de 2015

Estou muito, muito feliz! Há um ano, eu era um empresário falido e, hoje, ajudo a Cinemateca da minha cidade a se reerguer. Eu, Cota, João Luiz Vieira, Alberto Shatovsky e Hernani caminhamos pela Cinemateca, fazendo planos, todos com um bonito sorriso no rosto, nem parecia que ali estavam senhores na faixa dos cinquenta e muitos anos, éramos todos jovens entusiasmados. Voltamos no tempo. É preciso abraçar o MAM da mesma forma como o Estação foi abraçado. Vamos?

130. A última loucura dos anos 80

Em 2015, pela primeira vez em muito tempo, a situação estava mais tranquila. Havia conseguido vencer a recuperação judicial, assinar um acordo para pagamento da dívida com o Ecad, reformar todas as salas com a instalação de projetores DCP, obter ares-condicionados novos, instalar totens de venda de ingressos e realizar melhorias em bilheterias, trocar carpetes, além do contrato de patrocínio da NET, que estava no início, muitas possibilidades se abriam. Com esse cenário, pude novamente voltar a planejar uma programação cinéfila, com mostras e retrospectivas que há muito não tínhamos condições de fazer.

O plano era ter uma programação de repertório de cinema clássico o ano todo, começando com uma grande mostra dedicada à década de 80, chamada Anos 80, 80 Filmes. Iríamos exibir ao longo do ano, como o nome diz, oitenta filmes que marcaram os anos 80, e para isso fechei um acordo com a Park Circus, empresa sediada em Glasgow que comercializa os filmes de catálogo de diversos estúdios. Além dessa mostra, fechei retrospectivas David Lean, Nicholas Ray, Kubrick, Orson Welles, além de trilogias, como *De volta para o futuro*, *O poderoso chefão* e os três filmes com James Dean, entre outros.

A programação começou no fim de março, e para promovê-la criamos dois álbuns de figurinhas com os cartazes de filmes dos anos 80 que estavam na mostra. A ideia era que a cada filme assistido o espectador ganhasse a figurinha do cartaz do filme. Os álbuns ficaram lindos, com textos de Tom Leão e projeto gráfico de Télio Navega.

A ideia nasceu na estante de casa. Lembrei do ano anterior, quando muita gente nos mandou histórias do Estação pelo FB e algumas pessoas enviaram fotos de cadernos cheios de ingressos colados de recordação. Os ingressos atuais não permitem mais isso, pois são como um recibo fiscal, apagam com o tempo. Fiquei pensando o que poderia dar ao público como lembrança da sessão. Vi na estante o álbum de figurinhas das Balas Indestrutivas Ruth que meu avô lançou nos anos 50 e a ideia de fazer algo parecido se formou. Dar figurinhas dos filmes era a maneira mais barata possível de oferecer um brinde de recordação a cada um dos espectadores.

No início, a mostra foi um sucesso. Várias sessões cheias e algumas lotadas. A volta da Maratona Noturna com filmes de terror dos anos 80 foi um tsunami. Mais de 15 mil pessoas mostraram interesse, pelo Facebook, em comparecer ao evento e a sessão lotou em 15 minutos. Tivemos que programar mais duas sessões extras! Foi muito emocionante para mim, lembrei dos velhos tempos, o clima era muito parecido, e havia uma mistura boa de velhos e novos frequentadores. Sentia-se muita felicidade no ar. E eu estava com minha filha, com então 16 anos, que só tinha ouvido falar dessas sessões históricas. Me senti como um jogador de futebol perto da aposentadoria que tem a chance de mostrar aos filhos como era o seu tempo e como era idolatrado. No caso, a idolatria era ao Estação e não a mim, mas me sentia como se fosse, como sempre senti quando trazia um filme e todos gostavam, sentia um prazer como se o filme fosse meu.

Uma curiosidade dessa nova Maratona Noturna foi o perfil de consumo do público. Nos anos 80, era normal pessoas bêbadas e fumando maconha, que tínhamos de reprimir com jeito. Mas nessa "nova era", bêbados? Ninguém. Cigarros? Nem eletrônico. Mas a maior parte da plateia chegou ao fim acordada, o que não acontecia antes.

O sucesso foi tanto que outras programações completamente diferentes também lotaram. Ficamos perplexos quando uma sessão com filmes mudos gregos acompanhados pelo pianista Fabio Luz e músicas de Ernesto Nazareth também lotou rapidamente. E lotou mais duas sessões extras! Ao fim das sessões as pessoas pediam autógrafos ao pianista e tiravam fotos ao lado do piano, alugado para as sessões.

Mas a programação era extensa demais e pouco a pouco foi perdendo o interesse, até não ser mais economicamente viável. Os custos eram muito altos, além dos direitos de exibição e de trazer HDs de várias partes do mundo, muitas vezes tínhamos que traduzir as legendas e fazer uso da legendagem eletrônica, além dos custos imprevistos, como o caso de *Depois de horas*.

Faltava uma semana para a exibição do filme e os ingressos já tinham sido vendidos, quando a Park Circus nos informou que não havia versão digital do filme, tinham se enganado. Nesse momento baixou meu espírito Festival do Rio, não podia permitir que a programação furasse! Como a culpa tinha sido deles, providenciaram uma cópia 35mm nova e enviaram, nós pagamos o frete e impostos. Mas para garantir que haveria exibição ainda que a cópia não chegasse em tempo, resolvi que exibiria em vídeo, mesmo que devolvêssemos os ingressos. Não existia BluRay do filme, mas eu tinha um DVD. Copiei o DVD para um computador, depois passei o arquivo para Full HD e em seguida para 2K. O som ficou perfeito e a imagem, aceitável. Todos os personagens ficaram mais jovens, o programa 2K preencheu as linhas de definição que faltavam ao DVD. Mas como era um filme antigo, não se percebia tanto. A cópia chegou e essa versão "restaurada" por mim nunca foi exibida.

A distribuição de figurinhas foi um sucesso instantâneo, mas não duradouro. Foi um erro dar apenas uma figurinha por filme, pois poucos iriam ver dezenas de filmes e não permitia a saudável atividade do troca-troca de figurinhas, afinal só tinham uma de cada filme. Ainda tentamos mudar isso ao longo da mostra, passando a dar três por filme, mas o boom já tinha passado. Dos oitenta filmes, chegamos a exibir metade, o que foi, pensando hoje, muito. Mas na época foi bem decepcionante.

Das mostras planejadas, só fizemos a do Orson Welles e a do Kubrick. Desenvolvemos um álbum de figurinhas para o Kubrick, mas não chegamos a imprimir por falta de grana.

131. Uma pessoa simples

Em maio de 2015 realizamos uma mostra quase completa de Orson Welles e trouxemos sua viúva e musa inspiradora, Oja Kodar. Nesses anos todos tive o prazer de só conhecer e lidar com pessoas famosas simples e acessíveis. Oja foi mais uma delas. A verdade é que foi muito mais fácil lidar com ela do que com meu amigo Fabiano Canosa, que mais uma vez nos ajudou com seus contatos internacionais. Fabiano queria oferecer tudo para ela, mas tudo nós não tínhamos. A grana começava a ficar contada porque a bilheteria não correspondia ao esforço e o patrocínio da NET do ano já tinha sido gasto em melhorias para as salas. Não demos tudo que Fabiano queria, mas demos tudo que Oja nos pediu, o que felizmente foi pouco. Ela cumpriu sua agenda promocional com profissionalismo, além de ter ido a outros eventos festivos, na casa de Nelson Hoinneff e a uma feijoada no Tempo Glauber, preparada pelo próprio Fabiano. Dela não ganhei um selinho, mas ganhei um autógrafo carinhoso na foto de sua página no *Tabu* que trazia Welles na capa. A mostra teve bom público, mas não pagou as contas, dificultando a continuidade da ideia de exibir regularmente clássicos no Estação.

132. A multiplicação do Espaço

Pelo contrato de patrocínio assinado com a NET, teríamos que abrir ao menos mais uma sala em curto prazo. Minha ideia era fazê-la no saguão do Espaço, chamado agora de Estação NET Rio. Apesar de ser bom economicamente — e por isso fazer parte do contrato —, iria destruir por completo um projeto arquitetônico premiado, além de tornar o lugar menos confortável. Outra opção era usar uma sala que funcionava como escritório, ao lado da antiga Sala 3, atual Sala 5. Mas era bem complicado unir a nova sala ao saguão, pois precisaria ser aberto um corredor por dentro da Sala 3, eliminando duas fileiras.

A solução veio durante uma conversa informal com o amigo Luiz Henrique Severiano Ribeiro, a quem caberia autorizar qualquer intervenção no local, por ser o dono do espaço. Luiz me perguntou se não era possível dividir as Salas 1 e 2 e na hora respondi que não, mas aquilo ficou martelando na minha cabeça. Já tinha pensado em dividir uma delas e criar um outro saguão usando parte da Sala 1. Não tinha seguido em frente com a ideia por falta de recursos. Mas agora tinha aproximadamente 600 mil reais que havíamos separado para construir essa pequena sala. Baixei um programa de arquitetura 3-D, aprendi a lidar com ele e importei as plantas em PDF para começar a estudar novamente a hipótese. Com tantos anos de estrada, sei todas as regras e normas de segurança dos bombeiros e entendo razoavelmente de obras. Fui alterando paredes e criando acessos até chegar à conclusão de que a reforma seria bastante viável. No lugar de duas salas, que somavam 460 lugares, teríamos quatro com 360 lugares no total, o que inicialmente não parecia uma boa troca, mas na verdade era ótima. As antigas salas tinham taxa de ocupação entre 20% e 25%, era raro naquela época que ficassem lotadas, com exceção do período do Festival do Rio. As novas salas poderiam ter taxa de ocupação muito mais elevada e com a oferta de mais filmes o risco de errar a programação diminuía. Não é à toa que os multiplex proliferaram, o ganho estratégico e da escala é grande. O arquiteto Pablo Benetti e a Fábrica Arquitetura foram mais uma vez acionados para dar contornos profissionais aos meus rabiscos, como havia ocorrido em Ipanema.

Mas, para variar, o cobertor era mais curto que o frio. Tínhamos 600 mil reais e a obra para duas salas, acessos, modernização e ampliação dos banheiros estava orçada em mais que o dobro, por volta de 1,6 milhão de reais, além do tempo que ficaríamos sem venda de ingresso com o cinema fechado. Fiz uma projeção da ampliação das receitas com mais duas salas e concluí que se fizéssemos a obra em cinco semanas conseguiríamos equilibrar as contas. O empreiteiro Beto Santiago, irmão de Ilda e que quando jovem foi nosso motorista para Isabelle Huppert, tinha feito várias das nossas obras, incluindo a do Estação Ipanema. Sempre muito cuidadoso e de total confiança, Beto tinha o defeito clássico que toda obra carrega: não cumpre prazo ou orçamento. Justiça seja feita, problemas e desejos sempre aparecem em obras para atrapalhar os planos originais. Mas nessa os problemas só existiram porque os desejos ficaram reprimidos pela pouca grana e pelo pouco tempo.

Dois meses depois de iniciada a obra, abrimos, sem inauguração, o Estação NET Rio, agora com cinco salas, belos banheiros e um novo saguão superior. O sucesso foi imediato, as salas foram aprovadas pelos frequentadores e a taxa de ocupação subiu para mais de 40%, estando próxima de 100% nos fins de semana. O cinema começou a faturar como o Gávea, nosso carro-chefe, mas com uma programação mais cinéfila e mais barata, porque os blockbusters que o Gávea vez por outra exibia tinham condições comerciais bem mais duras.

No entanto, a obra foi bem estressante para todos. Já vínhamos de anos de tensão e, novamente, o pouco dinheiro e o pouco tempo me faziam temer que não conseguiríamos realizar todos os compromissos que tínhamos assinado para vencer a recuperação judicial. Pressionei ao máximo todos os envolvidos na obra para conseguirmos vencer mais esse desafio. Só muito tarde me dei conta de que eu era o único que dominava todas as questões que envolviam o Estação, para muitas pessoas os problemas tinham sido superados, muitos não tinham ideia dos compromissos, dos milhões que ainda faltava pagar, e do cenário complexo que eu previa para o cinema com a chegada dos streamings e a política de digitalização, que nos endividava para que pudéssemos instalar novos projetores. Tentei explicar a situação aos principais quadros da equipe, inclusive os motivos de várias questões entre mim e meus sócios, para tentar motivá-los e para que entendessem os desafios que ainda tínhamos. Não tive muito sucesso. A maioria ouvia muda, parecendo desinteressada. Havia cicatrizes da época do desespero, da recuperação judicial, do corte de funcionários, alguns queridos pelos que ficaram. Não tem jeito, quando você é o patrão, por melhor que tente ser, sempre haverá quem queira te ver pelas costas.

Não pude deixar de notar que aquele mesmo lugar, o Espaço, havia sido construído pelo Adhemar praticamente sozinho, quando a nossa relação já não estava tão boa. Vinte anos depois, estava eu, sozinho, reformando e ampliando o mesmo Espaço, sem ter uma boa relação com meus sócios e com uma equipe cansada de fortes emoções, parte dela ainda hostil a mim pelas demissões que fui obrigado a fazer e pelo ritmo insano de trabalho que impus. Teve funcionário fazendo até macumba contra mim, foi o que disseram.

133. A morte passou por aqui

Após viver tantas coisas difíceis, não precisava passar por essa situação, a mais dramática da minha vida. Estava na minha sala com vista para o saguão do Estação NET Rio quando me chamaram para uma emergência. Seu João, da equipe de limpeza, estava passando mal no vestiário, parecia estar enfartando. Na mesma hora corri, desci a pequena escada que dá no saguão, atravessei correndo e subi os três andares que valem por seis por causa do pé-direito. Fui o primeiro a chegar. Seu João estava encostado com as costas na privada, sentado, imóvel, com os olhos abertos. Na hora que o vi, sabia que estava morto e teria que tentar ressuscitá-lo. Peguei os braços dele, e estavam gelados, como se já estivesse morto há muito tempo. Mas não estava, há pouco o tínhamos visto no saguão. Logo em seguida chegou Gonçalo, operador com quase trinta anos de casa e que começou na faxina, como seu João, com pouco mais de 18 anos. Juntos, tentamos reanimá-lo por vários minutos, mas sem sucesso. O Samu chegou depois de algum tempo e atestou o óbito. Pelo que nós e os colegas narramos, os médicos disseram que mesmo que eles estivessem ali no momento do enfarte não teria adiantado nada, ou seja, eu, Gonçalo e João não tivemos a menor chance.

Depois soube que seu João tinha outro emprego, na manutenção de elevadores, e que no dia anterior a porta de um elevador tinha fechado violentamente contra o seu peito. Não foi ao médico e tratou com Dorflex. Tomou um comprimido minutos antes de morrer. Passei muito tempo vendo seu rosto quando fechava os olhos para dormir e até hoje não consigo deixar de lembrar da situação. É o tipo de coisa que não se esquece.

PARTE VIII Do lado de fora

134. Rua!

O tempo passou. Se fosse escrever este texto anos atrás ele seria outro, certamente. Na verdade, tentei escrever antes, mas não consegui. Agora não há outro jeito, o livro está acabando e se contei como entrei tenho que contar como saí. Já faz quatro anos que estou fora e o Estação passa a ter histórias sem mim. Sinceramente, espero que sobreviva à pandemia e tenha novas aventuras para alguém contar daqui a alguns anos.

Desde que voltei à direção do Estação, em 2011, após um ano em que o Estação foi administrado pelo fundo de investimento, trabalhei muito sozinho, não tive o apoio dos demais, mas, justiça seja feita, não busquei muito esse apoio. Isso me deu a liberdade de fazer o que eu queria e o que precisava ser feito, porém jogou uma pressão muito grande nas minhas costas: programar e administrar as salas, aprender como funciona uma S.A., administrar a recuperação judicial, Ecad, dívidas fiscais e trabalhistas, processos de todos os tipos e ainda obter patrocínios. Muita coisa para um homem só.

No começo, enviava e-mails em que informava a todos tudo que acontecia, mas raramente recebia respostas. O dia a dia foi pressionando e eu, sem tempo para coisa alguma, fui rareando esses e-mails até abandoná-los. Ninguém nunca cobrou qualquer coisa de mim nesse sentido. As assembleias eram raras, fazíamos somente as que eram exigidas pelo estatuto. Não entendia por que tinham me abandonado se a solução da minha volta tinha sido proposta por todos, sem exceção. Pouco a pouco, fui notando que estava com uma bomba de efeito retardado nas mãos. Tinha ficado sozinho para levar a culpa da provável falência do Estação.

Numa noite dessas, estava a uma grande mesa de restaurante, daquelas que você não conhece todos que estão ali, e ouvi alguém do outro lado da mesa dizer, sem saber quem eu era, que o problema do Estação tinha sido a saída da Adriana, "porque nunca mais entrou dinheiro ali". Soube depois que era o secretário de Cultura de Paraty ou Angra dos Reis, não tenho mais certeza. Fazia sentido, puxava o saco da "chefe". Mas a declaração estava longe de ser verdadeira, primeiro porque não foi a Adriana que conseguiu todos os nossos patrocínios ao longo dos anos e nem vivíamos só deles, pelo contrário. A bilheteria era a nossa principal fonte de renda. Segundo, porque fazia pouco tempo eu tinha conseguido a parceria com o Sesc, que havia ajudado muito a equilibrar as contas, além de termos assinado o contrato salvador com a NET. Ouvi essa mesma história do Severiano Ribeiro, tio de Luiz Henrique, pessoa muito mais próxima de nós. Ou seja, corria um boato que sem a Adriana fecharíamos, mesmo ela estando fora da direção havia muitos anos.

Havia comentários, também, de que a culpa do declínio do Estação era minha, porque eu era mau gestor. Isso chegou ao ápice dois dias antes da assembleia dos credores, em agosto de 2014, quando o então secretário Municipal de Cultura, Sérgio Sá Leitão, escreveu no Facebook que a crise no Estação não era causada por questões externas, mas por má gestão. Sem conhecer nada da administração do Estação, o secretário dizia que tudo o que eu vinha dizendo nas redes era mentira e que o culpado de tudo era eu, sem dizer meu nome e sem dizer diretamente que eu mentia. Sérgio não tirou isso do nada. Nunca havíamos tido qualquer entrevero pessoal, na verdade nunca tivemos muito contato, ou seja, mais uma vez, ficou claro para mim que eu levava a culpa de algo que não havia feito, como no caso do Festival do Rio, alguns anos antes. Depois de bater um pouco de boca com ele, pelas redes sociais, tomei uma cartela de Rivotril e acabei dormindo. Tinha a recuperação judicial para vencer em algumas horas. Um tempo depois nos entendemos. O meu jeito meio ogro de ser, vivendo isolado em meu escritório ou em casa, estava me cobrando um preço. Pouca gente me conhecia e me conhece realmente.

Meses após passarmos pela recuperação judicial, ainda havia a delicada situação com o Ecad, que cobrava mais de 10 milhões de reais em dívidas antigas, que nós julgávamos não dever, mas eles e o STF julgavam que devíamos. A negociação se resumia a eles cobrarem 10 e eu oferecer um. Não andava. Mas o processo andava contra nós, inclusive na pessoa física. Poucos meses após conseguirmos pagar as dívidas de recuperação judicial, já em 2015, uma ordem judicial chegou em nossas casas para arrestar bens e meus sócios pediram uma reunião. Nessa reunião fui injustamente esculhambado por não resolver a questão do Ecad. Argumentei que não havia como resolver, não tínhamos 10 milhões de reais para pagar, e que o jeito era continuar negociando. Fui ameaçado de processo por não me preocupar com meus sócios, como se eu também não estivesse sendo notificado. Eu havia escrito sozinho nosso projeto de recuperação judicial, sozinho consegui o patrocínio da NET e sozinho venci a assembleia de credores, reformando os cinemas e tudo o mais. Achei a reunião profundamente desrespeitosa comigo, principalmente quanto ao tom. Me levantei e saí. A partir daquele momento só aceitaria participar de reuniões que fossem oficialmente convocadas pelo estatuto. A reunião seguinte, convocada pelo estatuto, foi a que me demitiu.

Nas semanas que antecederam minha demissão, acho que entrei em estado de negação. De tudo. Exausto havia muito tempo, queria sair, mas precisava sobreviver, pagar boletos. Em contrapartida, não achava que iriam me demitir, por tudo que fiz, por tudo que fomos, e porque dois importantes contratos, o da NET e o de aluguel do NET Rio, tinham como garantia a minha permanência na direção do Estação. Compareci à assembleia e em cinco minutos minha história com o Estação chegou ao fim. Meus amigos e sócios deixaram um banqueiro (um acionista vindo da venda do Estação para o fundo, pela qual nunca recebemos o dinheiro) falar olhando nos meus olhos que eu não era mais necessário.

Claro que tive minha parcela de culpa nesse processo. Em vários momentos, não estava aberto ao diálogo, fui impetuoso, por vezes grosso e frio ao falar, além de completamente insano em momentos de pressão, que foram muitos. Só me interessava defender o Estação como se fosse uma entidade, uma religião. Eu não era uma pessoa fácil de lidar. Ao longo dos anos, briguei com vários amigos, só com Marco Aurélio Marcondes foram umas dez vezes, com André Sturm e Jean Thomas Bernardini outras tantas. Sempre buscando o melhor para o Estação, mas as brigas acabavam por ajudar a pessoa jurídica, prejudicando a física. No caso, eu.

Os primeiros meses depois da demissão foram muito violentos. No início, parecia que as coisas iriam se ajeitar, porque a Silvia Rabello, ex-Labo Cine, havia sido escolhida para o meu lugar. Eu tinha uma boa relação com ela, uma pessoa com quem podia dialogar. Mas pouco tempo depois, Silvia ficou sem voz, por uma doença indeterminada na época, e o diálogo não era mais possível. Mesmo debilitada, ela continuou a trabalhar até falecer meses depois. Lembro de pensar na terrível ironia de ter sido nomeado um intermediário para o diálogo que acabou por ficar sem voz. Não havia como nos entendermos. A situação foi piorando até virar uma briga judicial, de onde ainda não saímos.

135. Meu querido irmão

Em 2007, com a saída da Adriana para ocupar a Secretaria de Cultura do Estado do governo Sérgio Cabral, assumi a direção do Estação, que antes era dividida entre os quatro sócios. Não havia um centavo no caixa e o Gávea estava com as obras paradas. Quem olhava dizia que tinha pelo menos mais um ano de obra ali. A situação financeira do Estação habitualmente sempre foi difícil, mas naquele momento era especialmente complicada. Chamei meu irmão André, que cuidava das videolocadoras, e disse que precisava de uma pessoa honesta e organizada para ajudar, e que não tivesse medo de trabalhar, como ele. Expliquei que ele não teria aumento de salário e a responsabilidade aumentaria umas 35 vezes, pelo menos. Mas disse que precisava da ajuda dele, e que sem ele não conseguiríamos sair daquela situação.

Juntos inauguramos o Gávea em três meses, inventando dinheiro. Juntos vencemos a recuperação judicial, ele segurando a ansiedade dos credores e manejando como poucos fariam os escassos recursos que tínhamos para pagar a montanha de dívidas, enquanto eu, graças a ele, podia me dedicar a buscar patrocínios, investidores, estratégias e a estudar direito, economia etc. Sem meu irmão, eu não teria sequer sobrevivido, muito menos vencido, os enormes obstáculos que conseguimos superar.

136. Cineclube S.A.

Sinceramente não me lembro se a matéria foi positiva ou não para nós, imagino que negativa, já que não me lembro. Também não sei onde saiu, tem cara de *Veja Rio*, mas pode ter sido em outro lugar. O que não esqueço é do título: Cineclube S.A.

Sempre estivemos na contramão dessa discussão cultura x lucro. Se no início era até pecado dizer que vivíamos da nossa atividade e essa atividade era a cultura, depois, quando as dificuldades financeiras chegaram, o mundo era outro e nós passamos a ser incompetentes, maus gestores, por não conseguir tocar o negócio sem ajuda externa de patrocinadores ou grupos de apoio.

A verdade é que há o senso comum de que quem trabalha com cultura ganha muito e faz pouco, que vive do dinheiro do Estado e que obter lucro disso é errado. Mas o pior é que até entre nós, que trabalhamos na atividade, há muitos que pensam dessa maneira, de boa ou má-fé. Foram incontáveis as vezes em que recebi solicitações de empréstimos de filmes ou de cinemas para "fins culturais não comerciais". Como se importar um filme tunisiano, como *Os silêncios do palácio*, para mencionar apenas um, e exibi-lo num país como o Brasil, já não fosse uma atividade cultural. Ou como se os nossos cinemas fossem atividades industriais, que podiam dar uma paradinha no trabalho para fazer uma atividade cultural sem fins lucrativos.

Posso afirmar que toda a atividade do Grupo Estação nos 32 anos em que estive na diretoria ou na direção da empresa Estação foram atividades culturais sem fins lucrativos. Jamais recebemos lucros dos cinemas ou da distribuidora, nenhum de nós. Recebíamos salários, quando recebíamos, com valores congelados a partir de 2002 em diante, ou seja, no início de 2017, quando saí da direção, recebia o mesmo de quando compunha a diretoria em 2002. Todos nós ficamos por diversos períodos sem receber nada e, nos últimos anos, muitas vezes eu recebia em partes e com meses de atraso, o que fez com que o caos financeiro do Estação contaminasse minha vida pessoal e eu passasse a ter dívidas que eram só minhas. Saí do Estação devendo mais de 150 mil reais, com mais de 50 anos de idade e sem ter exercido outra atividade na vida além do Estação, exceto dar aulas na PUC, o que não podia mais fazer, por não ter mestrado.

Mas sempre fomos cobrados e solicitados como se fôssemos ricos. Escutei de diretores de cinema argumentos como "levei dez anos para fazer esse filme", e pensava nos anos que o Gávea levou para ser construído e quantos levaria para que ganhássemos algum dinheiro com ele. Havia cobranças como se vivêssemos de renúncia fiscal, quando nenhum dos nossos patrocínios, com exceção do Odeon e do Festival do Rio, foi feito via leis de incentivo. Olhava o boné do Ayrton Senna com o mesmo patrocinador que nós e pensava que enquanto Senna fazia o que quisesse com o dinheiro do seu patrocínio, nós éramos acusados de nos beneficiar dele, como se não fosse investido na atividade-fim.

E, de repente, apareceu o resultado de toda a nossa inexperiência, ousadia, inconsequência, pioneirismo, ingenuidade e entrega: dívidas e mais dívidas. De aproveitadores que enriquecem com a renúncia fiscal passamos a coitadinhos que não sabem o que fazem. Nem tanto ao mar nem tanto à terra.

Cometemos inúmeros erros e este relato é um compêndio deles. Mas contamos muito pouco com o apoio das esferas governamentais competentes, justamente por estarmos num limbo, nem comércio nem cultura, na visão das duas áreas. Os financiamentos, por exemplo, sempre foram baixos demais ou inatingíveis. As resoluções da Ancine, outro exemplo, sempre beneficiaram o grande ou o pequeno, mas não o meio-termo, porque esse meio-termo onde está o Estação — pequeno para o mercado, mas grande para um certo segmento — não é sequer entendido, muito menos estimulado.

Essa foi uma aventura no fio da navalha. Dependendo de quem olhe essa aventura, podemos ter sido geniais ou estúpidos.

137. O bonequinho e eu

"Inconformado com a crítica do bonequinho de *O Globo* para *A vida dos peixes*, programador enlouquece e convida todos os seus 705 amigos do FB para ver o filme GRÁTIS! O filme está em cartaz no Estação Sesc Rio e no Estação Vivo Gávea até esta quinta. Só peço que aqueles que gostarem recomendem aos amigos e façam uma pequena campanha para ajudar a salvar o filme. Deixarei uma lista com o nome de todos vocês nas bilheterias." (Postado em 9 de abril de 2012.)

Minha relação com essa figura magrela foi sempre de amor e ódio. No início, nem nos preocupávamos com críticas de filmes ou grandes matérias em jornais, bastava o tijolinho ou uma boa foto no *Jornal do Brasil* e a casa ficava cheia. Mais tarde, as estrelinhas dos críticos do *JB* e de seu quadro na Revista Programa ditavam o que os cinéfilos cariocas iriam ver. Quatro estrelas era a glória, mas mesmo um filme mal avaliado pelo crítico da vez tinha sobrevida se outros gostassem. Como todos sabemos, o *JB* foi acabando até que acabou. Sobrou de relevante, para a vida cultural carioca, o Segundo Caderno de *O Globo* — e boa parte do público do Estação migrou.

Mas *O Globo* tinha outro sistema, o famigerado bonequinho. O crítico sem rosto mais implacável que podia existir. Embora as críticas fossem assinadas, era o bonequinho que marcava a estreia e a carreira do filme, curta ou longa, martelando todos os dias sua opinião. Quantos cineastas brasileiros já ficaram revoltados com ele?

Muitas vezes de bom humor, sucessivos bonecos aplaudindo de pé, em geral de Hugo Sukman, fizeram a fama do cinema iraniano no Rio. Seu humor determinou por um longo tempo se teríamos uma semana com ou sem dinheiro.

Um cinema tem uma margem de lucro muito apertada. Conte comigo, 50% vão para o filme, 2,5% para o Ecad, 12% para o senhorio, 3% de ISS e, assim, sobram 32,5% para pagar luz, funcionários, IPTU, produtos de limpeza, internet, demais impostos e taxas, contador, as despesas e os funcionários administrativos, e posso continuar citando outras palavras por mais umas três linhas se for consultar a planilha de custos. Um cinema rentável tem por volta de 8% de margem de lucro. Mas 8% de pouco é muito pouco.

Com o passar dos anos, o número de estreias foi aumentando, o público de cinema autoral diminuindo e o dinheiro minguando no bolso. Era natural que as pessoas se baseassem em alguma indicação para escolher o filme, ou, no máximo, os dois filmes da semana. Quando se tem sete, oito ou novas estreias, restava rezar para que os filmes escolhidos pelo bonequinho fossem os do nosso cinema.

Mas não ficávamos apenas rezando. Todas as segundas e terças enviávamos espiões, mas espiões declarados, para as cabines de imprensa. Alberto Shatovsky e a "formiguinha" Liliam Hargreaves, nossa sensacional assessora de imprensa, eram nossos principais olheiros, farejando o que a crítica, principalmente o crítico escalado por *O Globo*, tinha achado do filme. Dependendo de suas impressões, de Liliam e Alberto, o filme subia em valor. Cancelamos diversos lançamentos ao saber que o autor da crítica favorável a determinado filme havia entrado de férias. E deixamos de lançar bons filmes porque intuímos críticas ruins. Não havia escolha, não podíamos correr o risco de cinemas vazios, em especial pelas dívidas que tínhamos. Nossos filmes — e quando falo nossos, falo sobre todos aqueles que exibíamos — não gastavam grande coisa em marketing, porque não havia recursos para isso. Era apenas trailer, cartaz e bonequinho. E o bonequinho, apesar de ser a opinião de um jornal, era a opinião de apenas uma pessoa; passamos muitos anos pedindo que houvesse um quadro de crítica como há hoje e havia antes no *JB*.

O bonequinho me tirou o sono de muitas noites e me fez dormir como um bebê em outras. Uma vez peguei um táxi na porta do Espaço e, por curiosidade, perguntei ao motorista se ele observava o horário das sessões e a duração dos filmes. Ele disse que sim, e disse mais: comentou que estava passando um filme sobre Oscar Wilde. Disse que tinha cursado universidade, que gostava de ler e de assistir a filmes, mas que agora, sendo taxista, chegava tão cansado em casa que só conseguia ver Chaves e dormir. Mas quando ia ao cinema, escolhia os filmes em que o bonequinho aplaudia sentado. Perguntei por quê. Ele explicou que aqueles em que o bonequinho só olhava parado em geral eram chatos e os que ele aplaudia de pé, ele não entendia.

Essa era uma esquizofrenia de *O Globo*. Um jornal popular que colocava sua marca e sua opinião nas mãos de uma pessoa, e, em anos recentes, ainda terceiriza. Julgava pela mesma escala um Sukorov e um Vin Diesel. Imagine Vin Diesel vendo Sukorov?

Quando saí do Estação em 2017, o bonequinho ainda era poderoso, hoje não sei mais. Há muitas formas de comunicação de baixo custo e talvez se consiga atingir o público de outras maneiras. Mas o humor desse magrelo me preocupou durante boa parte da minha vida.

138. As vogais

Perplexo com a matéria compartilhada por Alessandro Giannini, em abril de 2020, na qual uma crítica do *Guardian* confessa NUNCA ter visto um filme do GODARD, propus uma brincadeira/aula aos meus amigos críticos. Eu não sou crítico de cinema ou professor de história da linguagem cinematográfica, que fique claro. Mas, pessoalmente, acho um desaforo alguém escrever sobre Terrence Malick, por exemplo, sem nunca ter visto *Limite*.

Então, aproveitando que a galera estava com tempo e a maioria dos filmes está por aí, disponível, propus listar um "alfabeto" para o cinema. Os filmes que devem ser vistos obrigatoriamente, sem exceção, por aqueles que desejam escrever sobre o tema. Começando, é claro, pelas vogais. Mais tarde falaremos das "consoantes".

A ideia não seria colocar os melhores filmes de todos os tempos, mas, sim, os filmes que serviram para que outros fossem criados. Quase não é possível fazer qualquer filme sem partir de *O nascimento de uma nação*, por exemplo, ainda que ele não seja nem de perto um dos melhores já feitos e seja um filme racista. Mas as regras básicas da linguagem narrativa que vemos até hoje nasceram com ele. Por isso, ele pode ser a letra A, uma das mais usadas, e *Potemkin,* outro filme primordial, é a O.

Ao lado, minha sugestão, mas sintam-se livres para discordar. A ideia é chegar a um consenso, se for possível. Vogais:

A = *O nascimento de uma nação*, de D.W. Griffith (1914)
O = *O encouraçado Potemkin*, de S. Eisenstein (1925)
E = *Nannok, o esquimó*, de Robert Flaherty (1922)
U = *O gabinete do Dr. Caligari*, de R. Wiene (1920)
I = *Limite*, de Mário Peixoto (1931)

139. Levantando montanhas

No início do século XX tínhamos o patrocínio da BR Distribuidora para o Odeon e para o Festival do Rio, e, por isso, não podíamos dizer não para uma consultoria gratuita e informal para o Museu do Cinema de Niterói e suas seis salas, que hoje compõem o Reserva Cultural. Ainda mais porque isso implicaria, ao menos, um encontro com o gênio Oscar Niemeyer.

E foi mesmo um encontro só. No dia marcado, Pablo Benetti, nosso arquiteto, entrou pálido no escritório do Estação para nos preparar para o encontro. Pablo trazia más notícias: o projeto do mestre era impraticável. Sua preocupação era em como dizer a uma figura histórica como Niemeyer que ele estava errado. Mas não havia outro jeito, esse era o nosso papel. E assim rumamos para a avenida Atlântica em direção a esse inesquecível encontro.

Chegando lá, logo percebemos que éramos os mais jovens entre os presentes no escritório, de longe. E Nelson já devia estar chegando nos 50! Acontece que até o office-boy parecia ter 80 anos, todos em plena atividade como se tivessem 20, apenas um pouco mais lentos. Pablo então explicou que seria necessário elevar em 2 metros a altura das salas, para dar uma curva de visibilidade boa para todos os espectadores. O problema é que o projeto de Niemeyer guardava proporções com as montanhas ao fundo, e para ele estava fora de questão não considerar esse elemento.

Por alguns instantes, tive a sensação de que Niemeyer cogitou elevar as montanhas em 2 metros e não suas salas. "Então, cavamos", disse ele, e esta foi a solução implementada. A altura necessária foi conquistada para baixo, alterando coisas no projeto que podiam ser alteradas. Estive no Reserva Cultural em uma tarde para um papo com Jean Thomas Bernardini e, enquanto esperava, assisti a um filme em uma das salas. Pensei na minha pequena participação para a existência delas e nas tantas outras que abri e fechei.

140. A (Há) vida fora do Estação (?)

Um dos últimos festivais internacionais em que estive foi em Toronto, no Canadá. Entrei em campo como um jogador já cansado e um pouco perdido, pois fazia tempo que não ia a um mercado. Ver filmes por obrigação, correr atrás de vendedores, negociar, tudo me parecia uma rotina enfadonha, chata. E então me dei ao prazer de assistir ao filme do Ettore Scola sobre Fellini, *Que estranho chamar-se Federico*. Não apenas pela qualidade do filme, mas sobretudo pelas minhas lembranças, a sessão foi uma catarse para mim. Não me lembro de outro momento em que tive uma crise de choro como aquela, a ponto de a recepcionista da sala perguntar se eu precisava de ajuda. A profusão de imagens dos filmes de Fellini me jogaram de volta aos anos 80, quando os conheci e fui descobrindo seus filmes cada vez que entrava no cinema para assisti-los. E havia filmes novos do Fellini, ele ainda estava em atividade. Fui jogado de volta para aquela sala alagada até a metade chamada Cine Capri, para as sessões de cineclubes, para o auditório da ABI, para o Chaplin e sua terra leve que flutua, as sessões das manhãs no FestRio, para as aulas na UFF e até para a Sessão Coca-Cola do Cine Drive-in da Lagoa. Fui jogado para o começo do meu mundo.

Aos 17 anos, entrei pela primeira vez no cinema que pouco tempo depois seria o Estação Botafogo. Aos 19 já estava lá, participando do projeto e, aos 20, após a inauguração, sendo gerente, assistente de programação e o faz-tudo, responsável até pela dedetização. A partir daí foram 32 anos de muito trabalho e dedicação e, entre uma coisa e outra, às vezes, prazer. Não posso deixar de pensar como minha vida teria sido diferente sem o Estação. Talvez tivesse feito filmes. Mas não posso deixar de pensar também que se tivesse feito filmes, muito provavelmente seriam ruins — aquele Marcelo de três décadas atrás não teria o que dizer e contar.

Ou talvez tivesse. Esse Marcelo do universo alternativo teria visto menos, mas melhores filmes, porque poderia escolhê-los apenas pelo seu desejo. Esse Marcelo teria lido mais e melhor, porque não teria aprendido coisas que comerciantes tem de aprender para tocar seus negócios. Tudo que não queria ter sido na vida era comerciante, como meu pai. Tudo que fui na vida foi ser comerciante, como meu pai.

Lembro de Nelson Rodrigues, que se refestelou já velho com o sonhado pão com ovo da juventude, deixando escorrer pelos cantos da boca o transbordamento do prazer de fazer algo que nunca havia feito porque não era acessível. Tudo que quero hoje é descobrir o meu pão com ovo! Lembro de Zelig, que nunca havia lido *Moby Dick*, e penso que nunca li *Moby Dick*. Assim, depois que acabar de reler *Crime e castigo* e de ler *O jogador*, que é pequeno, vou para *Moby Dick*. Além de fazer coisas que nunca fiz, quero ler e ver coisas que nunca li e vi. Mas quero também poder reler e rever, durante muito tempo não pude me dar a esse luxo. Faz muito tempo que não vejo *Morangos silvestres* ou os filmes do Frank Capra.

Quero tempo. Quero viver parte do que não vivi entre os meus 20 e os meus 50 anos porque estava insanamente dedicado a uma causa. Ora, foram 32 anos de Estação e mais três como garçom, já deveria ter o direito à aposentadoria. Mas o site da Previdência Social diz que ainda faltam 17 anos...

No entanto, boletos continuam a chegar insistentemente, mesmo com a vida reduzida a menos que o necessário, porque "a gente não quer só comida", não é mesmo? Então, é preciso recomeçar. Caí na casinha de "voltar ao início" no Jogo da Vida e é curioso que, quando jogava com as crianças, sempre que passava por ela tinha arrepios. Ainda tenho o medo daquele moleque que foi pela primeira vez ao American Film Market falando um inglês pior que o aceitável. Tenho pânico de que esse moleque de hoje não consiga se virar, não consiga dar seu jeito daqui para a frente, como aquele de antes sempre deu.

Mas, pensando com a razão e não com o desejo, acho que ainda sou jovem para passar o resto da vida numa aposentadoria proustiana. Assim, a necessidade de pagar boletos te faz mexer o esqueleto, a ter ideias que impliquem resultados mais imediatos, te obrigam a manter algum foco. Somando a necessidade do foco ao desejo de fazer coisas que nunca fiz, concluí que fazer filmes seria uma boa opção.

Tenho escrito projetos de filmes de ficção, documentários e séries, alguns já estão na rua e a qualquer momento pode chegar uma boa notícia. Sigo tentando. Fiz algumas consultorias, desde processos de recuperação judicial até minha modesta opinião em roteiros. Tenho escrito com mais frequência, e talvez consiga terminar alguns desses textos, costumo escrever vários ao mesmo tempo — preciso ter disciplina!

Fiz projetos de Drive-in e Centro Cultural. Acredito mais no Centro Cultural do que no Drive-in. Fiz e refiz inúmeras vezes o Projeto Entenda, uma ampliação da Escola Permanente de Cinema, e espero que quando este livro passar a existir todos já saibam do que se trata. E que isso não demore muito!

Estar fora do Estação é estranho. Me esforço para não olhar para ele quando paro no sinal em frente ou quando passo andando a caminho da casa da minha mãe. Não faço por raiva ou mágoa. Faço porque preciso voltar ao início do jogo e escolher outro caminho. Preciso construir uma outra nova trajetória que seja minha, não minha e do Estação ou do Estação e minha, como esta aventura aqui foi. Não por coragem, mas por medo, como sempre foi. Dessa vez, medo de descobrir que não havia melhor caminho e que na verdade a culpa não foi da estrada, mas, sim, do viajante.

141. Foi uma RioFilme que passou em minha vida

Marcelo, agora caixeiro-viajante e sem escritório, começou a peregrinar por distribuidoras e agentes do mercado contando suas histórias e vendendo seus projetos. É estranho ser tratado como iniciante numa área que você conhece pelo avesso. Tenho certeza de que com o que aprendi sobre o mercado de cinema e sobre marketing, mais o conhecimento que adquiri na faculdade de cinema, mais a centena de roteiros que li para a seleção de projetos para editais, tudo isso me deu condições de ser um bom produtor ou criador de projetos.

Em setembro de 2019 cheguei na RioFilme, onde meu amigo Marco Aurélio Marcondes, então presidente, me recebeu muito bem. Dias depois Marco liga para mim e pergunta se eu ainda estou no Severiano Ribeiro. Eu nunca estive no Severiano Ribeiro, esta foi uma confusão criada quando Luiz Henrique me convidou publicamente para, junto com ele, reerguer a Atlântida Cinematográfica. E eu, feliz da vida, aceitei. Como poderia recusar levantar a empresa de Oscarito e Grande Otelo? Mas depois descobri que da Atlântida só existia a marca, e ainda assim com disputas judiciais. Fiz um projeto de série de filmes baseados ou inspirados na história da Atlântida, projeto de livros e de reposicionamento da marca, mas não havia investidores. Em pouco tempo, Luiz Henrique desistiu da ideia e ficou a fama de que eu estava empregado no Severiano Ribeiro. Expliquei isso ao Marco e veio o convite: "Não temos dinheiro, mas temos muito trabalho e ideias. Vem trabalhar comigo! Ou melhor, não é trabalho, é tarefa, missão." Como a tarefa ou missão vinha acompanhada de um salário, aceitei. Muito embora o salário fosse insuficiente para as minhas despesas e as condições de trabalho não fossem confortáveis.

Sempre quis trabalhar com o Marco, apesar de sua fama de difícil. Como já disse, brigamos várias vezes, mas brigas de exibidor e distribuidor, cada um defendendo seu lado. Logo, já imaginava como seria a relação, e isso não me assustava. Por outro lado, MAM, como o chamamos, é brilhante, sagaz e tenta se manter sempre atualizado. Tem o raciocínio rápido, é daqueles que se você fala "a", ele já emenda "e", "i", "o", "u" e acerta. Eu também era visto como uma pessoa difícil e me sentia mudado, pelos sopapos que levei da vida. Então, como já tinha feito o FestRio, salivei e encarei.

Diretor de investimentos, o cargo oficial. Na verdade, diretor de captação, já que não havia dinheiro para investir. Não havia dinheiro nem para manter a empresa de pé, a situação era inacreditavelmente pior que a do Estação em termos de possibilidades para realizar coisas, me senti de volta aos anos vegetativos, quando tudo que fiz foi tentar fazer o Estação sobreviver. A única diferença era que o salário entrava na conta todo mês. Isso era importante, mas, pelo meu lado camicase, nunca foi o principal para mim.

Minha vida na RioFilme durou 15 meses e, da mesma forma que posso dizer sobre outras situações, essa experiência daria um livro, seria algo entre *House of Cards* e *Escrava Isaura*, bem melhor que o sobre a recuperação judicial, que daria uma mistura de *Jogos mortais* com *Law & Order*. Mas não vou perder tempo explicando isso aqui. Para este basta um resumo em *fast forward* sobre o meu tempo por lá: entrei entusiasmado; motivei a equipe; criei projetos; conheci uma burocracia infernal e uma politicagem horrorosa; muitas decepções; elaborei um plano para injetar recursos na empresa; tentei convencer muitos; convenci alguns; a secretária de Cultura saiu; entrou uma nova secretária; tentei convencer muitos de novo; convenci poucos dessa vez; a nova secretária saiu e entrou um secretário; tentei convencer muitos mais uma vez; não convenci ninguém; equipe desmotivada; Marcelo desmotivado; pedi para sair. Fim.

142. Minha menina e meus meninos

Minha filha, Valentina, que até ontem se pendurava no meu pescoço e brincava com suas bonecas Polly, concluiu, em julho de 2020, graduação em cinema na ESPM. Só agora me dei conta de que virou minha colega, já que também sou bacharel em cinema. Se você chegou até aqui nesse livro, pode imaginar a minha emoção. Na impossibilidade de realizar o curta de formatura durante a pandemia, Valentina apresentou um projeto detalhado, que nada fica a dever a projetos profissionais de longa-metragem. Editou um trailer usando trechos de 53 filmes e séries e o resultado é sensacional. Tirou nota dez e terá o trabalho indicado ao prêmio de excelência acadêmica. Ela é roteirista, produtora e editora de *Willa*, adaptação de Stephen King, que será rodado quando a situação permitir. Muito orgulho!

Orgulho que também tenho do Theo, meu mais velho, e do Rodrigo, o caçula. Theo já tem uma carreira de respeito como desenvolvedor de software, apesar da pouca idade. Mas teve que passar um calvário na educação pedagogicamente ultrapassada que ainda temos na maioria das escolas, mesmo em algumas daquelas que se dizem de ensino moderno. Uma vez fui chamado na escola para ouvir de uma coordenadora que o Theo poderia ser um dos melhores alunos da escola, mas que seria reprovado. Respondi apenas que "então nós dois temos o mesmo problema: o sistema de avaliação da escola".

Rodrigo ainda não sabe qual carreira irá escolher — ele fará ENEM em 2022. Diz para mim que não sabe o que será e eu respondo que "ser" ele já é, o que não sabe é o que fará para pagar boletos. Eu sei. Certamente será alguma coisa que precise de argumentação. É daqueles que não desistem de uma boa troca de opiniões. Passei mais ou menos dez anos indo e voltando a Itaipu, Niterói, para buscá-lo ou entregá-lo à mãe. Uma vez fiz as contas e dava uns três meses no trânsito, se eu compactasse o tempo usado para isso. E na metade desse tempo ele estava comigo no carro, falando sem parar, desde a cadeirinha de bebê até passar para o banco da frente e resolver vir morar comigo.

Um dos gostos amargos de toda essa aventura que vivi foi ter passado pouco tempo com meus filhos, como muitos de nós somos obrigados a fazer. Meu corpo sempre esteve fisicamente perto, junto com eles, mas os problemas constantes no trabalho colocavam minha cabeça muitas vezes distante. Rodrigo fez 6 anos apenas dez dias após entrarmos em recuperação judicial, um período muito difícil da minha vida.

É por isso que eu não entendo as pessoas que dizem que fariam tudo de novo igual na vida, se pudessem, porque é impossível uma vida perfeita. Eu mudaria tudo, só não mudaria meus filhos. O que alivia o sentimento de tempo perdido é ter a certeza de que eu perdi mais do que eles.

143. Seu David do Estação
Escrito na Facebook em 27 de fevereiro de 2021

Não fumava, não bebia. Tinha histórico de atleta, na juventude costumava mergulhar na Ilha do Governador e nadar até a Praça XV. Formava com os irmãos e irmãs um time de vôlei temido e invencível, adorava basquete e era bom em acertar cestas de três pontos antes delas passarem a valer três. Adorava também o Flamengo e foram incontáveis as vezes que nos levou ao Maracanã, três filhos, desde muito pequenos. Lembro de um Fla × Flu no início dos anos 70 que o Flamengo perdia de 2 × 0 e ele, como sempre fazia, nos tirou de lá cinco minutos antes do fim para evitar a confusão na saída. Eu não devia ter mais de 7 anos, mas lembro de que já no carro ouvimos um gol do Flamengo. Perguntei de quem era e ele respondeu "um tal de Zico". Ficávamos sempre na arquibancada, "que é onde tem mais emoção", e quase sempre tinha mais de 100 mil pessoas. Com ele, vi encantado um Pelé já em fim de carreira derrotar o Flamengo. Vi também Zico e Tita perderem pênaltis e o Vasco ser campeão. Nós três, os filhos, estávamos completamente uniformizados, da cabeça aos pés. Não havia mais ingresso para as arquibancadas, por isso fomos parar nas cadeiras, onde as torcidas civilizadamente se misturavam. Só no fim notamos que estávamos no meio de vascaínos. Não recebemos mais do que muitas vaias e um ou outro saco de mijo, que para os dias de hoje chega a ser um carinho. Vi muitas derrotas com ele, mas vi muito mais vitórias. Mas era nas derrotas que nos uníamos mais e quando tínhamos certeza da nossa flamenguice.

Durante uns quinze anos trabalhou comigo no Estação. Se eu era o Marcelo do Estação, ele era o seu David do Estação. Se os cinemas estivessem abertos, certamente estariam de luto. Era muito mais querido, muito mais simpático e muito mais alegre do que eu. Mas antes de ele trabalhar comigo, fui eu que trabalhei com ele. De garçom em seu restaurante, de caixa em um abatedouro de frangos e comendo as lambulices na sua loja no Méier, na minha infância querida que os anos não trazem mais. Meu maior feito com ele foi levantar uma estante que ele, marceneiro amador, tinha feito com provavelmente a madeira mais pesada que conseguiu. Me chamou para ajudar, eu tinha uns 10 anos. Vi no comportamento dele que o pedido de ajuda era só para me envolver, não acreditava que eu pudesse ser útil. Mas juntei todas as forças que tinha e, para surpresa mais minha do que dele, levantei o bicho. Bem verdade que com dez anos já tinha quase 1,80m.

Eu sempre tive mania de contar histórias e todas as noites as contava na hora do jantar. Muitas vezes as repetia, acrescentando novas descobertas. Certa vez, seu David me olhou e segurou a toalha formando um bolo na mão. Perguntei o que era aquilo e ele disse que era para eu contar para o boneco, pois ele já tinha ouvido a história dez vezes. Fiquei meio puto, mas a piada foi boa. Cresceu rico, mas a riqueza não chegou à vida adulta. Sabia fazer de tudo, canos e conexões, extensões, prender ventiladores, consertar pia de cozinha e uma enormidade de consertos domésticos que me ensinou. Tinha mais ferramentas que cabelos, bem mais.

Meu pai, seu David, que nasceu em 27 de fevereiro de 1939, se casou em 1961 e teve três filhos e sete netos, faleceu hoje e, enquanto escrevo, corro o risco de queimar o teclado com a água que teima em sair dos meus olhos. Eu o vi apenas uma vez em 2020 por conta da pandemia. Morava em Três Rios, onde construiu uma pequena casa com quintal e vivia com a esposa. Passou toda a quarentena isolado e não temos ideia de como se contaminou. Após vinte dias na UTI, tivemos a notícia de que tinha recebido alta, iria para a enfermaria, e no dia seguinte, talvez, para casa. Pedi que o avisassem que iria vê-lo no sábado. Não vou vê-lo. Nem amanhã, o caixão estará fechado. Eu e meu irmão André estaremos lá e não poderemos sequer nos abraçar. Essa doença é uma roleta macabra e cruel, nunca se sabe o que pode acontecer. Ele não precisava ter passado por esse sofrimento. Morreu no momento que achou que estava salvo.

Morreu por estar, provavelmente, de saco cheio de viver, coisa um tanto habitual na minha família pelos dois lados. Todos os meus avôs e avós morreram depois dos 80, minha avó materna com 97. Acontece que em determinada hora resolvem que já foi suficiente e que não há mais motivos para continuar.

Oitenta anos passam rápido, nem sei como cheguei aos 56, ontem tinha menos de 10 e estávamos chegando na casa dos tios onde sabia que ia encontrar minha avó, mãe do meu pai, com aquele sorriso gigante sentada diante de uma mesa jogando buraco. Eram várias mesas de buraco. Lembro de ter ficado nervoso porque sabia que ia encontrar minhas lindas primas, Maria Lúcia e Rosana, paixões platônicas da infância, e meu tio Eduardo, pai de Maria Lúcia, que me esmagava a mão com seu aperto torniquete. Isso tudo foi ontem, amanhã terei os 81 do meu pai. Mas deve ser chato viver oitenta anos dentro de um casulo, isolado, vendo os amigos partirem.

A última vez que falei com meu pai antes da internação ele estava muito emotivo, o que não era normal. Foi a primeira vez que disse diretamente que me amava, embora eu nunca tenha tido dúvida quanto a isso. Senti um mau pressentimento porque vi esse mesmo comportamento no pai do meu pai, pouco tempo antes de ele morrer. Seu David era um cara muito ativo, mas os problemas do coração, a obrigação de ficar trancado em casa e quase cego de um olho por transplantes de córnea que não funcionaram o debilitaram muito. Devia estar pensando para que serve um super-herói nessas condições.

E então ele parou de comer de vez. Não foi internado por falta de ar, mas por falta de forças. Na UTI, tocou o terror com os médicos, além de não comer, não queria colocar a máscara de oxigênio, e nem as ameaças de ser entubado o fizeram mudar de ideia. Mas, como era um super-homem, se recuperou. Sobreviveu sem comer e sem respirar até ser liberado para ir para casa. Hoje fiquei deixando a comida esfriar no prato porque não via motivo para me alimentar. E então, de estalo, entendi tudo: meu pai estava guardando o estômago para o banquete que minha avó devia estar preparando para ele.

Minha avó era uma típica avó portuguesa, embora tenha nascido no Brasil. Foi a inventora do restaurante a quilo, mas na sua casa nunca teve balança. Sempre de portas abertas, não era preciso tocar a companhia, era entrar e comer. Qualquer um, podia ser o porteiro, o entregador da farmácia ou as enfermeiras da Beneficência Portuguesa, que ficava em frente. Ao chegar para o almoço, éramos recebidos com frango assado, lasanha, rabada, carne assada, arroz, feijão, maionese de batata e um macarrão à bolonhesa para garantir que ninguém passaria fome. Quando não se esperava mais nada, chegava um empadão. Às vezes tinha um leitão inteiro. De sobremesa, pudim, pudim de clara, bolo de milho, sorvete e doces que nem sei os nomes. Com essas opções você comeria comida de hospital? Dona Odete tinha por volta de 1,50m e pesava certamente mais de 100kg. Era flamenguista doente, a ponto de não ver os jogos porque ficava nervosa, e até conseguiu encontrar um raro português nato flamenguista para se casar. No gol do Rondinelli, em 1979, estava conosco em Petrópolis e passou os últimos cinco minutos do jogo agachada, bloqueando o corredor da casa, com o radinho no ouvido, aguardando o apito final para pular. De fato, pulou e não sei como o assoalho velho da casa não se quebrou. Madeira de lei.

Tenho certeza de que meu pai está com ela e com sua irmã Lili, que se foi em outubro e cuja partida certamente contribuiu para sua tristeza. Devem estar jogando buraco com seus tios Braga e Olívia, com seus amigos Antonio Barbato, Luis Paulo Tonini e Sérgio Camargo, enquanto meu tio Sanches prepara o churrasco. Mal posso esperar o dia de estar com eles. Vai acontecer quando eu encher o saco de viver. Mas isso só vai ocorrer depois dos meus 80 anos, amanhã ou depois de amanhã.

144. As forças da natureza do mercado

Comecei muito jovem a circular entre os programadores cinematográficos, conheci donos de cinema e de cadeias de cinema, além de grandes distribuidores nacionais e internacionais. Era um menino representando uma única tela, a do Estação Paissandu, nas reuniões de programação de que participava todas as terças. Levou algum tempo até me sentir seguro para ser uma voz ativa naquele conselho de notáveis, e assim, no início, apenas observava, prestando atenção nas opiniões dos mais experientes. Fui colecionando alguns dogmas do mercado, conceitos, normas e mandamentos, muitos preciosos, às vezes equivocados, outros nem lá nem cá. Alguns simples e óbvios, do tipo *"um filme só tem bom boca a boca se tiver as primeiras bocas pra falar bem dele"*, outros bem mais complexos. Alguns não chegam a ser regras, são forças da natureza captadas por anos de conhecimento de como as coisas funcionam.

Edgard Ferrez representava o Cine Pathé e era frequentador do Joia. Era herdeiro de um dos mais antigos cinemas do Rio em uma Cinelândia repleta de cinemas. Ainda funcionavam, além do Pathé, o Odeon, Palácio 1 e 2 (hoje Teatro Riachuelo), Metro Boavista (fechado), Vitória (ex-Livraria Cultura), além dos pornôs Orly e Rex. O Centro do Rio era considerado vital para os lançamentos de filmes na cidade, estrear sem um cinema no Centro era um certo desprestígio, meio que significava que o filme era "menor". Como o único cinema na Cinelândia vinculado ao circuito da Columbia era o Pathé, Ferrez tinha voz importante nas reuniões e posições rígidas, como a certeza de que a estreia do mesmo filme do outro lado da baía, no Centro de Niterói, lhe roubava público. Segundo ele, o cinema escolhido pelos niteroienses para ver um filme se ele não estivesse em cartaz na cidade seria naturalmente o Pathé, não muito distante da Praça XV e das barcas. Na época eu achava bobagem, embora nada falasse. Mas com os anos notei que o público dos nossos cinemas em Botafogo subia sempre que o filme de estreia não era lançado, simultaneamente, em Copacabana. Ou até mesmo na Tijuca, de onde, descobrimos por meio de uma pesquisa, vinham 17% dos nossos espectadores, mesmo percentual de Gávea e Jardim Botânico juntos. Ferrez, também por definição, jamais exibia um filme que tivesse feito bilheteria inferior a 50 milhões de dólares no mercado americano, e não havia santo que conseguisse convencê-lo do contrário. Também estranhei no princípio, mas depois comecei a notar que existia, sim, uma certa correlação entre a bilheteria dos filmes no mercado mundial e o mercado brasileiro. É preciso lembrar, ou saber, que naquela época os filmes demoravam um tempo a chegar por aqui, às vezes mais de seis meses. Lançamentos mundiais não eram raros, mas não aconteciam na escala de hoje, todas as semanas. Assim, era possível analisar a carreira de um filme no mercado americano e projetá-la para o Brasil. Como o dinheiro para as campanhas de marketing e a energia das equipes para o lançamento de um filme era feito com base nessas projeções, acabava que na maioria das vezes elas se concretizavam, com variações, dentro de uma estreita margem de erro. Claro que surpresas aconteciam, em função das características culturais e econômicas de cada país. Mas como Ferrez tinha ampla oferta de "produtos" e precisava de apenas algo entre vinte e 25 filmes por ano para alimentar seu cinema, instituiu uma linha de corte. Não perdia tempo pensando em filmes que tivessem feito menos de 50 milhões de dólares no mercado americano. Em sua homenagem, criei o conceito "Condição Ferrez".

"Condição Ferrez" significava para mim, como programador e distribuidor, analisar o comportamento dos filmes no mercado exterior, tentando fazer um paralelo com a realidade brasileira para prever sucessos e fracassos. Era, na verdade, de forma mais ampla, minha busca pelos conceitos para as nossas salas, como os que Ferrez tinha instituído para o seu histórico e belo cinema. Com o passar dos anos e a ampliação dos contatos, fui conhecendo mais gente, adquirindo mais conhecimento e construindo minha história em relação aos filmes. Além da "Condição Ferrez" inventei outras pequenas regras, se é que posso chamá-las assim. Há, por exemplo, a "Situação Jackson", ninguém pode negar.

Jackson Pereira Leite era o programador das salas Studio Copacabana e Studio Catete. O Copacabana era um cinema dos anos 50 e já tinha tido os nomes de Bronx, Riviera e Cinema II, quando foi arrendado por Alberto Shatovsky no início dos anos 70, onde tive o prazer de ver *O grande ditador* quando criança. Depois foi Studio Gaumont Copacabana e novamente tornou a ser Studio Copacabana, até fechar e anos depois virar boate. Durante um bom tempo, Jackson escolheu, ou ajudou a escolher, os filmes que eram exibidos lá e no cinema irmão, o Studio Catete.

O Studio Catete ficava dentro de uma galeria comercial, um pequeno shopping sob um grande prédio construído na rua do Catete, 228, erguido onde era o mitológico Cine Azteca, que tinha mais de 1.700 lugares e decoração exuberante. Hoje, o Studio Catete se transformou num banco. Mas nos anos 80 e 90, teve um período de glória. Era lá que se assistia aos filmes da Gaumont que estreavam no Studio Gaumont Copacabana primeiro, porque era mais barato. Como eram salas de perfil mais autoral, eu mantinha um contato razoavelmente regular com Jackson, tentando programar nossos filmes nos dois cinemas, ou simplesmente para saber o que ele estava programando para que não competíssemos. Quando ligava para marcar um filme, a primeira pergunta dele era sempre esta: "O filme está inédito na área?"

Área é um conceito amplo. No caso do Catete era fácil, significava não ter sido exibido no São Luiz ou no Condor Largo do Machado (hoje academia, ex-templo evangélico) e Paissandu. Se estava inédito na área, era bom negócio. Já com relação a Copacabana era mais complexo, pelo tamanho. Mas para Jackson não tinha conversa, a exibição do filme a quilômetros de distância no Cinema 1, na Prado Jr., afetava seu cinema na Raul Pompeia, do outro lado do túnel. Era a mesma ideia de Ferrez com relação aos cinemas do Centro de Niterói. Claro que tinha fundamento, mas muitas vezes uma continuidade de outro cinema poderia ser o melhor negócio. Além disso, outros fatores importam, como perfil do público do filme e facilidade de transporte. Por exemplo, pode ser muito pior para o Estação Botafogo a concorrência de um filme exibido no Largo do Machado que no Cinemark Botafogo, pela facilidade de transporte e pelos perfis do público de cada sala e local.

Assim como com Ferrez, era difícil convencer Jackson de que sua regra podia ter furos. Por isso batizei esse "dogma" de "Situação Jackson". O conceito é extremamente simples, porém trabalhoso. Significa identificar as áreas de influência de seu "produto" (filme ou qualquer coisa) e de seu "ponto de venda" (seu cinema ou qualquer outro tipo de loja) e trabalhar para que ele tenha o melhor desempenho possível utilizando esse conhecimento em seu favor. Ou, em caso extremo, desistir do negócio. O negócio, no caso, pode ser decidir não exibir um filme que já está em um local de influência do seu público e o exibe em condições melhores, em termos de preço, conforto ou localização. Também pode significar, por economia, não lançar um filme numa área que já esteja sob influência de outra mais forte. Algum público será perdido, mas a economia no investimento compensará. Se você conseguir ter o conhecimento preciso de sua área de influência, quando a "Situação Jackson" se apresentar diante dos seus olhos, você a reconhecerá, subirá no cavalo selado e sairá galopando. Mas há oportunidades que precisam ser construídas, e eu batizei esse tipo de regra da natureza de "Curva Valansi".

Os irmãos Valansi eram três, Robert, Jacques e Maurice. Judeus franceses, os irmãos vieram para o Brasil após a Segunda Guerra e foram fundamentais para gerações de cinéfilos cariocas. Eram donos de vários cinemas, os geminados Coral e Scala (hoje, Espaço Itaú), Lido I e II (hoje, templos evangélicos), Ópera I e II (ex-Casa & Video, em Botafogo, agora Supermarket), Paissandu (academia de ginástica), Cinema 1 (hortifruti) e Joia (recém-fechado), entre muitos outros. Eram também donos da distribuidora Franco Brasileira, e com filmes e cinemas foram responsáveis por viabilizar a exibição da Nouvelle Vague por aqui, o que acabou formando a Geração Paissandu. Nos anos 1970, arrendaram o Cinema 1 para Alberto Shatovsky e, com a habilidade de Alberto em escolher filmes, uma nova geração de cinéfilos foi formada, a chamada Geração Cinema 1. Os anos 80 já eram chamados de Geração Estação pela cinefilia carioca quando arrendamos o Paissandu, o Cinema 1 e o Joia, que eram da família na virada da década de 90. Tenho orgulho de ter trabalhado para manter a tradição de boa programação para essas salas durante um longo tempo.

Não sei se foi por conhecimento, preguiça, falta de opção ou fé, mas o fato é que dois filmes exibidos pelos Valansis no Joia, antes de o arrendarmos, me fizeram pensar sobre a questão a ponto de desenvolver o conceito da "Curva Valansi". Os dois filmes foram *Um homem, uma mulher e uma noite* e *Ghost — Do outro lado da vida* e ambos permaneceram em cartaz no Joia por um ano ou mais. Durante esse tempo, pude observar o comportamento do público porque tinha acesso aos números. E era visível a influência do boca a boca no número crescente de bilheteria após um período de investimento, deixando o filme "dormir" em cartaz. Aliás, "dormir" é um jargão do meio um tanto em desuso, porque isso raramente acontece hoje em dia com a quantidade e a velocidade dos lançamentos. O público vinha em ondas, subia durante várias semanas até cair e tornar a subir novamente, em um patamar um pouco menor do que o anterior. Busquei a "Curva Valansi" com filmes nossos e de outras distribuidoras, mas como a economia não me permitia apostar em um filme por muito tempo em um cinema inteiro, em todos os horários, passei a tentar fazer a curva deixando filmes que eu acreditava "dormirem" em uma ou duas sessões diárias durante um longo tempo. A estratégia também pode ser usada com muitas sessões de pré-estreia ou exibições prévias em festivais. Significa ter a noção do potencial do filme por ele mesmo, sem considerar promoção e marketing, e investir que o público vai descobrir o mesmo que você. Fiz isso muitas vezes e fazia em especial em dezembro. Dezembro é um mês péssimo para o cinema, o público cai drasticamente. Alguns filmes podem deixar de fazer a bilheteria que poderiam alcançar em outro período e muitas vezes era mais seguro escolher uma boa continuidade que arriscar um lançamento para o início de janeiro, contrariando o dogma de Jackson Pereira Leite. Prevendo essa situação, deixava o filme vegetando nessas poucas sessões em dezembro para voltar a ampliar seu circuito no início do ano. No entanto, é preciso ter muita cautela na busca da "Curva Valansi", ou você poderá cair no "Efeito Jeberlot".

    A Eurobras que conheci, nos anos 1980, era uma empresa que se dedicava basicamente à importação de filmes alemães para o Brasil cujo dono era um senhor chamado Jeberlot. Pense no

Gepeto, do Pinóquio, multiplique por 1,5, considerando a origem alemã, e você poderá visualizar o sr. Jeberlot. A Eurobras trazia filmes ótimos em 35mm, para cinemas profissionais, de nomes como Fassbinder, Herzog e outros. Acontece que esses filmes estavam disponíveis gratuitamente em 16mm no Instituto Goethe com seus nomes originais, muitas vezes completamente diferentes do nome comercial em português. Além disso, os "cinemas" que mais se interessavam nesses filmes eram justamente os cineclubes, que usavam projetores 16mm. Assim, era possível, por exemplo, pegar emprestado, gratuitamente, *Cada um por si e Deus contra todos*, tradução do título original no Instituto Goethe, e exibi-lo como *O enigma de Kaspar Hauser*, nome dado por Jeberlot para o filme de Herzog. Tudo que eu precisava fazer era comparar os títulos originais nos dois catálogos. Era óbvio que isso acabava consumindo boa parte do público do filme quando ele finalmente entrava em cartaz nos cinemas.

Em um conceito mais amplo, o "Efeito Jeberlot" é a superexposição de um filme antes de sua estreia, distorcendo negativamente sua "Curva Valansi" e muitas vezes prejudicando possíveis "Situações Jackson" que poderiam ocorrer em sua carreira. Por exemplo, a exibição de um mesmo trailer por meses pode gerar a impressão nos espectadores de um filme velho ou até mesmo já visto. Ou a disponibilização exagerada de muitas sessões de um filme em um festival ou pré-estreias acabar consumindo boa parte do público potencial do filme. Tudo é uma questão de análise e ajuste para evitar o "Paradoxo Bernardini".

Jean Thomas Bernardini é o lendário fundador da Imovision, distribuidora de filmes autorais fundada no início dos anos 1990 e em atividade até hoje. Durante muito tempo foi o maior fornecedor de filmes para o Estação e talvez ainda o seja. Jean, também francês como os Valansis, sempre teve muita preocupação com o "Efeito Jeberlot", mesmo sem ter conhecimento da minha teoria. Muitas vezes sentia o efeito na prática do dia a dia e por isso sempre fez questão de liberar poucas sessões de seus filmes para o Festival do Rio, em geral apenas três, um número primo, para infelicidade minha. Embora concorde que o problema poderia se manifestar, não concordo que seria sempre de maneira negativa. É ruim superexpor um filme em festivais se ele tiver um boca a boca limitado, bom apenas para um pequeno grupo. No entanto, alguns desses filmes podem levar meses para estrear ou podem não conseguir alcançar o lançamento pretendido. Dessa forma, as exibições em festivais, desde que pagas, podem ser uma ótima alternativa, antecipando uma bilheteria que poderia até mesmo não vir. E assim está formado o paradoxo, a exposição pode gerar público imediato para um filme ao mesmo tempo que o fará perder no futuro. Novamente, é tudo uma questão de análise, se possível rápida, utilizando o "Cálculo Sturm".

André Sturm é meu único contemporâneo nessa aventura de exibição e distribuição mais jovem que eu. Deve ter começado de fraldas no Cineclube GV, da Fundação Getulio Vargas de São Paulo, e no fim dos anos 1980 fundou a Pandora Filmes, em atividade até hoje. Bem mais articulado politicamente que eu e melhor em marketing pessoal, chegou a secretário de Cultura de São Paulo há pouco tempo e é dono do Cine Belas Artes, as mesmas seis salas que foram nossas por um breve período. André sempre foi rápido e sagaz na análise do mercado e das chances apresentadas, e nunca teve medo de correr atrás delas. Ele não sabe, mas muitas vezes me vi diante de situações em que pensava como André agiria, para que eu conseguisse ser rápido e eficiente como ele. Apelidei essa estratégia de "Cálculo Sturm", o que não passava de um *brainstorm*, feito na velocidade de uma tempestade mesmo. Nada disso, porém, interessa. A lei que manda mesmo no mercado é o "Conceito Oliveira-Krumholz".

Quando nossa bilheteria estava fraca, principalmente no fim da noite, Nelson Krumholz propunha uma espécie de mandinga. Entrava na bilheteria, que na época ainda ficava próximo à entrada da Sala 1, menor mas posicionada da mesma maneira que atualmente, colocava uma das mãos para fora e ficava, como uma espécie de aranha, chamando o público. Era como se a "mão" da família Adams fosse o bilheteiro. É óbvio que era apenas uma simpatia, duvido que alguém tenha entrado alguma vez no cinema por isso. Mas na verdade bate com outro conceito, sempre repetido por Adhemar Oliveira, de que "O dinheiro está lá fora, é só ir buscar". Se você não tem dinheiro em casa, tem que buscar fora. É uma lógica um tanto óbvia, mas quando colocada dessa forma direta causa reflexão. Ele certamente apreendeu essa em sua juventude no parque de diversões itinerante da família. E é verdade. Cálculos, efeitos, paradoxos, curvas, situações ou condições só adiantam se você estiver disposto a se jogar lá fora para buscar o dinheiro para realizar seus sonhos. A menos que seja rico. Nunca fomos.

145. As consoantes

Livro chegando ao fim, retiro cuidadosamente da parede branca os papéis coloridos que formavam minha escaleta para não ter que pintá-la. São mais de cem, de quatro cores diferentes, e após ter recolhido quase tudo com uma certa dose de nostalgia, noto que faltou falar de uma pequena anotação onde está escrito "As consoantes". Vocês devem se lembrar do capítulo "As vogais". Se pularam, voltem para ler antes de ler este. Ou pulem este também. Pois este completa a teoria que desenvolvi em "As vogais".

Hoje talvez não seja mais possível fazer nada em audiovisual 100% original. São bilhões de pessoas pensando coisas o tempo todo há muito tempo; talvez não seja possível fazer mais nada original em qualquer área. Se assim for, penso que tudo que fazemos é editar pequenos trechos já feitos por outros para criar alguma coisa que pode vir a ser chamada de original. São as vivências e os conhecimentos que adquirimos ao longo da vida somados às realizações de outros que formam o conjunto de nossas influências, ou seja, mixamos talentos de outros para exercitar o nosso.

Imaginei que em cinema pudéssemos ter um conjunto de filmes que formariam a base de qualquer filme que venha a ser feito hoje. Haveria um conjunto inicial de cinco filmes que seriam as "vogais" do nosso "alfabeto" do cinema. Não seria possível fazer um filme sem a influência direta de ao menos um desses filmes. Seriam, portanto, os filmes essenciais, mas não necessariamente os melhores. A escolha dos melhores filmes é muitas vezes uma questão subjetiva, enquanto que, para os essenciais, podem-se analisar critérios mais objetivos. Sugeri que os filmes que compõem as vogais fossem: *O gabinete do Dr. Caligari*, *Limite*, *O encouraçado Potemkin*, *Nanook, o esquimó* e *O nascimento de uma nação*. E falei que em breve teríamos as "consoantes", assunto desnecessário para a compreensão da história, como são as cenas durante ou depois dos créditos finais de um filme.

Os filmes "consoantes" também seriam, de certa forma, essenciais, mas em um segundo nível, não em qualidade, chamo novamente a atenção, mas em influência para outras obras. A consoante que mais aparece na língua portuguesa é o "S". Assim, o filme "S" seria aquele que mais influenciou outros filmes, seguido do filme "R", "N", e assim por diante. Não tenho intenção de afirmar nada, apenas propor uma discussão. Ou apenas tudo não passe de uma brincadeira e você, certamente, discordará de um ou outro, quem sabe de muitos. Mas tenho certeza de que se alguém quiser entender melhor o cinema por meio desta lista, não lhe fará mal algum ver todos os filmes. Vamos lá?

Consoantes:

S = *Cidadão Kane*, de Orson Welles (1941)

R = *Um homem com uma câmera*, de Dziga Vertov (1929)

N = *Roma, cidade aberta*, de Roberto Rossellini (1946)

D = *No tempo das diligências*, de John Ford (1939)

M = *Frankenstein*, de James Whale (1931)

T = *Luzes da cidade*, de Charles Chaplin (1931)

C = *A mãe*, de Vsevolod Pudovkin (1926)

L = *Branca de neve e os sete anões*, produzido por Walt Disney (1937)

P = *O triunfo da vontade*, de Leni Riefenstahl (1935)

V = *A noite dos mortos-vivos*, de George Romero (1968)

G = *Alphaville*, de Jean-Luc Godard (1965)

H = *A paixão de Joana D'Arc*, de Carl Dreyer (1927)

Q = *Ladrões de bicicleta*, de Vittorio De Sica (1948)

B = *Os pássaros*, de Alfred Hitchcock (1963)

F = *A regra do jogo*, de Jean Renoir (1939)

Z = *Aurora*, de F.W. Murnau (1927)

J = *Casablanca*, de Michael Curtiz (1942)

X = *A felicidade não se compra*, de Frank Capra (1946)

Y = *Fellini 8 1/2*, de Federico Fellini (1963)

W = *Pacto de sangue*, de Billy Wilder (1944)

Por que escolhi cada um desse filmes? Bem, isso é assunto para mais um livro.

146. Nós que nos amávamos tanto

O título deste capítulo poderia ser um bom nome para o livro. O Estação começou por amizade e afinidade entre algumas pessoas em torno de uma ideia comum, que era ver filmes e realizar algo relevante, com o ímpeto jovem de uma turma empreendedora. Muitas das brigas e discussões, assim como as realizações, aconteceram porque éramos uma família, não uma empresa, com muitos talentos individuais, mas também muitas questões subjetivas da parte de cada um. Famílias brigam, mas em geral acabam se entendendo. Não somos uma família de fato, mas espero que um dia a gente se entenda.

Depois pensei que o título deveria falar do nosso amor ao cinema, que foi o que realmente nos uniu: "Nós que amávamos tanto o cinema." Mas ao escrevê-lo e, principalmente, ao lê-lo, achei que não seria correto falar pelos outros, afinal, o livro acabou ficando pessoal demais.

Cometi erros estratégicos, mas sobretudo humanos. Fui um voraz defensor do Estação e muitas vezes errei achando que fazia o certo. Ouvi pouco os amigos e os inimigos. Fui muitas vezes arrogante e insensível e não pedi desculpas. Em outras, fui ingênuo, me deixei manipular, e com isso fiz diversas inimizades. Guardei rancor por muito tempo, o que só me fez mal. Em brigas com amigos, pessoas que se gostam, muitas coisas são ditas ou feitas, mas seria melhor que algumas delas não tivessem sido.

Contudo, apesar dos meus defeitos, fui acima de tudo honesto e transparente. No Brasil, ser honesto e transparente são qualidades que infelizmente não te levam muito longe. Mas não mudaria isso na minha história, mesmo se pudesse voltar no tempo. Se pudesse entrar numa máquina do tempo, voltaria ao dia seguinte que meu terceiro filho, Rodrigo, foi concebido, porque aceito refazer tudo na vida, menos não ter meus filhos. Já daria para consertar muita coisa, em especial uma década de fúria e loucura perdida entre 2004 e 2014.

Não sei o tipo de relação que meus companheiros de jornada têm com o cinema hoje em dia, pois perdemos contato. Posso dizer que eu, hoje, não amo tanto o cinema quanto o amava — e assim o título no singular fica mais coerente. Ter visto Fellini pela ótica de Scola me mostrou isso. Eu amava o cinema, hoje não sinto o mesmo. Como disse, na minha vida fui obrigado a ver toneladas de filmes que não queria ver, mas eram importantes comercialmente para exibição ou distribuição ou, ainda, para os festivais que organizei. Um selecionador de festival descobre coisas maravilhosas, mas tem que ralar muito assistindo a coisas ruins. Acho que enjoei. Perdi a capacidade de me surpreender com algo novo. É tão bom, porém tão raro, quando me pego desprevenido com um novo filme e me deixo levar... Que prazer! Curiosamente, isso tem acontecido com filmes antigos, que vi lá na minha pré-história, como *Sonata de outono*.

Quando trabalhei na loja de doces do meu pai, no primeiro dia perguntei se podia comer os brigadeiros e tortas que ficavam expostos na vitrine a poucos centímetros da minha boca. Ele disse: "Vá em frente, coma o que quiser". Durante uma semana me lambuzei, dei prejuízo ao negócio. Mas após essa semana não aguentava mais olhar aquelas guloseimas.

Demorei mais de trinta anos para sentir pelo cinema o que senti com uma semana de doces. Ou para chegar a essa conclusão. Hoje o cinema é para mim como um quindim. Como, mas não muito, é doce demais. Tenho preferido o sabor salgado da literatura, tão menos conhecido para mim, como um oceano a desbravar.

147. O xadrez da vida

Cheguei em casa, almocei correndo e desci. Entrei pela primeira vez na galeria ainda sem histórias. Aguardei alguns minutos a bilheteria ser aberta, o gerente me olhou e com a cabeça pediu um momento. Me acomodei na poltrona. Um casal também chegou, estranharam o cinema tão vazio e o estado da sala. Cadeiras de madeira, carpetes gastos, com cheiro de mofo, e uma tela improvisada, instalada nas primeiras fileiras após um lago de água empoçada na parte mais baixa da sala. Havia mosquitos e pulgas, era certamente um lugar insalubre. Me lembro de sentir um vento, como uma ventilação, e não um ar condicionado. A luz se apagou de repente, sem aviso prévio, como se desligassem um disjuntor. Ouço vozes na escuridão, depois entendi que era o operador reclamando de algo. Eu e o casal, sentado distante, ficamos no breu total por alguns longos instantes. Até que o filme começou, direto, sem trailers ou anúncios.

A primeira imagem que bateu na tela foi a vinheta da distribuidora. Hoje não me lembro qual era, como a maioria das pessoas pulei essa informação sem saber que pouco tempo depois e por muito, muito tempo, isso seria vital para o meu trabalho. Mas as imagens que vieram depois, essas sim, eu nunca esqueci, certamente ofuscaram essa primeira visão, tão desnecessária para mim então. Ouço alto uma espécie de gongo e percebo que o som vem de trás da tela — é o filme começando. O som, o silêncio e a escuridão. Os créditos parecem fantasmagóricos, letras brancas iluminadas como que por velas. No cinema, ouço apenas o som dos beijos do casal, que parecem acontecer a meu lado, tamanho silêncio. Finalmente uma cartela que parece vir do outro mundo explica a história, que eu não conhecia. Como num impacto, após a cartela entra uma música apoteótica, com um céu nublado, um pássaro grande voando e, finalmente, a praia. Ouço e vejo o mar e seu som. Eu me lembraria do barulho das ondas de *O sétimo selo* ao ler *Limite* pouco tempo depois. Dois homens estão deitados nas pedras da praia. O Cavaleiro, já acordado, contempla o céu. Seu escudeiro parece acordar, o dia está nascendo. Os cavalos estão soltos, mas não há o que beber, a água é salgada, ou comer, só há pedras na praia. O Cavaleiro lava o rosto e se ajoelha para rezar. É a primeira vez que vejo Max von Sydow. Anda como se já estivesse morto ou aguardasse a chegada da morte, e ela chega. Caminharam muito e por muito tempo juntos, o Cavaleiro não a teme, mas seu corpo, sim. Pede um momento e propõe uma partida de xadrez para a Morte, porque para ela o tempo não importa muito, e por curiosidade ela aceita. É boa jogadora. "Por que quer jogar?", pergunta a Morte. "Isso é assunto meu", responde o Cavaleiro, "e enquanto eu resistir, eu sobrevivo. Se eu ganhar, você me liberta", completou. A morte fica com as peças pretas e brinca que isso está adequado a ela. Eles começaram o jogo e eu, sem perceber, começava o meu.

Mais ou menos na mesma época, mas em outro cinema, o Roxy, ainda inteiro e gigante. Consegui levar a menina mais linda que conhecia ao cinema e a intenção era realmente ver o filme, já que tínhamos escolhido *Pra frente Brasil*, filme nada apropriado a um clima romântico. Mas o filme não teve chance, antes dele o clima já estava instalado e me lembro da culpa de sentir prazer enquanto ouvia o distante e desagradável som do filme. Eu tinha 17 e ela 16, ou talvez 15. Não vimos o filme e também não nos vimos mais por muito tempo. Anos depois ficamos juntos novamente por uma noite, nossa primeira noite juntos. Novamente tomamos caminhos diferentes, ela casou e teve filhas, eu casei e tive um casal. Ela se separou e casou de novo, e eu nem soube. Eu me separei e casei de novo, e ela não soube. Nos encontramos mais uma vez 34 anos depois daquela sessão de cinema. Durante esse tempo nos víamos esporadicamente e nos olhávamos sem saber direito o que um sentia pelo outro, mas com uma vontade danada de saber. E essa vontade fez com que nos encontrássemos, ambos de corações calejados, um pouco partidos. Depois dessa aventura toda, terminar com a mocinha, paixão da adolescência, só pode ser um final feliz.

A vida é imprevisível, é um jogo de xadrez em que não vemos o tabuleiro nem as peças, e onde também muitas vezes não conhecemos nosso adversário. Iniciamos, jogamos e terminamos muitas partidas durante a vida, é um jogo de tentativas, erros e acertos. Diferentemente do Cavaleiro, nunca sabemos quando será nossa última vez.

FIM

A cena depois dos créditos

O livro chegou ao fim, pode fechá-lo. Mas se quiser entender o caminho que fiz para chegar até aqui, você pode ver os filmes que vi. Não todos, claro, porque isso seria impossível, eu mesmo sequer lembro da maioria. Mas listei a seguir todos sobre os quais falei nestas memórias — nesta aventura, como prefiro chamar. Alguns serão um tanto difíceis de encontrar, mas não tão difíceis quanto eram em 1982, tenho certeza. Não os listei por ordem de valor artístico, histórico ou pessoal. Estão aí como apareceram nas minhas lembranças, e isso deve significar algo. Veja os filmes que você ainda não viu, de preferência em um lugar escuro, com uma tela grande e, por favor, com o celular desligado. Embarque nessa viagem e boa aventura!

Lista de filmes e séries citados ou que inspiraram partes deste livro em ordem de aparecimento no texto pela primeira vez:

Nós que nos amávamos tanto [*C'eravamo Tanto Amati*], de Ettore Scola, Itália, 1974 [página 1]

Guerra nas estrelas [*Star Wars*], de George Lucas, EUA, 1977 [página 11]

O Império contra-ataca [*Star Wars — The Empire Strikes Back*], de Irvin Kershner, EUA, 1980 [página 11]

O retorno do Jedi [*Star Wars — Return of the Jedi*], de Richard Marquand, EUA, 1982 [página 11]

Os caçadores da arca perdida [*Raiders of the Lost Arc*], de Steven Spielberg, EUA, 1982 [página 11]

Indiana Jones e o templo da perdição [*Indiana Jones and the Temple of Doom*], de Steven Spielberg, EUA, 1984 [página 11]

Indiana Jones e a última cruzada [*Indiana Jones and the Last Crusade*], de Steven Spielberg, EUA, 1989 [página 11]

Superman: O filme [*Superman*], de Richard Donner, EUA /Reino Unido/ Canadá, 1978 [página 12]

Superman II: A aventura continua [*Superman II*], de Richard Lester, EUA / Reino Unido/Canadá, 1980 [página 12]

Superman III, de Richard Lester, EUA /Reino Unido, 1983 [página 12]

Superman IV: Em busca da paz [*Superman IV: The Quest for Peace*], de Sidney J. Furie, EUA /Reino Unido, 1987 [página 12]

Mad Max, de George Miller, Austrália, 1979 [página 12]

Mad Max 2: A caçada continua [*Mad Max 2*], de George Miller, Austrália, 1981 [página 12]

Mad Max 3: Além da cúpula do trovão [*Mad Max Beyond Thunderdome*], de George Miller e George Ogilvie, Austrália, 1985 [página 12]

Alien — O oitavo passageiro [*Alien*], de Ridley Scott, EUA /Reino Unido, 1979 [página 12]

Aliens: O resgate [*Aliens*], de James Cameron, EUA/Reino Unido, 1986 [página 12]

Alien 3, de David Fincher, EUA, 1992 [página 12]

Alien, a ressurreição [*Alien: Ressurection*], de Jean-Pierre Jeunet, EUA, 1997 [página 12]

Pixote: A lei do mais fraco, de Hector Babenco, Brasil, 1980 [página 12]

Memórias do cárcere, de Nelson Pereira dos Santos, Brasil, 1984 [página 12]

Cabra marcado para morrer, de Eduardo Coutinho, Brasil, 1984 [página 12]

Blade Runner — O caçador de androides [*Blade Runner*], de Ridley Scott, EUA, 1982 [página 12]

O fundo do coração [*One from the Heart*], de Francis Ford Coppola, Francos Ford Coppola, 1981 [página 12]

Cidade oculta, de Chico Botelho, Brasil, 1986 [página 12]

Anjos da noite, de Wilson Barros, Brasil, 1987 [página 12]

O sétimo selo [*Det Sjunde Inseglet*], de Ingmar Bergman, Suécia, 1957 [página 26]

Sonata de outono [*Höstsonaten*], de Ingmar Bergman, Suécia, 1978 [página 26]

Morangos silvestres [*Smultronstället*], de Ingmar Bergman, Suécia, 1957 [página 27]

Roma, cidade aberta [*Roma, Città Aperta*], de Roberto Rossellini, Itália, 1945 [página 27]

Meu tio [*Mon Oncle*], de Jacques Tati, França, 1958 [página 27]

As férias do Sr. Hulot [*Les Vacances du Monsieur Hulot*], de Jacques Tati, França, 1953 [página 27]

Noites de Cabíria [*Le notte di Cabiria*], de Federico Fellini, Itália, 1957 [página 27]

Allonsanfan, de Vittorio e Paolo Taviani, Itália, 1974 [página 27]

Limite, de Mário Peixoto, Brasil, 1931 [página 27]

Deus e o diabo na terra do sol, de Glauber Rocha, Brasil, 1964 [página 28]

O Dragão da Maldade contra o Santo Guerreiro, de Glauber Rocha, Brasil, 1969 [página 28]

A idade da Terra, de Glauber Rocha, Brasil, 1980 [página 29]

O ébrio, de Gilda de Abreu, Brasil, 1946 [página 32]

O expresso da meia-noite [*Midnight Express*], de Alan Parker, EUA, 1978 [página 32]

Napoleão [*Napoléon*], de Abel Gance, França, 1927 [página 32]

Colorbar, de Marcelo França Mendes, Brasil, 1988 [página 34]

O gabinete do Dr. Caligari [*Das Cabinet der Dr. Caligari*], de Robert Wiene, Alemanha, 1920 [página 36]

Hiroshima, meu amor [*Hiroshima Mon Amour*], de Alain Resnais, França, 1959 [página 38]

À beira do abismo [*The Big Sleep*], de Howard Hawks, EUA, 1946 [página 40]

Cidadão Kane [*Citizen Kane*], de Orson Welles, EUA, 1941 [página 41]

Paris, Texas, de Wim Wenders, Alemanha, 1984 [página 42]

Apocalypse Now, de Francis Ford Coppola, EUA, 1979 [página 43]

Dormir como se sonhasse [*Yumemiru Yôni Nemuritai*], de Kaizô Hayashi, Japão, 1983 [página 43]

O boulevard do crime [*Les Enfants du Paradis*], de Marcel Carné, França, 1945 [página 43]

1984, de Michael Radford, Reino Unido, 1984 [página 45]

O carteiro e o poeta [*Il Postino*], de Michael Radford, Itália, 1994 [página 45]

Daunbailó [*Down by Law*], de Jim Jarmusch, EUA, 1986 [página 45]

Jonas que terá 25 anos no ano 2000 [*Jonas Qui Aura 25 Ans en l'an 2000*], de Alain Tanner, Suíça, 1976 [página 49]

O caso Mattei [*Il Caso Mattei*], de Francesco Rosi, Itália, 1972 [página 49]

Era uma vez na América [*Once Upon a Time in America*], de Sergio Leone, EUA, 1984 [página 50]

Caminhos violentos [*At Close Range*], de James Foley, EUA, 1986 [página 50]

Eu sei que vou te amar, de Arnaldo Jabor, Brasil, 1985 [página 52]

Tabu [*Tabu: A Story of the South Seas*], de F.W. Murnau, EUA, 1931 [página 55]

Central do Brasil, de Walter Salles, Brasil, 1998 [página 57]

A grande arte, de Walter Salles, Brasil, 1991 [página 57]

Frankenstein, de James Whale, EUA, 1931 [página 59]

The Rock Horror Picture Show, de Jim Sharman, EUA, 1975 [página 62]

Brasil bom de bola, de Carlos Niemeyer, Brasil, 1970 [página 63]

Pai [*Apa*], de István Szabó, Hungria, 1966 [página 64]

A infância de Ivan [*Ivanovo Detstvo*], de Andrei Tarkovski, Rússia, 1962 [página 64]

Os sem esperança [*Szegénylegények*], de Miklós Jancsó, Hungria, 1966 [página 64]

Vá e veja [*Idi i Smotri*], de Elem Klimov, Rússia, 1985 [página 66]

A flauta mágica [*Trollflöjten*], de Ingmar Bergman, Suécia, 1975 [página 66]

Marlene, de Maximilian Schell, Alemanha, 1984 [página 66]

Amadeus, de Milos Forman, EUA, 1984 [página 66]

Imagens do inconsciente, de Leon Hirszman, Brasil, 1987 [página 68]

A Igreja dos oprimidos, de Jorge Bodanzky, Brasil, 1986 [página 68]

Deus é um fogo, de Geraldo Sarno, Brasil, 1992 [página 68]

Os 7 samurais [*Shichinin no Samurai*], de Akira Kurosawa, Japão, 1954 [página 73]

Os 12 trabalhos de Asterix [*Les 12 Travaux d'Asterix*], de René Goscinny e outros, França, 1976 [página 73]

O segredo da porta fechada [*Secret Beyond the Door*], de Fritz Lang, EUA, 1947 [página 73]

Um homem, uma mulher, uma noite [*Clair de Femme*], de Costa-Gavras, França, 1979 [página 75]

Ghost — Do outro lado da vida [*Ghost*], de Jerry Zucker, EUA, 1990 [página 75]

Cotton Club, de Francis Ford Coppola, EUA, 1984 [página 75]

A conversação [*The Conversation*], de Francis Ford Coppola, EUA, 1974 [página 76]

O diabo feito mulher [*Rancho Notorious*], de Fritz Lang, EUA, 1952 [página 78]

Meia-noite em Paris [*Midnight in Paris*], de Woody Allen, EUA, 2011 [página 78]

Hard Rock Zombies, de Krishna Shah, EUA, 1985 [página 80]

Gosto de massacrar os outros [*I Like to Hurt People*], de Donald G. Jackson, EUA, 1985 [página 80]

Contos da lua vaga depois da chuva [*Ugetsu Monogatari*], de Kenji Mizoguchi, Japão, 1953 [página 81]

A morte do demônio [*Evil Dead*], de Sam Raimi, EUA, 1981 [página 86]

Titanic, de James Cameron, EUA, 1997 [página 87]

Veneno [*Poison*], de Todd Haynes, EUA, 1991 [página 93]

Sweetie, de Jane Campion, Austrália, 1989 [página 94]

Palombella Rossa, de Nanni Moretti, Itália, 1989 [página 94]

O bando das quatro [*La Bande des Quatre*], de Jacques Rivette, França, 1989 [página 94]

A cidade do desencanto, [*Beiqing Chéngshi*], de Hsiao-Hsien Hou, Taiwan, 1989 [página 94]

Decálogo [*Dekalog*], de Krzysztof Kieslowski, Polônia, 1989 [página 94]

O carrossel da esperança [*Jour de Fête*], de Jacques Tati, França, 1949 [página 96]

Noites com sol [*Il Sole Anche di Notte*], de Paolo e Vittorio Taviani, Itália, 1990 [página 103]

O processo do desejo [*La Condanna*], de Marco Bellocchio, Itália, 1991 [página 103]

As portas da justiça [*Porte Aperte*], de Gianni Amelio, Itália, 1990 [página 103]

Um dia, um gato [*Az Prijde Kocour*], de Vojtech Jasny, Tchecoslováquia, 1963 [página 103]

Touro indomável [*Raging Bull*], de Martin Scorsese, EUA, 1980 [página 103]

Manhattan, de Woody Allen, EUA, 1979 [página 103]

As mil e uma noites [*Il Fiore delle Mille e Una Notte*], de Pier Paolo Pasolini, Itália, 1974 [página 103]

Quando duas mulheres pecam [*Persona*], de Ingmar Bergman, Suécia, 1966 [página 103]

O mágico de Oz [*The Wizard of Oz*], de Victor Fleming, EUA, 1939 [página 103]

Asas do desejo [*Der Himmel über Berlin*], de Wim Wenders, Alemanha, 1987 [página 105]

Rocky: Um lutador [*Rocky*], de John G. Avildsen, EUA, 1976 [página 107]

Simplesmente amor [*Love Actually*], de Richard Curtis, Reino Unido, 2003 [página 113]

Vaidade!, de David França Mendes e Vicente Amorim, Brasil, 1990 [página 114]

Meu vizinho comprou um carro, de Marcus Vinícius Cezar, Brasil, 1990 [página 114]

Ilha das Flores, de Jorge Furtado, Brasil, 1989 [página 114]

Eu, tu, eles, de Andrucha Waddington, Brasil, 2000 [página 115]

Os donos da rua [*Boyz'n the Hood*], de John Singleton, EUA, 1991 [página 115]

Veja esta canção, de Carlos Diegues, Brasil, 1994 [página 120]

Céu azul [*Blue Sky*], de Tony Richardson, EUA, 1994 [página 126]

O bebê santo de Mâcon [*The Baby of Mâcon*], de Peter Greenaway, Reino Unido, 1993 [página 131]

Um z e dois zeros [*A Zed and Two Noughts*], de Peter Greenaway, Reino Unido, 1985 [página 131]

Afogando em números [*Drowning by Numbers*], de Peter Greenaway, Reino Unido, 1985 [página 131]

O cozinheiro, o ladrão, sua mulher e o amante [*The Cook, the Thief, His Wife and Her Lover*], de Peter Greenaway, Reino Unido, 1989 [página 131]

Noivo neurótico, noiva nervosa [*Annie Hall*], de Woody Allen, EUA, 1977 [página 131]

Marcados pelo sangue [*Bound by Honor*], de Taylor Hackford, EUA, 1993 [página 132]

Ray, de Taylor Hackford, EUA, 2004 [página 132]

A viagem da esperança [*Reise der Hoffnung*], de Xavier Koller, Suíça, 1990 [página 133]

Os herdeiros, [*Die Siebttelbauern*], de Stefan Ruzowitzky, Áustria, 1998 [página 133]

Os falsários [*Die Fälscher*], de Stefan Ruzowitzky, Áustria, 2007 [página 133]

Inverno quente [*Winter Sleepers*], de Tom Tykwer, Alemanha, 1997 [página 133]

Corra, Lola, corra [*Lola Rennt*], de Tom Tykwer, Alemanha, 1998 [página 133]

O cheiro do ralo, de Heitor Dhalia, Brasil, 2006 [página 133]

O banquete de casamento [Xi Yan], de Ang Lee, Taiwan, 1993 [página 133]

A arte de viver [*Tui Shou*], de Ang Lee, Taiwan, 1991 [página 134]

Comer, beber, viver [*Yin Shi Nan Nu*], de Ang Lee, Taiwan, 1994 [página 134]

O segredo de Brokeback Mountain [*Brokeback Mountain*], de Ang Lee, EUA, 2005 [página 134]

As aventuras de Pi [*The Life of Pi*], de Ang Lee, EUA, 2012 [página 134]

Xiang Hun Nü [no Festival de Berlim, em inglês: *The Women from the Lake of Scented Souls*], de Fei Xie, China, 1993 [página 134]

Um corpo que cai [*Vertigo*], de Alfred Hitchcock, EUA, 1958 [página 139]

Alcatraz: Fuga impossível [*Scape from Alcatraz*], de Don Siegel, EUA, 1979 [página 139]

O dia da besta [*El Día de la Bestia*], de Álex de la Iglesia, Espanha, 1995 [página 143]

Ação mutante [*Acción Mutante*], de Álex de la Iglesia, Espanha, 1993 [página 143]

Desaparecido, um grande mistério [*Missing*], de Costa-Gavras, EUA, 1982 [página 145]

Carnossauro [*Carnosaur*], de Adam Simon e Darren Moloney, EUA, 1993 [página 146]

Jurassic Park – O parque dos dinossauros [*Jurassic Park*], de Steven Spielberg, EUA, 1993 [página 146]

Paisagem na neblina [*Topio Stin Omichli*], de Theo Angelopoulos, Grécia, 1988 [página 150]

Romance proibido [*The Playboys*], de Gilles Mackinnon, EUA, 1992 [página 151]

...E o vento levou [*Gone with the Wind*], de Victor Fleming, EUA, 1939 [página 151]

Simples desejo [*Simple Men*], de Hal Hartley, EUA, 1992 [página 151]

Digby, o maior cão do mundo [*Digby: The Biggest Dog in the World*], de Joseph McGrath, Reino Unido, 1973 [página 153]

A chegada de um trem à estação [*L'Arrivée d'un Train en Gare de la Ciotat*], de Auguste e Louis Lumière, França, 1896 [página 159]

Encurralado [*Duel*], de Steven Spielberg, EUA, 1971 [página 161]

O grande ditador [*The Great Dictator*], de Charles Chaplin, EUA, 1940 [página 162]

E La Nave Va, de Federico Fellini, Itália, 1983 [página 162]

Fanny e Alexander [*Fanny och Alexander*], de Ingmar Bergman, Suécia, 1982 [página 162]

Fitzcarraldo, de Werner Herzog, Alemanha, 1982 [página 162]

Crônica de um amor louco [*Storie di la Ordinaria Folia*], de Marco Ferreri, Itália, 1981 [página 162]

Buena Vista Social Club, de Wim Wenders, Alemanha, 1999 [página 164]

Carlota Joaquina — Princesa do Brasil, de Carla Camurati, Brasil, 1995 [página 164]

O corte da navalha [*Razorback*], de Russell Mulcahy, Austrália, 1984 [página 166]

Beleza roubada [*Stealing Beauty*], de Bernardo Bertolucci, Itália, 1996 [página 168]

O arrepio [também conhecido como *Força diabólica*. No original, *The Tingler*], de William Castle, EUA, 1959 [página 170]

Coração valente [*Braveheart*], de Mel Gibson, EUA, 1995 [página 171]

O incrível Hulk [*The Incredible Hulk*], série criada por Kenneth Johnson, EUA, 1977 [página 174]

Shrek, de Andrew Adamson e Vick Jenson, EUA, 2001 [página 174]

Os imperdoáveis [*Unforgiven*], de Clint Eastwood, EUA, 1992 [página 175]

Casablanca, de Michael Curtiz, EUA, 1942 [página 175]

Na cama com Madonna [*Madonna: Truth or Dare*], de Alek Keshishian, EUA, 1991 [página 176]

Matrix [*The Matrix*], de Lana e Lilly Wachowski, EUA, 1999 [página 176]

Sudoeste, de Eduardo Nunes, Brasil, 2011 [página 182]

A hora e a vez de Augusto Matraga, de Vinícius Coimbra, Brasil, 2011 [página 182]

Um romance de geração, de David França Mendes, Brasil, 2008 [página 184]

9 1/2 semanas de amor [*Nine and Half Weeks*], de Adrian Lyne, EUA, 1986 [página 184]

Anjo do lodo, de Luiz de Barros, Brasil, 1951 [página 184]

Terror em Amityville [*The Amityville Terror*], de Stuart Rosenberg, EUA, 1979 [página 184]

Todas as mulheres do mundo, de Domingos de Oliveira, Brasil, 1966 [página 185]

Todas as mulheres do mundo, de Jorge Furtado, Brasil, 2020 [página 185]

Separações, de Domingos de Oliveira, Brasil, 2002 [página 188]

Carreiras, de Domingos de Oliveira, Brasil, 2005 [página 189]

Todo mundo tem problemas sexuais, de Domingos de Oliveira, Brasil, 2008-2011 [página 189]

As coisas simples da vida [*Yi Yi*], de Edward Yang, China, 2000 [página 191]

Um lugar na plateia [*Fauteuils d'Orchestre*], de Danièle Thompson, França, 2006 [página 192]

A culpa é do Fidel [*La faute à Fidel*], de Julie Gavras, França, 2006 [página 192]

Transformers, de Michael Bay, EUA, 2007 [página 195]

Filha distante [*Días de Pesca*], de Carlos Sorín, Argentina, 2012 [página 195]

Iracema, de Vittorio Capellaro, Brasil, 1917 [página 196]

Iracema — Uma transa amazônica, de Jorge Bodanzky e Orlando Senna, Brasil, 1975 [página 196]

Iracema, a virgem dos lábios de mel, de Carlos Coimbra, Brasil, 1979 [página 196]

Iracema, de Vittorio Cardile e Gino Talamo, Brasil, 1949 [página 196]

Além da imaginação [*The Twilight Zone*], série criada por Rod Serling, EUA, 1959 [página 196]

Se eu fosse você, de Daniel Filho, Brasil, 2006 [página 203]

Estômago, de Marcos Jorge, Brasil, 2007 [página 209]

Fabricando Tom Zé, de Marcelo Doria, Brasil, 2006 [página 209]

Mauro Shampoo — Jogador, cabeleireiro e homem, de Paulo H. Fontenelle e Leonardo C. Lima, Brasil, 2005 [página 209]

Vocês, de Arthur Omar, Brasil, 1979 [página 210]

Os canhões de Navarone [*The Guns of Navarone*], de J. Lee Thompson, EUA, 1961 [página 214]

Lili Marlene [*Lili Marleen*], de Rainer Werner Fassbinder, Alemanha, 1981 [página 225]

Antonieta, de Carlos Saura, Espanha, 1982 [página 225]

Casanova e a revolução [*La Nuit de Varennes*], de Ettore Scola, França, 1982 [página 225]

Um amor na Alemanha [*Eine Liebe in Deutschland*], de Andrzej Wajda, Alemanha, 1983 [página 225]

Tess, de Roman Polansky, França, 1979 [página 225]

Berlin Alexanderplatz, de Rainer Werner Fassbinder, Alemanha, 1980 [página 225]

Esqueceram de mim 2 – Perdido em Nova York [*Home Alone 2: Lost in New York*], de Chris Columbus, EUA, 1992 [página 228]

Nosferatu: O vampiro da noite [*Nosferatu: Phantom der Nacht*], de Werner Herzog, Alemanha, 1979 [página 229]

Meu marido de batom [*Tenue de Soirée*], de Bertrand Blier, França, 1986 [página 230]

Vidas sem rumo [*Outsiders*], de Francis Ford Coppola, EUA, 1983 [página 230]

Terra em transe, de Glauber Rocha, Brasil, 1967 [página 234]

Lacombe, Lucien, de Louis Malle, França, 1974 [página 235]

Adeus, meninos [*Au Revoir les Enfants*], de Louis Malle, França, 1987 [página 235]

A floresta petrificada [*Petrified Forest*], de Archie Mayo, EUA, 1936 [página 236]

Otelo [*The Tragedy of Othello: The Moor of Venice*], de Orson Welles, EUA, 1951 [página 237]

26 dias na vida de Dostoiévski [*Dvadtsat Shest Dney iz Zhizni Dostoevskogo*], de Aleksandr Zarkhi, URSS, 1981 [página 240]

Cortina rasgada [Torn Curtain], de Alfred Hitchcock, EUA, 1966 [página 242]

7 noivas para 7 irmãos [*Seven Brides for Seven Brothers*], de Stanley Donen, EUA, 1954 [página 243]

Os intocáveis [*Untouchables*], de Brian de Palma, EUA, 1987 [página 255]

Os embalos de sábado à noite [*Saturday Night Fever*], de John Badham, EUA, 1977 [página 258]

Raiders of the Lost Ark: The Adaptation, de Eric Zala, EUA, 1989 [página 268]

Raiders!: The Story of the Greatest Fan Film Ever Made, de Jeremy Coon e Tim Skousen, EUA, 2015 [página 268]

De volta para o futuro [*Back to the Future*], de Robert Zemeckis, EUA, 1985 [página 269]

O poderoso chefão [*Godfather*], de Francis Ford Coppola, EUA, 1972 [página 269]

Depois de horas [*After Hours*], de Martin Scorsese, EUA, 1985 [página 271]

Os silêncios do palácio [*Samt El Qusur*], de Moufida Tlatli, Tunísia, 1994 [página 282]

A vida dos peixes [*La Vida de los Peces*], de Matías Bize, Chile, 2010 [página 284]

Chaves [*El Chavo del Ocho*], série criada por Roberto G. Bolaños, México, 1972 [página 286]

Wilde — O primeiro homem moderno [*Wilde*], de Brian Gilbert, Reino Unido, 1997 [página 286]

O nascimento de uma nação [*The Birth of a Nation*], de D.W. Griffith, EUA, 1915 [página 287]

Que estranho chamar-se Federico [*Che Strano Chiamarsi Federico*], de Ettore Scola, Itália, 2013 [página 289]

Zelig, de Woody Allen, EUA, 1983 [página 290]

O encouraçado Potemkin [*Bronenosets Potemkin*], de Serguei Eisenstein, URSS, 1925 [página 310]

Nanook, o esquimó [*Nanook of the North*], de Robert Flaherty, EUA, 1922 [página 310]

Um homem com uma câmera [*Chelovek s Kino-Apparatom*], de Dziga Vertov, URSS, 1929 [página 311]

No tempo das diligências [*Stagecoach*], de John Ford, EUA, 1939 [página 311]

Luzes da cidade [*City Lights*], de Charles Chaplin, EUA, 1931 [página 311]

A mãe [*Mat*], de Vsevolod Pudovkin, URSS, 1926 [página 311]

Branca de neve e os sete anões [*Snow White and the Seven Dwarfs*], produzido por Walt Disney, EUA, 1937 [página 311]

O triunfo da vontade [*Triumph des Willens*], de Leni Riefenstahl, Alemanha, 1935 [página 311]

A noite dos mortos-vivos [*Night of the Living Dead*], de George Romero, EUA, 1968 [página 311]

Alphaville [*Alphaville, Une Etrange Aventure de Lemmy Caution*], de Jean-Luc Godard, França, 1965 [página 311]

A paixão de Joana D'Arc [*La Passion de Jeanne D'Arc*], de Carl Dreyer, França, 1927 [página 311]

Ladrões de bicicleta [*Ladri di Biciclette*], de Vittorio De Sica, Itália, 1948 [página 311]

Os pássaros [The Birds], de Alfred Hitchcock, EUA, 1963 [página 311]

Aurora [*Sunrise: A Song of Two Humans*], de F. W. Murnau, EUA, 1927 [página 311]

Casablanca, de Michael Curtis, EUA, 1942 [página 311]

A felicidade não se compra [*It's a Wonderful Life*], de Frank Capra, EUA, 1946 [página 311]

Fellini 8 ½ [*8 ½*], de Federico Fellini, Itália, 1963 [página 311]

Pacto de sangue [*Double Indemnity*], de Billy Wilder, EUA, 1944 [página 311]

A regra do jogo [*La Règle du Jeu*], de Jean Renoir, 1939 [página 311]

Pra frente Brasil, de Roberto Farias, Brasil, 1982 [página 315]

Agradecimentos

Sempre gostei de contar histórias. Mas após ganhar um concurso de redação na infância, escrever minha monografia de conclusão de curso de graduação e alguns textos no *Tabu*, tinha dado por encerrada minha "carreira" literária. Meu texto passou a ser exercitado em e-mails de negócios, sempre muito longos, alguns apelidados de "e-mails-bomba", por serem muitas vezes explosivos, com ordens, protestos e indignações.

Já tinha perto de 50 anos quando recebi um telefonema do BNDES, cuja primeira frase foi "Marcelo, você escreve muito bem!". Foi a primeira pessoa que me disse isso e confesso que foi um choque, em especial porque vinha de uma pessoa, em tese, técnica. Havia escrito uma longa carta na qual explicava por que o BNDES não deveria executar parcelas vencidas do nosso contrato e o texto os convenceu. Assim, a primeira pessoa a quem gostaria de agradecer é Luciane Gorgulho, chefe do Departamento de Economia da Cultura do banco, autora do telefonema.

Passaram-se quatro anos e a crise do Estação me obrigou a escrever no Facebook algumas histórias. Fiquei muito surpreso com a reação das pessoas, muitos começaram a pedir um livro e a dizer que eu deveria escrever mais. Continuei a escrever sobre o Estação e outras coisas, e os elogios continuaram. O livro foi se formando. Aliás, não só esse, mas também vários textos que rabiscava há décadas começaram a ser revistos. A verdade é que jamais teria tido a coragem de me lançar como escritor se não fosse o incentivo desses muitos amigos. Gostaria de nomear alguns, na impossibilidade de falar de todos. Agradeço profundamente a Maria Helena Pinheiro, Clélia Bessa, Plínio Bariviera, Débora Souza, Janet Jan Rockenbach, Fernanda Oliveira, Marialva Monteiro, Janeide Esmeralda, Larissa Morais, Guilherme Tristão, Dani Moura, Rita Ivan, Margareth Salles, Roni Filgueiras, Paula Barreto, Paulo Halm, Marcos Bernstein, Pedro Butcher e Jorge Furtado, entre muitos outros, que desde 2014, de uma maneira ou de outra, me fizeram acreditar no que Luciane havia me dito anos antes.

Por fim, queria agradecer a Lena Mendes, que desde a faculdade sempre acreditou em mim, a Carola Saavedra, amiga querida e grande escritora, que leu alguns de meus textos e me deu seu aval para continuar a escrever, e a Isabel Diegues e Valeska de Aguirre, minhas editoras, por acreditarem no projeto e me ajudarem a torná-lo melhor. E não poderia deixar de agradecer a minha mãe, Neucy, minha primeira referência de pessoa que sabe escrever bem e a primeira leitora desta aventura. Se tenho algum talento para contar histórias, herdei dela.

CIP-BRASIL. CATALOGAÇÃO NA PUBLICAÇÃO
SINDICATO NACIONAL DOS EDITORES DE LIVROS, RJ

M492e

Mendes, Marcelo França
Eu que amava tanto o cinema : uma viagem pessoal pela aventura do Cineclube Estação Botafogo / Marcelo França Mendes. - 1. ed. - Rio de Janeiro : Cobogó, 2022.

ISBN 978-65-5691-055-0

1. Mendes, Marcelo França. 2. Cineclube Estação Botafogo - História. 3. Homens - Brasil - Biografia. I. T tulo.

22-75640 CDD: 920.71
          CDU: 929-055.1

Meri Gleice Rodrigues de Souza - Bibliotecária - CRB-7/6439

© Editora de Livros Cobogó, 2022

Editora-chefe
Isabel Diegues

Edição
Valeska de Aguirre

Gerente de produção
Melina Bial

Revisão final
Eduardo Carneiro

Projeto gráfico e diagramação
Mariana Taboada

Capa
Tita Nigrí

Fotos de quarta capa
Foto 1: Inauguração do Cineclube Estação Botafogo, Rio de Janeiro, com o filme *Eu sei que vou te amar*, de Arnaldo Jabour. 13/11/1985. Foto Raimundo Neto / Agência O Globo.
Foto 2: Saguão do Cineclube Estação Botafogo, Rio de Janeiro. Foto Cicero Rodrigues.

Todos os esforços foram feitos para a obtenção das autorizações das imagens reproduzidas neste livro. Caso ocorra alguma omissão, os direitos encontram-se reservados aos seus titulares.

As opiniões expressas nesta publicação pertencem ao autor e não refletem, portanto, as opiniões da editora ou dos membros de sua equipe.

Todos os direitos reservados à
Editora de Livros Cobogó Ltda.
Rua Gen. Dionísio, 53, Humaitá,
Rio de Janeiro, RJ, Brasil — 22271-050
Tel.: +55 21 2282-5287
www.cobogo.com.br

2022

1ª impressão

Este livro foi composto em Calluna.
Impresso pela Imos Gráfica e Editora,
sobre papel Pólen Soft LD 70 g/m².